高等院校财经学科规划教材

基础会计学

主　编　张慧敏　张秀梅

经济科学出版社

前 言

随着我国市场经济的不断发展，中国经济融入国际经济一体化的进程也在逐渐加快，跨国公司投资引起的国际资本流动以及国际资本市场的不断壮大，使得与之相关的、作为国际通用的商业语言的会计也显得愈益重要，因之对高水平的会计人才的需求日益增多的同时也对会计人才提出了更高的要求。

基础会计学是会计学专业和财务管理专业的专业基础课程，同时也是高等院校经济类、管理类专业的必修课程。它是一门技术性、应用性很强的学科，主要阐述会计的基本理论、基本方法和基本技能，培养学生的会计理念和会计职业思维，学好基础会计学才能为学习和应用后续专业课程奠定坚实的基础。本教材是按照2006年2月财政部发布的《企业会计准则——基本准则》和38项具体会计准则的规定，对照《中华人民共和国会计法》和《企业会计准则——应用指南》等法律、规章制度，考虑到现行准则对基础会计学教材内容的界定和结构安排的影响，借鉴和吸收国内外相关会计理论和方法的最新研究成果，结合编者长期的教学实践经验而编写的。本教材从会计的基本理论入手，阐述了会计的职能、会计的特点、会计的对象、会计的目标、会计基本假设、会计基础和会计信息质量要求；较为全面地介绍了会计核算的专门方法，设置会计科目与账户、复式记账、填制和审核会计凭证、登记账簿、财产清查和编制会计报表等；详细阐述了会计核算组织程序；概括说明了会计工作组织。为了帮助读者有的放矢地学习有关内容，本书在每章开始，都设有学习目标；为了帮助读者理解教材内容，本书在每章结尾设有各种形式的练习，达到启发思维、培养能力之目的。

本书由天津科技大学张慧敏、张秀梅主编。全书共分十一章，参加编写的人员及分工如下：张慧敏撰写第一、二、三、四、六、七章；张秀梅撰写第五、八、

九、十、十一章。张慧敏提出了该书的编写大纲，并对全书进行了总纂、修改和定稿。

在本书的编写过程中，我们吸收和借鉴了同行的相关成果（已在参考文献中列示），在此我们表示衷心的感谢！由于作者水平有限，书中难免存在不足之处，恳请读者批评指正，以便今后进一步完善。

编　者

2008 年 10 月

目录

第一章　总论 …… 1
　第一节　会计概述 …… 1
　第二节　会计的对象 …… 7
　第三节　企业会计准则 …… 9
　第四节　会计核算方法 …… 20
　本章小结 …… 23
　思考题 …… 24
　练习题 …… 24
第二章　会计科目与账户 …… 28
　第一节　会计要素与会计等式 …… 28
　第二节　会计科目 …… 40
　第三节　账户 …… 46
　本章小结 …… 48
　思考题 …… 49
　练习题 …… 49
第三章　复式记账法 …… 52
　第一节　复式记账法概述 …… 52
　第二节　借贷记账法 …… 53
　第三节　总分类账户与明细分类账户 …… 65
　本章小结 …… 72

思考题 …… 73
练习题 …… 73
第四章 账户及借贷记账法的应用 …… 80
第一节 工业企业主要经济业务概述 …… 80
第二节 资金筹集的核算 …… 81
第三节 采购供应过程的核算 …… 85
第四节 产品生产过程的核算 …… 94
第五节 产品销售过程的核算 …… 106
第六节 财务成果的核算 …… 112
本章小结 …… 121
思考题 …… 122
练习题 …… 122
第五章 账户的分类 …… 130
第一节 概述 …… 130
第二节 账户按经济内容的分类 …… 131
第三节 账户按用途和结构分类 …… 133
本章小结 …… 147
思考题 …… 147
练习题 …… 147
第六章 会计凭证 …… 150
第一节 填制和审核会计凭证的意义 …… 150
第二节 原始凭证的填制与审核 …… 152
第三节 记账凭证的填制与审核 …… 162
第四节 会计凭证的传递与保管 …… 170
本章小结 …… 172
思考题 …… 173
练习题 …… 173
第七章 会计账簿 …… 176
第一节 会计账簿的意义与种类 …… 176
第二节 会计账簿的设置与登记 …… 180

第三节 会计账簿登记与使用规则……191
第四节 结账与对账……197
本章小结……200
思考题……201
练习题……201

第八章 财产清查……205

第一节 财产清查概述……205
第二节 财产清查的方法……210
第三节 财产清查结果的处理……219
本章小结……224
思考题……225
练习题……225

第九章 财务会计报告……229

第一节 财务会计报告概述……229
第二节 资产负债表……234
第三节 利润表……240
第四节 现金流量表……246
第五节 所有者权益变动表及财务报表附注……259
本章小结……263
思考题……263
练习题……264

第十章 会计核算组织程序……268

第一节 会计核算组织程序的意义与种类……268
第二节 记账凭证核算组织程序……270
第三节 汇总记账凭证核算组织程序……272
第四节 科目汇总表核算组织程序……277
第五节 日记总账核算组织程序……296
第六节 多栏式日记账核算组织程序……298
本章小结……300
思考题……301
练习题……301

第十一章 会计工作组织 …… 304
第一节 会计工作组织的意义与要求 …… 304
第二节 会计机构与会计人员 …… 307
第三节 会计档案管理与会计工作交接 …… 312
第四节 会计电算化 …… 317
本章小结 …… 322
思考题 …… 322
练习题 …… 323

主要参考文献 …… 325

第一章 总论

本章学习目的

- ☞ 了解会计的产生与发展过程
- ☞ 掌握会计的职能
- ☞ 理解会计的特点、会计的目标、会计的对象
- ☞ 熟悉会计准则体系
- ☞ 掌握会计基本假设和会计基础
- ☞ 理解会计信息质量要求
- ☞ 熟悉会计核算方法

第一节 会计概述

一、会计的产生与发展

物质资料的生产是会计产生的基础，会计是社会经济发展到一定阶段的产物。人类在物质资料的生产活动中，一方面创造物质财富取得一定的劳动成果；另一方面要发生劳动耗费，包括人力、物力的耗费。在一切社会形态中，人们进行生产活动时，总是力求以尽可能少的劳动耗费取得尽可能多的劳动成果，做到所得大于所费以提高经济效益。为了达到这一目标，就必须在不断改革生产技术的同时，对劳动耗费和劳动成果进行记录、计算，并加以比较和分析，这样就产生了会计。

会计在人类社会发展中具有悠久的历史。早在原始社会会计已萌芽，最初主要是头脑记忆或以一定的方式记载，如以绘图记事、结绳记事等形式表现出来。由于原始社会的生产力水平比较低下，生产过程简单，因而对生产活动的计量、记录也

只是非常简单和粗略，它只是生产职能的附带工作。在“生产时间之外附带地把收支、支付日期等记载下来”。随着社会生产力的不断发展，对经济活动的这种记录行为逐渐成为大量的经常的活动，会计逐渐“从生产职能中分离出来，成为特殊的、专门委托的当事人的独立职能”。据马克思的考察，在原始的小规模印度公社里，已经有了“一个记账员，登记农业账目，登记与此有关的一切事项”。据有关史籍记载，我国古代王朝，为保护王朝财产、计算财政收支，就委任专职官员来从事会计工作。例如，在西周时期就已经建立了一套完整的会计工作组织系统，有“司书”、“司会”等官吏专门从事会计工作。“司书”是记账的，主要对财务收支进行登记；“司会”是进行会计监管的，掌管全国财务收支，利用书契往来和丈量版图的副本来考核王朝大小官吏管理地方的情况和他们经手的财务收支。

随着社会生产的日益发展、生产规模的社会化、商品货币经济的产生和发展，货币成了衡量和计算一切商品数量的价值尺度，会计也从实物计量发展到了货币计量，专门的会计核算方法也就出现了。如唐代初期，为适应“量入为出”的管理要求，对财物收支的核算采用“三柱结算法”，以反映其平衡关系，即“入－出＝余”。唐代中后期，“三柱结算法”开始向“四柱结算法”过渡，开始把“入”划分为“元管”（上期结余，也有“元给”等称呼）与“新收”（本期收入），连同“已支”（本期支出，也有“破除”、“所用”等称呼）及“实在”（期末结余）形成了“四柱”的名称，产生了四柱结算法。到了宋朝，“四柱”的名称开始统一，“元管”改作“旧管”，“已支”改为“开除”，“旧管＋新收－开除＝实在”（即上期结存＋本期收入－本期支出＝本期结存）这一平衡公式也基本定型，并得到普遍运用。起到了既可以检查日常记账的正确性，又可以系统、全面和综合地反映经济活动全貌的作用。在明末清初，为适应商业和手工业的发展要求，出现了以四柱为基础的“龙门账”。“龙门账”把全部账目分为“进”（相当于现代会计中的各项收入）、“缴”（相当于现代会计中的各项支出）、“存”（相当于现代会计中的各项资产）、“该”（相当于现代会计中的各项资本、各项负债）四大类，运用“进－缴＝存－该”的平衡公式计算盈亏，分别编制“进缴表”和“存该表”。在这两张表上计算出来的盈亏数要求相等，这被称为“合龙门”，并以此勾稽全部账目的正误。清代在此基础上又产生了“天地合账”，将一切账项分为“来账”和“去账”，在账簿中记录。账簿采用垂直书写，直行分上下两格，上格记收，称为“天”；下格记付，称为“地”，上下两格所记数额必须相等，称为“天地合”。“四柱结算”、“龙门账”和“天地合账”，描述了中国簿记发展的历史轨迹，是我国人民对世界会计发展的重大贡献，对世界上许多国家的会计核算，都曾有过重要影响。

12～13世纪，地中海沿岸的一些城市，如佛罗伦萨、热那亚、威尼斯等，商业和金融业特别繁荣的发展，促进了银行记账方法的变革，借贷记账法开始从银行出现，并逐渐普及。1494 年，意大利数学家卢卡·帕乔利（Luca Pacioli）所著的《算术、几何、比及比例概要》一书，系统地描述了热那亚、那不勒斯等地商业交易中的复式记账，为复式簿记在全世界的广泛应用奠定了基础，是会计发展史上的一个里程碑。它标志着古代会计开始走向近代会计。随着 19 世纪初产业革命的完成，以及以资本所有权和经营权分离为特点的股份公司的出现，在经济活动和会计监督方面起“公证人”作用，并以“自由职业”身份出现的注册会计师或特许会计师产生了，1854 年在英国的苏格兰成立的第一个会计师协会——爱丁堡会计师协会，是会计发展史上的又一个里程碑。随着大规模经营公司的出现，以及日趋激烈的市场竞争，会计也逐渐成为一种对生产经营活动进行核算与监督的、以价值管理为主要特征的经济管理活动。

当人类进入 20 世纪，特别是第二次世界大战后，科学技术迅猛发展，科技成果转化为生产力的速度大大加快，市场竞争日益激烈，促使企业组织规模不断扩大。与此同时，大量的科学管理方法和技术方法引入了会计领域。在这种情况下，会计从单纯的核算开始转向核算与管理并重，形成了面向未来、服务企业经营、以决策和控制为主要内容的管理会计。1952 年世界会计学会年会正式认定了“管理会计”这一会计分支，从此将会计划分为财务会计和管理会计两个体系。从 20 世纪 50 年代开始到现在，随着电子计算机在会计数据处理中的应用以及电子技术与通信技术的结合，企业实现了管理信息系统的综合化和系统化。会计信息系统作为管理信息系统的一个子系统，使会计在数据处理、工作效能等方面发生了很大变化，它扩大了会计信息的范围，提高了会计信息的精确性和及时性。可以说，管理会计的产生和会计信息系统的出现，是现代会计的两个重要标志。

我国近代会计伴随着社会经济环境的变化发生了三次变革。第一次变革是 20 世纪初我国从日本引进借贷记账法。开始了中式会计与西式会计的融通与结合。第二次变革是中华人民共和国成立后从前苏联引进了一整套会计制度和方法。通过消化和吸收，逐步形成了符合我国实际情况的、具有中国特色的会计理论和方法体系，基本适应了当时的国民经济恢复和发展的需要。第三次变革是 1978 年后，中国实行改革开放政策，计划经济体制逐渐向市场经济体制转化，会计制度因而发生了变革。1981 年我国建立了注册会计师制度，1985 年颁布了《中华人民共和国会计法》（以下简称《会计法》），我国会计工作从此进入了法制阶段。与此同时，我国的会计制度也进行了改革，吸取经济发达国家的经验，开始制定并实施会计准则形式的会计核算制度，并于 1992 年年底颁布了《企业会计准则》，随后陆续颁布了一系列具体的企业会计准则。随着我国加入世界贸易组织（WTO）与全球经济一体化，我国于 1999 年颁布了修订后的《会计法》，加强了会计的法制建设；2000 年年底又颁布了《企业会计制度》，并对企业会计准则进行了全面修订与完善；

2006年年初颁布了1项基本会计准则和38项具体会计准则，形成了适应市场经济发展需要、具有中国特色的会计核算新体系，促进了我国会计准则的国际趋同，这是我国近代会计史上的第三次变革。这次变革极大地促进了我国会计事业的迅速发展，我国会计理论研究与会计教育形势空前高涨，我国会计进入了一个崭新的发展时期。

综上所述，不难看出，会计的产生与发展始终伴随着社会生产力的进步，与经济管理活动紧密联系。随着社会生产规模的逐渐扩大，生产社会化程度的日益提高以及生产过程的日趋复杂，会计从只是对财物的收支进行记录和计算开始，逐渐发展成为用货币单位综合反映和监督经济活动。在这一过程中，一方面，会计的技术和方法由简单到复杂，由低级到高级，由不完善到逐渐完善；另一方面，会计对生产过程的综合反映和监督作用日益显现。实践证明，经济越发展，会计越重要。

二、会计的职能

会计的职能是指会计在经济管理过程中所具有的功能，包括核算和监督两项基本职能。会计职能会随着社会形态的变化及其在经济管理活动中作用范围的扩大而不断增多，但其基本职能不会改变，《会计法》对此作出了明确规定，会计的基本职能是核算职能和监督职能。

（一）会计核算职能

会计核算也称会计反映，是以货币为主要计量单位，对企业、事业等单位的经济活动进行确认、计量、记录和报告，以便为经营决策提供真实可靠的会计信息。

会计确认是指运用特定会计方法、以文字和金额同时描述某一交易或事项，使其金额反映在特定主体财务报表的会计程序。作为会计对象的价值运动的数量方面，可以具体化为资产、负债、所有者权益、收入、费用和利润等方面的信息，只要符合它们的定义与特性，都可以进入会计信息系统，这是确认能否进入会计信息系统的最基本的标准。一个符合要素定义的项目，如果符合下列标准，就应当加以确认：与该项目有关的未来经济利益将很可能流入或流出企业；对该项目的成本或价值能够可靠地加以计量。

会计计量是为了将符合确认条件的会计要素登记入账，并列报于财务报表而确定其金额的过程。企业应当按照规定的会计计量属性进行计量，确定相关金额。从会计的角度，计量属性反映的是会计要素金额的确定基础，它主要包括历史成本、重置成本、可变现净值、现值和公允价值等。

会计记录是指对特定主体的经济活动采用一定的记账方法、在账簿中进行登记的会计程序。这是会计核算中的一个重要环节，形成会计核算的一个子系统，即复式簿记系统。通过会计的记录，既对资金的运动进行详细与具体的描述与量化，又起到了对数据进行分类、汇总及加工等方面的作用。只有经过这一程序，会计才能产生出有助于经济决策的财务信息。

会计报告是指在确认、计量和记录的基础上，对特定主体的财务状况、经营成果和现金流量情况（行政、事业单位是对其经费收入、经费支出、经费结余及其财务状况），以财务报表的形式向有关方面报告。通过记录生成的信息量多而又分散，还必须在数量上进行压缩，提高质量，使其形成财务指标体系，这样才能便于信息使用者的使用。在目前的条件下一般是运用财务报告的方式，包括财务报表和报表附注等。

会计核算职能的特点表现为：以货币为主要计量单位，综合反映各单位的经济活动情况，提供经济管理所需的价值指标；会计核算不仅如实地反映已发生的经济活动，还包括预测未来，为企业的经营决策提供依据；会计核算具有完整、连续、系统的特点。

（二）会计监督职能

会计监督就是按照一定的目的和要求，依据有关的监督标准，对企业、事业等单位的经济活动进行指导和调节，使之达到预期的目标。其特点主要表现在：

会计监督主要利用各种价值指标进行货币监督。这是由会计核算职能所决定，如利用资产负债指标考核企业的偿债能力，通过成本利润指标考核企业的经营成果等。

会计监督是一个过程，它分为事前监督、事中监督和事后监督。事前监督是指会计部门在参与编制各项财务计划和费用预算时，依据有关政策、法令和制度对各项经济活动的可行性、合理性和合法性的审查，是对未来经济活动的指导。事中监督是指以在日常会计工作中对已发现的问题提出建议，促使有关部门采取措施，调整经济活动，使其按照既定目标和要求进行。事后监督是指以事先制定的目标、标准和要求为准绳，通过分析会计资料，对已进行的经济活动的合理性、合法性和有效性进行的考核和评价。

会计核算职能主要是利用货币量度，并以会计凭证为依据，对企业、事业等单位的经济活动过程进行记录、计算和报告，为经济管理提供数据资料；而会计的监督职能是通过会计核算职能实现的，利用会计提供的数据资料，对企业、事业等单位的各种经济活动的合理性、合法性和有效性进行审查和分析，发挥制约、控制及指导的功能。

由此可见，通过会计核算职能为经济管理提供信息资料，通过会计监督职能对经济活动直接进行管理，二者是不可分割的，是辩证统一的。没有会计监督，会计核算就失去存在的意义；没有会计核算，会计监督就失去存在的基础。两大职能密切配合，充分发挥会计在经济管理中的重要作用。

此外，我国会计界一般认为，会计除上述两项基本职能外，还具有参与预测、参与决策等职能。

三、会计的特点

（一）以货币为主要计量单位

会计是价值形式的管理。原始的会计计量只是简单地用实物数量和劳动量度对经营活动和财务收支进行计算和记录。会计在核算和监督生产经营过程中，为了进行综合核算，必须采用统一的货币单位来记录、计算、分析和考核。因为货币是衡量和计算一切财产物资的价值尺度。只有通过统一的货币单位来计量，才可以把各种性质相同或不同的经济活动所表现的数值，折算成为统一的货币计量单位，来总括地反映经济活动过程及其成果。

（二）对经济活动的核算和监督具有完整性、连续性和系统性

会计作为经济管理活动的重要组成部分，它对企业经济活动的核算和监督具有完整性、连续性和系统性的特点。完整性是指属于会计所反映的经济活动都必须全部输入会计信息处理系统，不允许遗漏，应全面反映经济活动的来龙去脉；连续性是指在会计核算中，对各项经济活动应按其发生的时间先后顺序依次输入会计信息处理系统，而不能有所中断；系统性是指在会计核算中，要采用科学方法对会计信息进行分类、加工整理，保证所提供的会计数据资料能成为一个有序的整体。

（三）会计具有一套科学的专门方法

会计通过实践，逐步形成了一套比较完善的、可以共用的会计处理原则和方法。会计方法在一定程度上依存于会计采用的数据处理技术，如电子数据处理代替手工数据处理。会计核算是会计的基本环节，其方法是对各单位已发生的经济活动进行完整、连续、系统的核算和监督所应用的方法，主要包括以下一系列的专门方法：设置会计科目与账户、复式记账、填制和审核凭证、登记账簿、成本计算、财产清查和编制会计报表。

（四）参与经营决策，为提高经济效益服务

在核算和监督两个基本职能的基础上，会计还发挥参与经济预测与决策的职能作用。充分利用会计信息的反馈，分析和预测经济前景，提供未来经济效益的数据

资料，参与经营决策。如对新产品的开发和新工艺技术的采用，都要事前进行可行性研究，选择最优方案，制定出切实可行的经努力可达到目标的费用预算和财务成本计划，作为控制生产过程的依据，力求做到以最小的劳动消耗取得最大的经济效果，为社会和单位带来更多的经济利益。

第二节 会计的对象

会计的对象是指会计工作的内容，也就是会计所要核算和监督的内容。可从以下几个方面来理解。

一、会计的一般对象

会计的一般对象是针对各单位会计工作内容的共同点而言的，即特定企事业单位在社会再生产过程中能够以货币表现的经济活动，通常又称为社会再生产过程中的价值运动或资金运动。如前所述，会计是以货币计量的，因此，会计所要反映和监督的只是能用货币表现的那部分经济活动的内容。在我国，企业、机关、事业单位和其他组织经济活动的内容虽各有不同，但它们的所有财产物资都是以货币形式表现出来的，并在生产经营和收支活动中不断发生变化。这些财产物资的货币表现以及货币本身称为资金，即会计的对象就是社会再生产过程中的资金运动。

二、会计的具体对象

会计的具体对象就是各企事业单位的资金运动。由于企业与机关、事业单位的经济活动不同，会计的具体对象也有所不同。

（一）企业的会计对象

社会再生产过程中的资金运动是我们对会计对象的一般描述，如果具体到企业，会计对象可表述为企业经营活动过程中的资金运动，表现为资金筹集、资金使用和资金收回的过程。

首先，资金运动表现为资金的筹集。为了从事产品的生产与销售活动，企业必须拥有一定数量的资金，用于建造厂房、购买机器设备、购买原材料、支付职工薪酬、支付经营管理中必要的开支等，企业筹集资金主要有两种方式：一是投资者投入；二是向债权人借入。企业筹集资金的渠道或方式，是企业的资金来源，反映了资金作为价值所体现的经济关系或产权归属关系。企业筹集的资金按其进入企业的形态，有货币资金、实物资产、有价证券和无形资产等。

其次，资金的使用。以工业企业为例，其生产经营活动是以生产过程为中心的供应过程、生产过程和销售过程的统一。在供应过程中，企业用货币资金购买各种劳动资料，形成生产储备，使资金从货币形态转化为储备形态；在生产过程中，企业一方面发生包括材料耗费、人工耗费、固定资产折旧和其他各种耗费在内的物化劳动和活劳动的消耗，形成在产品，使资金分别从货币资金形态、储备资金形态等转化为生产资金形态；另一方面，随着产品生产的完工，将在产品制造成为产成品过程中，使资金又从生产资金形态转化为成品资金形态；在销售过程中，企业通过销售产成品，实现其价值并收回货款，从而使资金又从成品形态转化为货币形态。资金从货币资金形态开始，经过供、产、销三个过程，依次转化为储备资金形态、生产资金形态和成品资金形态，最后又回到货币资金形态的全过程，叫做资金循环。随着企业生产经营过程的不断重复进行，资金也表现为周而复始地循环往复，周而复始的资金循环就是资金周转。

最后，资金的退出。企业从事经营活动所取得的收入，除补偿其耗费外，还要按有关规定缴纳各种税金。以收抵支后的剩余部分即为企业的净利润，按净利润的一定比例提取必需的留存收益外，要按出资比例向投资者分配利润。另外，企业还要按法定程序返回投资者的投资、偿还各项债务等，这一部分资金离开企业，游离于企业资金运动以外。

从上述内容可以看出，企业因资金的投入、循环周转和资金的退出等经济活动而引起的各项资源的增减变化，各项成本费用的形成或发生，各项收入的取得以及利润的实现和分配，共同构成了会计对象的内容。简言之，企业的会计对象就是企业经营活动过程中的资金运动。

（二）行政、事业单位的会计对象

在我国，各级行政、事业单位均属非营利组织，它们的经济活动主要是执行国家预算过程中的预算收入和预算支出，因而其会计对象的具体内容与企业有所不同。其中，行政单位的费用开支主要靠国家预算拨款，一方面按预算从国库取得资金，包括财政拨款和财政核拨的预算外资金收入等；另一方面又按预算支付各项费用，包括经常性支出和专项支出，上述预算资金收支的核算是行政单位会计的主要内容。事业单位除政府预算拨款之外，还能取得一定的创收收入，所以，除了记录预算资金的收支情况外，还要核算创收收入（经营收入）及其成本（经营成本）。各类收入、支出和结余是事业单位会计核算的对象。

本书论述的内容以企业财务会计为主，有关行政事业单位的会计核算内容留待以后的专业会计中专门介绍。

第三节 企业会计准则

一、会计准则框架

中国企业会计准则体系是由《企业会计准则——基本准则》（以下简称“基本准则”）、38 项具体准则和会计准则应用指南等构成。其中：基本准则，是企业会计准则体系的概念基础，是指导具体准则的制定和为尚无具体准则规范的会计实务问题提供处理原则，在整个准则体系中起统御作用；具体准则，是依据基本准则的原则要求对有关业务或报告作出的具体规定，主要规范企业发生的具体交易或事项的会计处理；会计准则应用指南，主要包括具体准则解释和会计科目、主要账务处理等，为企业执行会计准则提供操作性规范。这三项内容既相对独立，又互为关联，构成统一整体。整个体系逻辑严密、首尾一贯，实现了我国会计准则的诸多创新。

（一）基本准则

基本准则是进行会计核算工作所必须共同遵循的基本规范及要求，它从会计工作的整体出发，主要就会计核算基本内容作出原则性及基础性的规定，体现了会计核算工作的基本规律，对会计工作具有普遍指导意义。我国基本准则的制定吸收了当代财务会计理论研究的最新成果，反映了当前会计实务发展的内在需要，体现了国际上财务会计概念框架的发展动态，构建起了完整、统一的财务会计概念体系。它规范的核心内容包括以下方面：

一是关于财务报告目标。基本准则明确了我国财务报告的目标是向财务报告使用者提供决策有用的信息，并反映企业管理层受托责任的履行情况。

二是关于会计基本假设。基本准则强调了企业会计确认、计量和报告应当以会计主体、持续经营、会计分期和货币计量为会计基本假设。

三是关于会计基础。基本准则明确了企业会计确认、计量和报告应当以权责发生制为基础。

四是关于会计信息质量要求。基本准则建立了企业会计信息质量要求体系，规定企业财务报告中提供的会计信息应当满足会计信息质量要求。

五是关于会计要素及其确认与计量原则。基本准则将会计要素分为资产、负债、所有者权益、收入、费用和利润六个要素，同时规定会计要素在确认时均应满足相应条件，会计要素在计量时可供选择的计量属性（包括历史成本、重置成本、可变现净值、现值和公允价值等）。

六是关于财务报告。基本准则明确了财务报告的基本概念、应当包括的主要内容和应反映信息的基本要求等。

（二）具体会计准则

具体会计准则是根据基本会计准则的要求，就会计核算的基本业务和特殊业务的会计核算作出的具体规范。企业会计人员可利用具体会计准则对日常的会计事项进行业务处理，因此每一项具体会计准则都具有很强的实际操作性。由于，每一项具体会计准则都详细地规定了其范围、使用的术语以及会计核算和会计报表揭示方法等，具有极强的针对性。其中：基本业务方面的具体准则是对各企业会计核算中基本业务所作出的具体规范，如存货、固定资产、无形资产、收入、投资等项目；财务会计报告方面的具体准则是对会计报表的格式、内容、编制方法、列示顺序等方面所作出的具体规范，如财务报表列报、现金流量表、分部报告、合并财务报表等项目；特殊行业方面的具体准则是对特殊行业的经济业务的会计处理所作出的规范，如金融工具确认与计量、金融资产转移、石油天然气业务等项目；特殊业务方面的具体准则是对一些特殊经济业务的会计处理所作出的具体规范，其基本内容包括外币折算、租赁等项目。在 2006 年 2 月 15 日颁布的 38 条具体准则中，覆盖了存货、债务重组、投资性房地产、固定资产、企业年金等众多细则。由过去的具体准则偏重于工商企业到新准则扩展到横跨金融、保险、农业等众多领域，覆盖了各类企业的各项经济业务，填补了我国市场经济条件下新型经济业务会计处理规定的空白。

会计准则结构层次如图 1－1 所示。

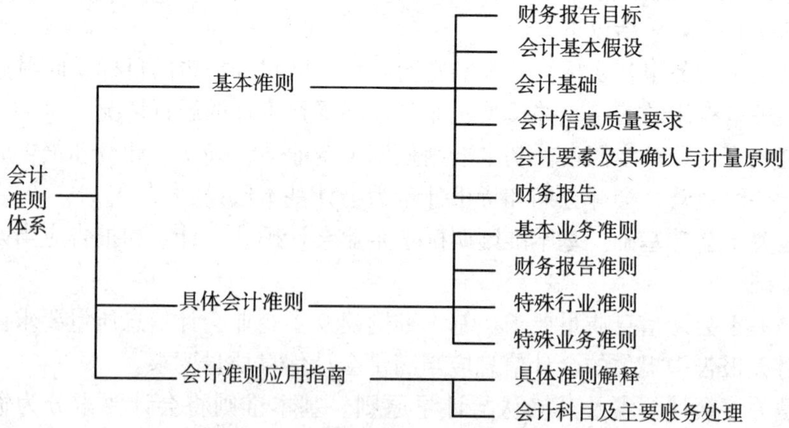

图 1－1　会计准则结构层次

二、会计目标

会计目标，也称为会计的目的，指的是会计活动应达到的理想境地或标准，通常是指会计资料的使用者对会计的总体要求。

从实务的观点看，会计目标决定着会计工作的导向，是会计实践活动的出发点和归宿。决定着会计的程序、方法体系和会计工作的组织，会计系统内部的一切机制都必须围绕着会计目标而发挥作用，通过优化会计行为来实现会计目标。

在理论上，会计目标是会计概念结构的最高层次，是决定会计基本假设、会计信息质量要求以及会计技术的基础。会计基本假设、会计信息质量要求、会计要素和会计技术作为会计概念结构的组成部分，它们都是从不同角度来保证会计目标的实现的。具体而言，会计基本假设和会计信息质量要求是为实现会计目标而对会计行为进行的约束和规范，会计要素是对经济事项引起变化的项目所作的归类，通过反映会计要素实现会计目标，会计技术是为实现会计目标所采用的程序和方法。

会计目标取决于会计资料使用者的要求，但也要受到会计职能、会计对象的制约。人们不能离开会计对象和职能来提高要求。同时，在不同国家之间，会计目标还要受经济环境的制约，受经济管理体制的影响。目前，人们对会计目标的定位主要有两种不同的观点：一种观点是，会计目标在于向信息使用者提供有助于经济决策的数量化信息，会计信息是经营决策的基础，即“决策有用观”；另一种观点是，会计目标是以恰当的形式有效反映和报告资源受托者的受托责任及其履行情况，即“受托责任观”。我国基本准则对财务报告目标进行了明确定位，将保护投资者利益、满足投资者信息需求放在了突出位置，彰显了财务报告目标在企业会计准则体系中的重要作用。除了投资者之外，企业财务报告的使用者还有债权人、政府及有关部门、社会公众等。基本准则规定，财务报告的目标是向财务报告使用者提供与企业财务状况、经营成果和现金流量等有关的会计信息，反映企业管理层受托责任履行情况，有助于财务报告使用者作出经济决策。可见，我国会计目标的总体定位实际上是“受托责任观”与“决策有用观”的综合，它借鉴了 FASB 和 IASC “企业财务报告应该提供决策有用和反映经管责任的信息”的思想，并具体规定了提供的信息应包括的内容。其主要内容包括以下两个方面：

一是向财务报告使用者提供决策有用的信息。企业编制财务报告的主要目的是为了满足财务报告使用者的信息需要，有助于财务报告使用者作出经济决策。因此，向财务报告使用者提供决策有用的信息是财务报告的基本目标。如果企业在财务报告中提供的会计信息与使用者的决策无关，没有使用价值，那么财务报告就失去了其编制的意义。根据向财务报告使用者提供与决策有用的信息这一目标的要求，财务报告所提供的会计信息应当如实反映企业所拥有或者控制的经济资源、对经济资源的要求权以及经济资源要求权的变化情况，如实反映企业的各项收入、费用、利得和损失的金额及其变动情况，如实反映企业各项经营活动、投资活动和筹资活动等所形成的现金流入和现金流出情况等，从而有助于现在的或者潜在的投资者、债权人以及其他使用者正确、合理地评价企业的资产质量、偿债能力、盈利能力和运营效率等，有助于使用者根据相关会计信息作出理性的投资和信贷决策；有助于使用者评估与投资和信贷有关的未来现金流量的金额、时间和风险等。

二是反映企业管理层受托责任的履行情况。在现代公司制下，企业所有权和经营权相分离，企业管理层是受委托人之托经营管理企业及其各项资产，负有受托责任，即企业管理层所经营管理的企业各项资产基本上都是投资者投入的资本（或者留存收益作为再投资）或者向债权人借入的资金所形成的，企业管理层有责任妥善保管并合理、有效地运用这些资产。尤其是企业投资者和债权人等，需要及时或者经常性地了解企业管理层保管、使用资产的情况，以便于评价企业管理层受托责任的履行情况和业绩情况，并决定是否需要调整投资或者信贷政策，是否需要加强企业内部控制和其他制度建设，是否需要更换管理层等。因此，财务报告应当反映企业管理层受托责任的履行情况，以有助于评价企业的经营管理责任和资源使用的有效性。

三、会计基本假设

会计作为一个以提供财务信息为主的经济信息系统，密切依存于其赖以存在的外部经济环境——市场经济。市场经济具有的一些内在特性，必然会对财务会计提出某些要求和规定，这些要求和规定构成了财务会计系统运行的前提条件。会计基本假设是对会计核算所处时间、空间环境等所作的合理设定，是企业会计确认、计量和报告的前提。会计基本假设的内容取决于会计所处的客观经济环境。按照国际惯例，结合我国情况，会计基本假设包括会计主体、持续经营、会计分期和货币计量。

（一）会计主体

会计主体，是指企业会计确认、计量和报告的空间范围。为了向财务报告使用者反映企业财务状况、经营成果和现金流量，提供对其决策有用的信息，会计核算和财务报告的编制应当集中于反映特定对象的活动，并将其与其他经济实体区别开来，才能实现财务报告的目标。

会计主体假设认定：所有的企业、事业单位、机关、团体都是会计主体。要求每一个会计主体必须分别建立会计信息系统，使之成为一个独立核算的经济实体。明确界定会计主体是开展会计确认、计量和报告工作的重要前提。

首先，明确会计主体，才能划定会计所要处理的各项交易或事项的范围。在会计工作中，只有那些影响企业本身经济利益的各项交易或事项才能加以确认、计量和报告，那些不影响企业本身经济利益的各项交易或事项则不能加以确认、计量和报告。会计工作中通常所讲的资产、负债的确认，收入的实现，费用的发生等，都是针对特定会计主体而言的。

其次，明确会计主体，才能将会计主体的交易或者事项与会计主体所有者的交易或者事项以及其他会计主体的交易或者事项区分开来。例如，企业必须划清企业的资产、负债与所有者的私产私债的界限，企业所有者的经济交易或者事项是属于企业所有者主体所发生的，不应纳入企业会计核算的范围。

会计主体假设中的设定是针对会计主体与法律主体不一致而言的。会计主体不同于法律主体。一般来说，法律主体必然是一个会计主体。例如，在现代企业组织方式下，有限责任公司和股份有限公司的经营权和所有权是完全分离的，企业作为一个经营主体具有独立的法人资格。企业作为一个法律主体，应当建立财务会计系统，独立反映其财务状况、经营成果和现金流量。但是，会计主体不一定是法律主体。例如，就企业集团而言，母公司拥有若干子公司，母、子公司虽然是不同的法律主体，但是母公司对子公司拥有控制权，为了全面反映企业集团的财务状况、经营成果和现金流量，有必要将企业集团作为一个会计主体，编制合并财务报表，在这种情况下，尽管企业集团不属于法律主体，但它却是会计主体。再如，由企业管理的证券投资基金、企业年金基金等，尽管不属于法律主体，但属于会计主体，应当对每项基金进行会计确认、计量和报告。

会计主体假设的目的是：只有在这一假定前提下，才能使每一个企业成为一个真正独立核算的单位，以便使其编制的财务会计报告能确切地反映其本身的财务状况、经营成果和现金流量，而不与其他会计主体相混淆，也不与所有权拥有者相混淆。

（二）持续经营

持续经营假设设定了企业会计确认、计量和报告的时间范围。

持续经营假设设定：会计确认、计量和报告应当以企业持续、正常的生产经营活动为前提。在可以预见的未来，企业将会按当前的规模和状态继续经营下去，不会破产，也不会大规模削减业务，而能够长期持续地经营下去。

持续经营假设是针对在市场经济的条件下，竞争的规律使每个企业随时会面临着潜在的破产、倒闭或被兼并清算的可能，谁在竞争中失败又是难以预料的。但是，会计主体的各项生产经营活动，又不能等到决定竞争胜败之后再加以反映。例如，企业在计算固定资产由于使用而磨损的价值即折旧费时，是按预计使用年限来计算的，无法将破产的潜在可能考虑进去。所以，对于任何会计主体在其最终停业之前，会计上假设这个会计主体是持续经营的，否则会计信息系统将寸步难行。

持续经营假设的目的是：在这一前提下，企业所拥有的资产将在非破产的前提下计量、耗用或出售；它所发生的耗费，将在非破产的前提下进行分摊；而它所承担的债务，也将在非破产的前提下清偿。而在清算情况下，资产的价值则必须按照实际变现的价值计算；负债必须按照资产变现后的实际负担能力清偿。只有持续经营，才有可能进行会计分期，并为采用权责发生制奠定基础。也正是在这一前提下，财务会计信息系统对会计主体价值运动的核算所采用的程序和方法才能保持稳定，才能作出正确的记录和陈报，为决策者提供可靠的会计信息。

（三）会计分期

会计分期假设设定了会计信息系统在持续经营的前提下运行的时间段落，即将一个企业持续经营的生产经营活动，人为地划分为若干等距段落，是对会计工作时间范围的具体划分。

会计分期假设认定：企业会计应当划分会计期间，分期结算账目和编制财务报告。会计期间分为年度和中期，中期是指短于一个完整的会计年度的报告期间，如半年度。年度和中期的起讫日期采用公历日期。即从公历 1 月 1 日起，至 12 月 31 日止为一个会计年度。

会计期间主要是确定会计年度。会计年度由各国根据不同情况而确定。有的以日历年度为会计年度，即从每年 1 月 1 日到 12 月 31 日为一个会计年度；有的以营业年度为会计年度，即从当年的 7 月 1 日到次年的 6 月 30 日。我国《企业会计准则》规定会计分期只能采用公历制。

会计分期假设是针对在持续经营的前提下，会计主体内的价值运动是不断循环往复的，不会因会计期间终了而停止。因此，在会计上，假设可以将连续不断的经营活动在某一个时点切断（月末、季末、年末），使之处于相对的静止状态。不同的时点之间构成了不同的会计期间，从而把不可间断经营期人为地划分为若干段落。

会计分期假设的目的是：通过会计期间的划分，将持续经营的生产经营活动划分成连续、相等的期间，据以结算盈亏，按期编报财务报告，从而及时向财务报告使用者提供有关企业财务状况、经营成果和现金流量的信息。明确会计分期假设意义重大，由于会计分期，才产生了当期与以前期间、以后期间的差别，才使不同类型的会计主体有了记账的基准，才产生了收付实现制和权责发生制，进而出现了折旧、摊销等会计处理方法。

（四）货币计量

货币计量假设设定了会计主体在财务会计确认、计量和报告时以货币计量，反映会计主体的生产经营活动。

货币计量假设认定：企业会计应当以货币计量。

货币计量假设是针对会计核算以货币作为计量单位，但是货币却不是一个稳定的计量单位。会计核算的内容是十分复杂的，各种劳动占用和耗费的形态不同，资产、权益性质不同，但其价值形态是相同的，可以进行汇总比较计算。在有些情况下，统一采用货币计量也有缺陷，某些影响企业财务状况和经营成果的因素，如企业经营战略、研发能力、市场竞争力等，往往难以用货币来计量，但这些信息对于使用者决策来讲也很重要，企业可以在财务报告中补充披露有关非财务信息来弥补上述缺陷。在多种货币存在的情况下，会计主体应确定以某一种国家的货币作为记账本位币。货币计量包含着币值稳定的假设，因为，货币作为一种特殊的商品，其本身的价值也可能会有变动，即币值并不是一个稳定的值。例如：物价上升会导致货币贬值，反之，物价下降又会导致币值升值，以一个不断变化的标准来度量会计主体的经营活动是难以客观的。因此，按照国际惯例，当货币本身的价值波动不大或前后波动可以抵消时，会计核算中可以不考虑其波动，仍认为币值是稳定的。但如果发生恶性通货膨胀时，就需要采用特殊的会计准则来处理有关的会计事项。

货币计量假设的目的是：只有在这一假设前提下，会计核算才能在历史成本计量属性的基础上，对企业取得资产和形成的负债按取得和发生时的历史成本入账。

四、会计基础

在实务中，由于会计核算工作需要分期进行，企业交易或者事项的发生时间与相关货币收支时间有时并不完全一致，也就是在同一会计期间内各项收入和费用的发生与款项的收入和支出不一致的情况。例如，款项已经收到，但销售并未实现；或者款项已经支付，但并不是为本期生产经营活动而发生的。为了更加真实、公允地反映特定会计期间的财务状况和经营成果，《企业会计准则——基本准则》第九条明确规定“企业应当以权责发生制为基础进行会计确认、计量和报告”。

权责发生制又称应计制或应收应付制。它要求企业在会计核算中要以收入的权利和支付的责任的发生作为确认本期收入和费用的标准。其实质是对企业的收入和费用确认时间的选择，即一项收入或费用何时确认应以权责发生制作为基础。权责发生制要求生产经营活动中，凡是当期已经实现的收入和已经发生的或应当负担的费用，不论款项是否收付，都应作为当期的收入和费用，计入利润表；凡是不属于当期的收入和费用，即使款项已在当期收付，也不应作为当期的收入和费用。权责发生制的目的在于把收入和费用与特定的会计期间相联系，正确地确认收入和费用、计算会计期间的经营成果。有了这一会计基础，会计上大量的应计和递延项目才会存在，大量的估计、判断的程序才能得到应用。

与权责发生制相对应的一种会计基础是收付实现制，它是以收到或支付的现金作为确认收入和费用等的依据。目前，我国的行政单位会计采用收付实现制，事业单位会计除经营业务可以采用权责发生制外，其他大部分业务采用收付实现制。

两种确认标准相比较，收付实现制反映的是实际的现金流动，而权责发生制反映的是被确认的某一会计期间的“应计的”资金流动。会计核算的主要目的，在于合理地反映特定会计期间内的财务状况与经营成果，并非仅仅列示企业的现金流动。因此，在企业会计核算中应采用权责发生制作为记账基础，这也符合国际惯例。

在 1992 年发布的《企业会计准则》中，权责发生制是作为会计核算的一般原则加以规范的。经过修订后，基本准则将权责发生制作为会计基础列入总则中，而不是在会计信息质量要求中规定。其原因是权责发生制是相对于收付实现制的会计基础，贯穿于整个企业会计准则体系的总过程，属于财务会计的基本问题，层次较高，统御作用强。

五、会计信息质量要求

为了规范会计核算行为，保证会计信息质量，会计信息的生成过程必须遵循一定的规范，这就是对会计信息的质量要求。它是进行会计工作的规范和评价会计工作质量的标准，具有公认性、权威性和科学性的特点。我国《企业会计准则——基本准则》对会计信息的质量要求包括：

（一）可靠性

可靠性要求企业应当以实际发生的交易或者事项为依据进行确认、计量和报告，如实反映符合确认和计量要求的各项会计要素及其他相关信息，保证会计信息真实可靠、内容完整。为了贯彻可靠性要求，企业应当做到：

（1）以实际发生的交易或者事项为依据进行确认、计量，将符合会计要素定义及其确认条件的资产、负债、所有者权益、收入、费用和利润等如实反映在财务报表中，不得根据虚构的、没有发生的或者尚未发生的交易或者事项进行确认、计量和报告。

（2）在符合重要性和成本效益原则的前提下，保证会计信息的完整性，其中包括应当编报的报表及其附注内容等应当保持完整，不能随意遗漏或者减少应予披露的信息，与使用者决策相关的有用信息都应当充分披露。

（二）相关性

相关性要求企业提供的会计信息应当与投资者等财务报告使用者的经济决策需要相关，有助于投资者等财务报告使用者对企业过去、现在或者未来的情况作出评价或者预测。

会计信息是否有用，是否具有价值，关键是看其与使用者的决策需要是否相关，是否有助于决策或者提高决策水平。相关的会计信息应当能够有助于使用者评价企业过去的决策，证实或者修正过去的有关预测，因而具有反馈价值。相关的会计信息还应当具有预测价值，有助于使用者根据财务报告所提供的会计信息预测企业未来的财务状况、经营成果和现金流量。

会计信息质量的相关性要求，需要企业在确认、计量和报告会计信息的过程中，充分考虑使用者的决策模式和信息需要。但是，相关性是以可靠性为基础的，两者之间并不矛盾，不应将两者对立起来。也就是说，会计信息在可靠性前提下，尽可能地做到相关性，以满足投资者等财务报告使用者的决策需要。

（三）可理解性

可理解性要求企业提供的会计信息应当清晰明了，便于财务会计报告使用者理解和使用。

企业编制财务报告、提供会计信息的目的在于使用，而要使使用者有效使用会计信息，应当能让其了解会计信息的内涵，弄懂会计信息的内容，这就要求财务报告所提供的会计信息应当清晰明了，易于理解。只有这样，才能提高会计信息的有用性，实现财务报告的目标，满足向投资者等财务报告使用者提供决策有用信息的要求。

会计信息毕竟是一种专业性较强的信息产品，在强调会计信息的可理解性要求的同时，还应假定使用者具有一定的有关企业经营活动和会计方面的知识，并且愿意付出努力去研究这些信息。对于某些复杂的信息，如交易本身较为复杂或者会计处理较为复杂，但其对使用者的经济决策相关的，企业就应当在财务报告中予以充分披露。

（四）可比性

可比性要求会计核算要按规定的会计处理方法进行，会计指标应当口径一致、相互可比。它包括两层意思：

一是同一企业不同时期发生的相同或者相似的交易或者事项，应当采用一致的会计政策，不得随意变更，确需变更的，应当在附注中说明。

二是不同企业发生的相同或者相似的交易或者事项，应当采用规定的会计政策，确保会计信息口径一致、相互可比，以便在不同企业之间进行横向比较，能够有效地判断企业财务状况、经营成果的优劣，据此作出正确的决策。同时也便于国家综合管理部门对各个企业提供的会计信息进行比较、分析和汇总，以利于国家的宏观调控。

这里应当注意，“不得随意变更”，并不意味着永远不得变更；当原来选定的会计政策、方法等与现实要求严重不符，直接影响到会计信息质量时，就应当及时作出变更，并在变更期的财务会计报告中对变更的情况、原因以及影响作出公开披露说明，以便于会计信息利用者能更清晰地了解有关情况。

可比性是会计信息质量特征之一，在会计核算中坚持可比性要求，有利于提高会计信息的使用价值；同时可以制约和防止会计主体通过会计程序和会计处理方法的变更，在会计核算上弄虚作假，粉饰会计报表。

（五）实质重于形式

实质重于形式要求企业应当按照交易或者事项的经济实质进行会计确认、计量和报告，而不应仅以交易或者事项的法律形式为会计核算的依据。

在会计核算中，往往交易或事项的实质与其法律形式并不完全一致，当两者不一致时，会计人员应当根据实质重于形式的原则进行职业判断，进行会计处理，以保证提供真实、可靠的会计信息。例如，会计核算中将收入确认的条件主要限定在商品所有权上的主要风险和报酬发生转移等实质性条件，而不是法律形式上的以所有权凭证或实物（如现金）形式上的交付。遵循实质重于形式，体现了对经济实质的尊重，能够保证会计核算信息与客观经济事实相符。

（六）重要性

重要性要求企业提供的会计信息应当反映与企业财务状况、经营成果和现金流量有关的所有重要交易或者事项。

按照这一要求，企业在会计核算过程中对交易或事项应当区别其重要程度，采用不同的核算方式。对资产、负债、损益等有较大影响，并进而影响财务报告使用者据以作出合理判断的重要会计事项，必须按照规定的会计方法和程序进行处理，并在财务报告中予以充分、准确地披露；对于次要的会计事项，在不影响会计信息真实性和不至于误导财务报告使用者作出正确判断的前提下，可适当简化处理。这一要求与相关性相结合，可以从质和量两个方面充分表达会计信息的影响力。

之所以强调重要性，主要是基于成本效益原则的考虑，使提供会计信息产生的收益大于成本。企业的经济业务纷繁复杂，要将所有零散的经济数据全部转化成会计报表中详细罗列的指标，不但没有必要，而且还会冲淡重点，有损于会计信息的使用价值，甚至影响决策。因此，强调重要性一方面可以提高核算的效益，减少不必要的工作量；另一方面可以使会计信息分清主次，突出重点。

（七）谨慎性

谨慎性又称审慎性或稳健性，要求企业对交易或者事项进行会计确认、计量和报告应当保持应有的谨慎，不应高估资产或者收益、低估负债或者费用，同时不得计提秘密准备。

在市场经济环境下，企业的生产经营活动面临着许多风险和不确定性，如应收款项的可收回性、固定资产的使用寿命、无形资产的使用寿命、售出存货可能发生的退货或者返修等。谨慎性要求当企业在会计核算中遇到有不确定因素的情况，如某项经济业务在会计上有两种或两种以上可供选择的处理方法时，应当以谨慎而不是盲目乐观的态度进行判断和处理，选择避免高估资产、收益与低估负债和损失的会计处理方法，使损益计算、资产计价都能更加稳健可靠。如对应收账款计提坏账准备；对持有至到期投资、长期股权投资、存货、固定资产、在建工程、无形资产等计提的减值准备；要求企业对售出商品所提供的产品质量保证确认一项预计负债；对固定资产采用加速折旧法计提折旧等就体现了会计信息质量的谨慎性要求。其意义在于使企业消除经营过程中存在的隐患，掌握生产经营的主动权，增强企业化解和防范经营风险的能力。

谨慎性要求体现于会计核算的全过程，包括会计确认、计量、报告等会计核算的各个方面。在会计确认方面，要求确认标准和方法建立在稳妥合理的基础之上；从会计计量来说，要求不得高估资产和利润的数额；从会计报告来说，要求会计报告向会计信息使用者提供尽可能全面的会计信息，特别是应报告有关可能发生的风险损失。

（八）及时性

及时性要求企业对于已经发生的交易或者事项，应当及时进行会计确认、计量和报告，不得提前或者延后，并在失去对会计信息使用者产生决策影响之前及时予以提供。

会计信息的价值在于帮助所有者或者其他方面作出经济决策，具有时效性。即使是可靠的、相关的会计信息，如果不及时提供，就失去了时效性，对于使用者的效用就大大降低，甚至不再具有实际意义。在会计确认、计量和报告过程中贯彻及时性：一是要求及时收集会计信息，即在经济交易或者事项发生后，及时收集整理各种原始单据或者凭证；二是要求及时处理会计信息，即按照会计准则的规定，及时对经济交易或者事项进行确认或者计量，并编制财务报告；三是要求及时传递会计信息，即按照国家规定的有关时限，及时地将编制的财务报告传递给财务报告使用者，便于其及时使用和决策。

在实务中，为了及时提供会计信息，可能需要在有关交易或者事项的信息全部获得之前即进行会计处理，这样就满足了会计信息的及时性要求，但可能会影响会计信息的可靠性；反之，如果企业等到与交易或者事项有关的全部信息获得之后再进行会计处理，这样的信息披露可能会由于时效性问题，对于投资者等财务报告使用者决策的有用性大大降低。这就需要在及时性和可靠性之间作相应权衡，以最好地满足投资者等财务报告使用者的经济决策需要作为判断标准。

第四节　会计核算方法

会计方法是用来反映和监督会计对象、完成会计任务的手段。它包括会计核算方法、会计分析方法、会计预测和决策方法等。其中会计核算方法是最基本的方法，本节将对会计核算方法进行详细介绍。至于会计分析方法、会计预测和决策方法将在其他课程中进行专门说明。会计核算方法就是对会计对象进行完整、连续、系统地反映和监督所应用的方法。主要包括以下七种方法：

一、设置会计科目和账户

设置会计科目是对会计对象的具体内容分门别类地进行核算的方法。所谓会计科目就是对会计对象具体内容进行分类核算的项目，是企业根据自身生产经营活动的内容，对资产、负债、所有者权益、收入、费用、利润六大会计要素的进一步分类。设置会计科目是在设计会计制度时事先规定这些项目，然后根据它们在账簿中开立账户，分类记录各项经济业务，为经济管理提供各类型的会计指标。

二、复式记账

复式记账是指对发生的每一项经济业务都要以相等的金额，在相互联系的两个或两个以上的账户中进行记录的一种专门方法。采用复式记账，使每项经济业务所涉及的账户发生对应关系，通过账户的对应关系可以了解经济业务的来龙去脉，并可以对账户记录的结果进行试算平衡，以检查经济业务的记录是否正确。

三、填制和审核凭证

会计凭证是记录经济业务、明确经济责任的书面证明，是登记账簿的重要依据。填制和审核凭证是为了审查经济业务是否合理合法、保证账簿记录正确完整而采用的一种专门方法。对于已经发生或已经完成的经济业务，都要由经办人员或有关单位填制凭证，并签名盖章。所有的会计凭证在记账前都要由会计部门或有关部门，按照有关财经法规、制度、计划、预算等规定，进行严格认真的审核。只有经过审核确认无误的凭证，才能作为记账的依据。由此可见，填制和审核凭证可以为经济管理提供真实可靠的数据资料，也是实行会计监督的一个重要方面。

四、登记账簿

账簿是用来全面、连续、系统地记录各项经济业务的簿籍，是保存会计数据资料的重要工具。登记账簿是对审核无误的记账凭证，在账簿中连续地、完整地记录和循序汇集经济业务的一种专门方法。设置账户是为了对会计对象的具体内容进行分类反映，以提供经营管理所需要的各种不同性质的核算指标，而登记账簿是对这些核算指标进行归纳、整理，采用一定的记账方法，把所发生的经济业务按其发生的顺序，分门别类地在一定格式的簿籍中进行登记，以便为经济管理提供完整、系统的数据资料。

五、成本计算

成本计算是指归集一定计算对象上的全部费用，借以确定各对象的总成本和单位成本的一种专门方法。它通常是指对制造业产品进行的成本计算。例如，按制造业企业供应、生产和销售三个过程分别归集生产经营所发生的费用，并分别与材料采购、产品生产和商品销售的品种、数量联系起来，计算它们的总成本和单位成本。通过成本计算，可以考核和监督企业经营过程中所发生的各项费用是否节约，以便采取措施来降低成本，提高经济效益。通过成本计算，还对确定生产补偿尺度，正确计算和分配国民收入，确定价格政策等都具有重要作用。

六、财产清查

财产清查就是通过盘点实物、核对账目来查明各项财产物资和货币资金的实有数，并查明实有数与账存数是否相符的一种专门方法。在日常会计核算过程中，为了保证会计信息真实正确，必须定期或不定期地对各项财产物资、货币资金和往来款项进行清查、盘点和核对。在清查中，如果发现账实不符，应查明原因，调整账簿记录，使账存数额同实存数额保持一致，做到账实相符。通过财产清查，还可以查明各项财产物资的保管和使用情况，以便采取措施挖掘物资潜力和加速资金周转。总之，财产清查对于保证会计核算资料的正确性和监督财产的安全与合理使用等都具有重要的作用。它是会计核算必不可少的方法之一。

七、编制会计报表

会计报表是根据账簿记录定期编制的、总括反映会计主体特定时点（月末、季末、年末）和一定时期（月、季、年）财务状况、经营成果以及现金流量等的书面报告。编制会计报表是根据账簿记录，以货币为计量单位，以表格形式，将分散的会计资料进一步归纳整理，定期综合反映各单位财务状况、经营成果和现金流量等的一种专门方法。编制会计报表是一个会计循环的终点，是提供会计信息的主要方式，又是强化企业内部管理，分析考核计划或预算完成情况的重要手段。

上述各种会计核算方法相互联系、密切配合，构成了一个完整的方法体系。在会计核算方法体系中，就其工作程序和工作过程来说，主要是三个环节：填制和审核凭证、登记账簿和编制会计报表。在一个会计期间，所发生的经济业务，都要通过这三个环节进行会计处理，将大量的经济业务转换为系统的会计信息。这个转换过程，即从填制和审核凭证到登记账簿，直至编出会计报表周而复始的变化过程，就是一般称谓的会计循环。其基本内容是：经济业务发生后，经办人要填制或取得原始凭证，经会计人员审核整理后，按照设置的会计科目，运用复式记账法，编制记账凭证，并据以登记账簿；要依据凭证和账簿记录对生产经营过程中发生的各项费用进行成本计算，并依据财产清查对账簿记录加以核实，在保证账实相符的基础上，定期编制会计报表。

本章小结

物质资料的生产是会计产生的基础，会计是社会经济发展到一定阶段的产物。经济越发展会计越重要。

会计的职能是指会计在经济管理过程中所具有的功能，包括核算和监督两项基本职能。

会计核算也称会计反映，是以货币为主要计量单位，对企业、事业等单位的经济活动进行确认、计量、记录和报告，以便为经营决策提供真实可靠的会计信息。

会计监督就是按照一定的目的和要求，依据有关的监督标准，对企业、事业等单位的经济活动进行指导和调节，使之达到预期的目标。两大职能密切配合，充分发挥会计在经济管理中的重要作用。

会计目标，也称为会计的目的，指的是会计活动应达到的理想境地或标准，通常是指会计资料的使用者对会计的总体要求。我国基本准则规定，财务报告的目标是向财务报告使用者提供与企业财务状况、经营成果和现金流量等有关的会计信息，反映企业管理层受托责任履行情况，有助于财务报告使用者作出经济决策。

会计的对象是指会计工作的内容，也就是会计所要核算和监督的内容。会计的一般对象为企事业单位在社会再生产过程中能够以货币表现的经济活动；会计的具体对象就是各企事业单位的资金运动。

中国企业会计准则体系是由《企业会计准则——基本准则》（以下简称基本准则）、38 项具体准则和会计准则应用指南等构成。基本准则，是企业会计准则体系的概念基础，是指导具体准则的制定和为尚无具体准则规范的会计实务问题提供处理原则，在整个准则体系中起统御作用；具体准则，是依据基本准则的原则要求对有关业务或报告作出的具体规定，主要规范企业发生的具体交易或事项的会计处理；会计准则应用指南，主要包括具体准则解释和会计科目、主要账务处理等，为企业执行会计准则提供操作性规范。

会计基本假设是对会计核算所处时间、空间环境等所作的合理设定，是企业会计确认、计量和报告的前提。会计基本假设的内容取决于会计所处的客观经济环境。按照国际惯例，结合我国情况，会计基本假设包括会计主体、持续经营、会计分期和货币计量。

基本准则规定“企业应当以权责发生制为基础进行会计确认、计量和报告”。权责发生制又称应计制或应收应付制。它要求企业在会计核算中要以收入的权利和支付的责任的发生作为确认本期收入和费用的标准。

会计信息质量要求是我国会计核算工作应遵循的最基本的原则性规范，是对我国会计核算工作的基本要求。因此，企业应在会计基本假设条件下遵循可靠性、相关性、可理解性、可比性、实质重于形式、重要性、谨慎性和及时性等要求，以保证会计信息的真实、完整和有用。

会计核算方法就是对会计对象进行完整、连续、系统地反映和监督所应用的方法。主要包括设置会计科目和账户、复式记账、填制和审核凭证、登记账簿、成本计算、财产清查、编制会计报表七种专门方法。

思考题

1. 会计的产生及发展与社会生产力及市场经济发达程度有什么关系？
2. 什么是会计职能？会计有哪些职能？
3. 什么是会计对象？会计对象的基本内容包括哪些？
4. 什么是会计目标？会计要达到什么目标？
5. 什么是会计基本假设？结合所学内容具体说明各会计基本假设的作用。
6. 会计信息质量要求有哪些？
7. 什么是权责发生制与收付实现制？两者有怎样的区别？
8. 什么是会计核算方法？会计核算有哪些专门的方法？它们之间有何联系？

练习题

一、单项选择题

1. 会计的基本职能是（　　）。

A. 控制与监督　　B. 检查与监督　　C. 核算与监督　　D. 反映与分析

2. 会计对各单位经济活动进行核算时，选作统一计量标准的是（　　）。

A. 劳动量度　　B. 实物量度　　C. 货币量度　　D. 其他量度

3. 会计的一般对象可概括为（　　）。

A. 企业生产过程中发生的经济活动　　B. 再生产过程中的所有经济资源

C. 再生产过程中的全部经济活动　　D. 再生产过程中能够用货币表现的经济活动

4. 会计监督主要是通过（　　）来进行的。

A. 实物量指标　　B. 劳动量指标　　C. 价值量指标　　D. 数量指标

5. 在会计核算上对资产计提减值准备，体现（　　）信息质量的要求。

A. 重要性　　B. 谨慎性　　C. 配比性　　D. 明晰性

6. 会计主体是指会计所服务的（　　）。

A. 企业法人主体　　B. 债权人和债务人　　C. 投资者　　D. 一个特定单位

7. 在权责发生制下，下列货款中应列作本期收入的是（　　）。

A. 本期销售货款收存银行

B. 本期预收下月货款收存银行

C. 本月收回上月多付给销货方的产品货款存入银行

D. 上期销货欠款，本期收存银行

8. 确定了会计核算工作空间范围的前提条件是（　　）。

A. 会计主体　B. 持续经营　C. 会计分期　D. 货币计量

9. 某公司按照每年的经营情况，不断变化存货的计价方法，这种做法违背（　　）会计信息质量要求。

A. 可比性　B. 实质重于形式　C. 可靠性　D. 相关性

10. 会计主体在按季度支付借款利息时，通常要按月预提利息并确认为是本月的费用，依据的是（　　）会计基础。

A. 权责发生制　B. 相关性　C. 可比性　D. 实质重于形式

11. 在会计信息的质量要求中，要求不高估资产或收益，也不低估负债或费用，应当合理核算可能发生的损失和费用，符合（　　）要求。

A. 重要性　B. 及时性　C. 谨慎性　D. 明晰性

12. 在企业会计核算的基本前提中，（　　）是企业选择会计处理方法和程序保持稳定的条件。

A. 货币计量　B. 持续经营　C. 会计主体　D. 会计分期

13. 企业计提固定资产折旧依据的是（　　）会计假定。

A. 会计分期　B. 持续经营　C. 货币计量　D. 会计主体

二、多项选择题

1. 下列属于会计核算的基本前提的有（　　）。

A. 历史成本　B. 持续经营　C. 会计主体

D. 会计分期　E. 货币计量

2. 下列属于会计核算方法体系的有（　　）。

A. 设置账户　B. 复式记账　C. 会计分析

D. 财产清查　E. 成本计算

3. 按照权责发生制的要求，下列收入或费用应归属于本期的是（　　）。

A. 本期销售产品的收入款项，对方尚未付款

B. 支付本月水电费

C. 本月收回上月销售产品的货款

D. 已经提取，尚未实际支付的本月借款利息

E. 预收购货单位货款，合同规定下月交货

4. 关于会计主体的表述中正确的有（　　）。

A. 法人可以作为会计主体

B. 会计主体可以是法人，也可以是非法人

C. 会计主体可以是单一的企业，也可以是由几个企业组成的企业集团

D. 企业内部的二级单位不能作为会计主体

E. 会计主体可以是任意一个经济单位

5. 在会计核算中，能够体现稳健性要求的会计方法有（　　）。

A. 对应收账款计提坏账准备　　B. 按历史成本对固定资产计价

C. 采用加速折旧法　　D. 对固定资产计提减值准备

E. 会计核算采用公允价值

6. 财务报告的目标包括（　　）。

A. 符合相关法规的要求　　B. 满足信息使用者的决策需求

C. 满足资金筹集的需要　　D. 满足对企业管理层业绩考核的需要

E. 满足经济管理的需要

7. 具体会计准则包括（　　）。

A. 基本业务准则　　B. 特殊行业准则　　C. 财务报告准则

D. 特殊业务准则　　E. 会计要素准则

三、判断题

1. 综合性是会计的重要特点，因而会计核算只能利用货币计量。（　　）

2. 会计在本质上是一种管理工具。（　　）

3. 会计核算和会计监督是会计工作的两项重要内容，在实务工作中，应严格将其区分开来，分别进行。（　　）

4. 会计准则规定的会计核算基础是收付实现制。（　　）

5. 会计主体假定的意义在于规定了会计核算工作的空间范围。（　　）

6. 可靠性要求企业所有的会计核算资料必须正确客观，不允许进行估计和判断。（　　）

7. 谨慎性是针对经济活动中一些有异议的因素要求人们在会计处理上保持小心谨慎的态度。（　　）

8. 权责发生制是以收入、费用是否在本期发生为标准来确定本期收入和费用。（　　）

9. 持续经营前提使企业会计处理程序和方法能够保持稳定性。（　　）

10. 在会计信息的质量要求中，可比性意味着企业一旦选定某一会计处理方法，则以后不能改变。（　　）

11. 对企业规定会计报表的报送时间，体现了会计核算及时性的要求。（　　）

12. 在会计核算中对预期发生的损失和预期获得的收入均可计算入账。（　　）

13. 货币计量基本假设规定了会计核算只能以货币为计量单位。（　　）

四、业务题

目的：区分权责发生制与收付实现制确认收入和费用的标准

资料：某企业某月发生如下经济业务

1. 以银行存款支付上季度利息费 12 000 元。

2. 销售产品一批总计 18 000 元，货款尚未收到。

3. 收回上月销货欠款 20 000 元。

4. 向购货单位预收销售定金 25 000 元。

5. 用现金支付本月工资 20 000 元。

6. 销售产品一批收到款项 15 000 元。

7. 以银行存款支付本月水电费 2 000 元。

要求：根据上述经济业务内容，按权责发生制和收付实现制核算基础计算企业本月的收入和费用并填入表内。

业务号	权责发生制		收付实现制	
	收　入	费　用	收　入	费　用
1				
2				
3				
4				
5				
6				
7				
合　计				

第二章 会计科目与账户

本章学习目的

☞ 掌握各会计要素的含义及其构成内容
☞ 掌握会计等式的含义及作用
☞ 掌握会计科目的含义及类别
☞ 理解账户的含义与结构
☞ 掌握会计科目与账户的关系

第一节　会计要素与会计等式

一、会计要素

将大量纷繁复杂的而又不断重复发生的经济业务，按其所涉及内容的性质不同进行分类，归纳出若干类具有独特性质的元素，称为会计要素，包括资产、负债、所有者权益、收入、费用和利润六大会计要素。

（一）资产

资产是指企业过去的交易或者事项形成的、由企业拥有或者控制的、预期会给企业带来经济利益的资源。根据资产的定义，资产具有以下特征：

（1）资产应为企业拥有或者控制的资源。资产作为一项资源，应当由企业拥有或者控制，具体是指企业享有某项资源的所有权，或者虽然不享有某项资源的所有权，但该资源能被企业所控制。

企业享有资产的所有权，通常表明企业能够排他性地从资产中获取经济利益。

通常在判断资产是否存在时，所有权是考虑的首要因素。有些情况下，资产虽然不为企业所拥有，即企业并不享有其所有权，但企业控制了这些资产，同样表明企业能够从资产中获取经济利益，符合会计上对资产的定义。例如，某企业以融资租赁方式租入一项固定资产，尽管企业并不拥有其所有权，但是如果租赁合同规定的租赁期相当长，接近于该资产的使用寿命，表明企业控制了该资产的使用及其所能带来的经济利益，应当将其作为企业资产予以确认、计量和报告。

（2）资产预期会给企业带来经济利益。资产预期会给企业带来经济利益，是指资产直接或者间接导致现金和现金等价物流入企业的潜力。这种潜力可以来自企业日常的生产经营活动，也可以是非日常活动；带来经济利益可以是现金或者现金等价物形式，也可以是能转化为现金或者现金等价物的形式，或者是可以减少现金或者现金等价物流出的形式。

资产预期能否为企业带来经济利益是资产的重要特征。例如，企业采购的原材料、购置的固定资产等可以用于生产经营过程，制造商品或者提供劳务，对外出售后收回货款，货款即为企业所获得的经济利益。如果某一项目预期不能给企业带来经济利益，那么就不能将其确认为企业的资产。前期已经确认为资产的项目，如果不能再为企业带来经济利益，也不能再确认为企业的资产。例如，某企业在年末盘点存货时，发现存货毁损，企业以该存货管理责任不清为由，将毁损的存货计入“待处理财产损溢”，并在资产负债表中作为流动资产予以反映。因为“待处理财产损溢”预期不能为企业带来经济利益，不符合资产的定义，因此不应再在资产负债表中确认为资产。

（3）资产是由企业过去的交易或者事项形成的。过去的交易或者事项包括购买、生产、建造行为或者其他交易或事项。换句话说，只有过去的交易或者事项才能产生资产，企业预期在未来发生的交易或者事项不形成资产。例如，企业有购买某存货的意愿或者计划，但是购买行为尚未发生，就不符合资产的定义，不能因此而确认存货资产。

上述资产定义的资源，在同时满足以下条件时，确认为资产：与该资源有关的经济利益很可能流入企业；该资源的成本或者价值能够可靠地计量。符合资产定义和资产确认条件的项目，应当列入资产负债表；符合资产定义、但不符合资产确认条件的项目，不应当列入资产负债表。

企业的资产按流动性分为流动资产和非流动资产。

流动资产，是指在1年或者超过1年的1个营业周期内变现或耗用的资产，包括库存现金、银行存款、交易性金融资产、应收及预付款项（应收票据、应收账款、预付款项、应收利息、应收股利、其他应收款等）、存货（原材料、在途物资、库存商品、周转材料等）等。

非流动资产是指不能在 1 年或者超过 1 年的 1 个营业周期内变现或耗用的资产，包括持有至到期投资、可供出售金融资产、长期股权投资、固定资产、在建工程、长期待摊费用、无形资产等。资产的构成如图 2－1 所示。

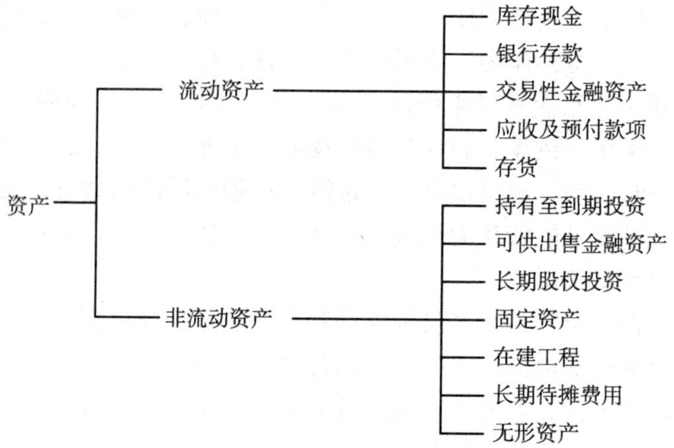

图 2－1　资产的构成

（二）负债

负债是指企业过去的交易或者事项形成的，预期会导致经济利益流出企业的现时义务。根据负债的定义，负债具有以下特征：

（1）负债是企业承担的现时义务。负债必须是企业承担的现时义务，这是负债的一个基本特征。其中，现时义务是指企业在现行条件下已承担的义务。未来发生的交易或者事项形成的义务，不属于现时义务，不应当确认为负债。

（2）负债预期会导致经济利益流出企业。预期会导致经济利益流出企业也是负债的一个本质特征，只有企业在履行义务时会导致经济利益流出企业的，才符合负债的定义，如果不会导致企业经济利益流出，就不符合负债的定义。在履行现时义务清偿负债时，导致经济利益流出企业的形式多种多样，例如用现金偿还或以实物资产形式偿还；以提供劳务形式偿还；以部分转移资产、部分提供劳务形式偿还；将负债转为资本等。

（3）负债是由企业过去的交易或者事项形成的。换句话说，只有过去的交易或者事项才形成负债，企业将在未来发生的承诺、签订的合同等交易或者事项，不形成负债。

符合负债定义和负债确认条件的项目，应当列入资产负债表；符合负债定义，但不符合负债确认条件的项目，不应当列入资产负债表。

企业的负债按其流动性即按偿还期限的长短，可以分为流动负债和非流动负债。

流动负债是指将在一年或超过一年的一个营业周期内偿还的债务，包括短期借款、应付票据、应付账款、预收账款、应付职工薪酬、应交税费、应付股利、应付利息、其他应付款等。

非流动负债是指偿还期限在一年或者超过一年的一个营业周期以上的债务，包括长期借款、应付债券、长期应付款项等。

（三）所有者权益

所有者权益是指企业资产扣除负债后由所有者享有的剩余权益。公司的所有者权益又称为股东权益。所有者权益的金额取决于资产和负债的计量，其金额为资产减去负债后的余额。所有者权益的来源包括所有者投入的资本、直接计入所有者权益的利得和损失、留存收益等。通常由实收资本（或股本）、资本公积（含资本溢价或股本溢价、其他资本公积）、盈余公积和未分配利润构成，商业银行等金融企业在税后利润中提取的一般风险准备，也构成所有者权益。

所有者投入的资本是指所有者投入企业的资本部分，它既包括构成企业注册资本或者股本部分的金额，也包括投入资本超过注册资本或者股本部分的金额，即资本溢价或者股本溢价，这部分投入资本在我国企业会计准则体系中被计入了资本公积，并在资产负债表中的资本公积项目下反映。

直接计入所有者权益的利得和损失，是指不应计入当期损益、会导致所有者权益发生增减变动的、与所有者投入资本或者向所有者分配利润无关的利得或者损失。其中，利得是指由企业非日常活动所形成的、会导致所有者权益增加的、与所有者投入资本无关的经济利益的流入，利得包括直接计入所有者权益的利得和直接计入当期利润的利得。损失是指由企业非日常活动所发生的、会导致所有者权益减少的、与向所有者分配利润无关的经济利益的流出，损失包括直接计入所有者权益的损失和直接计入当期利润的损失。直接计入所有者权益的利得和损失主要包括可供出售金融资产的公允价值变动额、现金流量套期中套期工具公允价值变动额（有效套期部分）等。

留存收益是指利润分配后，留存在企业的盈余公积金和未分配利润。盈余公积金是按照国家有关规定从税后利润中提取的公积金，包括法定盈余公积金、任意盈余公积金。盈余公积金可以用来弥补亏损、转增资本（或股本）。符合条件的企业，也可以用盈余公积金分派现金股利。未分配利润指留于以后年度分配的利润或待分配的利润。

所有者权益体现的是所有者在企业中的剩余权益，因此，所有者权益的确认主要依赖于其他会计要素，尤其是资产和负债的确认；所有者权益金额的确定也主要取决于资产和负债的计量。

所有者权益反映的是企业所有者对企业净资产的索取权，负债反映的是企业债权人对企业资产的索取权，两者在性质上有本质区别，但两者均属于企业的权益。负债及所有者权益的构成如图 2－2 所示。

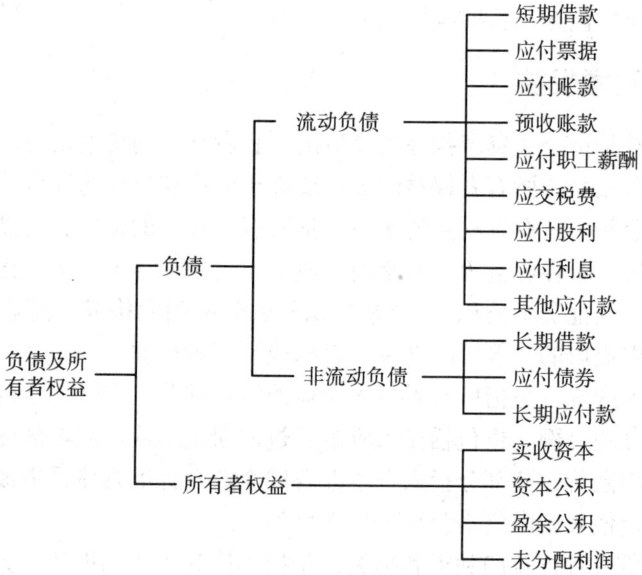

图 2－2　负债及所有者权益的构成

（四）收入

收入是指企业在日常活动中形成的、会导致所有者权益增加的、与所有者投入资本无关的经济利益的总流入。包括销售商品收入、提供劳务收入和让渡资产使用权收入（包括利息收入、使用费收入等）。根据收入的定义，收入具有以下特征：

（1）收入是企业在日常活动中形成的。日常活动是指企业为完成其经营目标所从事的经常性活动以及与之相关的活动。例如，工业企业制造并销售产品、商业企业销售商品均属于企业的日常活动。明确界定日常活动是为了将收入与利得相区分，因为企业非日常活动所形成的经济利益的流入不能确认为收入，而应当计入利得。

（2）收入会导致所有者权益的增加。与收入相关的经济利益的流入应当会导致所有者权益的增加，不会导致所有者权益增加的经济利益的流入不符合收入的定义，不应确认为收入。例如，企业向银行借入款项，尽管也导致了企业经济利益的流入，但该流入并不导致所有者权益的增加，反而使企业承担了一项现时义务。企业对于因借入款项所导致的经济利益的增加，不应将其确认为收入，应当确认为一项负债。

（3）收入是与所有者投入资本无关的经济利益的总流入。收入应当会导致经济利益的流入，从而导致资产的增加。例如，企业销售商品，应当收到现金或者在未来有权收到现金，才表明该交易符合收入的定义。但是，经济利益的流入有时是所有者投入资本的增加所导致的，所有者投入资本的增加不应当确认为收入，应当将其直接确认为所有者权益。

收入只有在经济利益很可能流入从而导致企业资产增加或者负债减少、且经济利益的流入额能够可靠计量时才能予以确认。

符合收入定义和收入确认条件的项目，应当列入利润表。

（五）费用

费用是指企业在日常活动中发生的、会导致所有者权益减少的、与向所有者分配利润无关的经济利益的总流出。根据费用的定义，费用具有以下特征：

（1）费用是企业在日常活动中形成的。这些日常活动的界定与收入定义中涉及的日常活动的界定相一致。因日常活动所产生的费用通常包括两类：一类是企业为生产产品、提供劳务等发生的费用，应计入产品成本、劳务成本，包括直接材料、直接人工和制造费用，应当在确认产品销售收入、劳务收入时将已销产品、已提供劳务的成本等计入当期损益；另一类是不计入产品成本而直接计入当期损益的期间费用，包括管理费用、财务费用和销售费用，应当在发生时确认为费用，计入当期损益。将费用界定为日常活动所形成的，目的是为了将其与损失相区分，企业非日常活动所形成的经济利益的流出不能确认为费用，而应当计入损失。

（2）费用会导致所有者权益的减少。不会导致所有者权益减少的经济利益的流出不符合费用的定义，不应确认为费用。

（3）费用是与向所有者分配利润无关的经济利益的总流出。费用的发生应当会导致经济利益的流出，从而导致资产的减少或者负债的增加（最终也会导致资产的减少）。鉴于企业向所有者分配利润也会导致经济利益的流出，而该经济利益的流出显然属于所有者权益的抵减项目，不应确认为费用，应当将其排除在费用的定义之外。

费用只有在经济利益很可能流出从而导致企业资产减少或者负债增加且经济利益的流出额能够可靠计量时才能予以确认。

符合费用定义和费用确认条件的项目，应当列入利润表。

（六）利润

利润是指企业在一定会计期间的经营成果，利润包括收入减去费用后的净额、直接计入当期利润的利得和损失等。

利得和损失，是指应当计入当期损益、会导致所有者权益发生增减变动的、与所有者投入资本或者向所有者分配利润无关的利得或者损失。利得是指除收入和直接计入所有者权益项目外的经济利益的净流入；损失是指除费用和直接计入所有者权益项目外的经济利益的净流出。

利润金额取决于收入和费用、直接计入当期利润的利得和损失金额的计量。

企业的利润是由营业利润、利得和损失、所得税费用等部分组成的。营业利润加上当期的利得，减去当期的损失即为利润总额，利润总额减去所得税费用为净利润。

营业利润指营业收入减去营业成本、期间费用和各种流转税及附加税费后的余额。

利润项目应当列入利润表。

二、会计等式

（一）会计等式的含义

任何一个会计主体为了实现其经营目标，都需要拥有一定数量与结构的、并能为企业带来未来经济利益的经济资源即资产。而资产最初进入企业的渠道有两种：一是债权人提供；二是所有者提供。因此，他们对企业的资产享有要求权，这种要求权称之为权益，其中属于债权人的权益称负债，属于所有者的权益称为所有者权益。企业的资产和权益是同一资金的两个不同方面，资产表明企业拥有哪些经济资源，其数额有多少；权益则表明谁提供了这些经济资源，即谁对这些资产有要求权。因此，有一定数额的资产，就必然有一定数额的权益，反之有一定数额的权益，也必须有一定数额的资产，资产和权益是相互依存的。一个会计主体在会计期间开始时，其财务状况可表示为如下的基本会计等式：

资产 = 权益

= 债权人权益 + 所有者权益

= 负债 + 所有者权益

等式左边的资产表示企业拥有的全部资源；等式右边的负债是债权人对企业资

产的求偿权，也是债权人权益，所有者权益是所有者对企业净资产的求偿权。

会计期末，一个会计主体的经营成果可表示为如下的会计等式：

收入 - 费用 = 利润

这一等式是从基本等式中派生出来的，它是对基本等式中的所有者权益的进一步说明，是资金运动的动态表现，是编制利润表的理论依据。

在经营过程中，上述两等式可合并表示为：

资产 = 负债 + 所有者权益 +（收入 - 费用）

这是将静态会计等式和动态会计等式相结合的会计等式，因而可称为混合会计等式，实际上是利润分配前的会计等式。利润分配后，一部分利润将向所有者分配，退出企业；另一部分将作为留存收益计入盈余公积和未分配利润，从而计入所有者权益，会计等式又恢复到原来的形式，即：

资产 = 负债 + 所有者权益

上述会计等式称为会计恒等式，也称为会计平衡公式，它反映了会计基本要素（资产、负债和所有者权益）之间的数量关系，也反映了企业资产的归属关系。它是设置账户、进行复式记账的理论基础，也是处理经济业务和编制资产负债表的理论依据，在会计核算中具有非常重要的地位。

（二）经济业务的发生对会计等式的影响

企业在经营过程中发生的各种经济活动会引起资产和权益发生增减变化，我们将这些经济活动称为经济业务。但无论经济业务引起资产和权益发生怎样的变化，都不会破坏会计等式中会计要素之间形成的平衡关系。

1. 经济业务类型（经济业务数量变化的规律）

企业发生的经济业务种类很多，但从其引起资产、负债和所有者权益发生增减变动的情况看，是有规律可循的，可以归纳为以下四种类型九种情况：

（1）资产和权益同时增加，双方增加金额相等。

①资产和负债同时增加。

②资产和所有者权益同时增加。

（2）资产和权益同时减少，双方减少金额相等。

③资产和负债同时减少。

④资产和所有者权益同时减少。

（3）资产项目内部有增有减，增减金额相等。

⑤一项资产增加，另一项资产减少。

（4）权益项目内部有增有减，增减金额相等。

⑥一项所有者权益增加；另一项所有者权益减少。

⑦一项负债增加；另一项负债减少。

⑧一项负债增加；一项所有者权益减少。

⑨一项负债减少；一项所有者权益增加。

2. 举例说明上述类型经济业务的变化对会计等式的影响

（1）假设光明公司5月31日的资产、负债和所有者权益的状况如表2－1所示。

表2－1　资产、负债和所有者权益项目的余额　单位：元

资　产	金　额	负债及所有者权益	金　额
库存现金	400	短期借款	3 900
银行存款	13 000	应付账款	5 000
应收账款	17 500	应交税费	4 000
原材料	21 000	长期借款	9 000
长期股权投资	20 000	实收资本	100 000
固定资产	100 000	盈余公积	50 000
总　计	171 900	总　计	171 900

（2）该公司6月份发生如下经济业务：

①经济业务的发生，引起资产项目和负债与所有者权益项目同时增加，双方增加的金额相等（一项资产增加，一项负债同时增加）。

公司从银行取得短期借款50 000元，存入银行。

这项经济业务的发生，引起光明公司资产中的银行存款增加50 000元，同时负债中的短期借款也增加了50 000元。资产项目和权益项目以相等的金额同时增加，双方总额仍保持平衡关系。

②经济业务的发生，引起资产项目和负债及所有者权益项目同时增加，双方增加的金额相等（一项资产增加，一项所有者权益同时增加）。

光明公司接受甲公司投入的全新设备一台，评估价值为100 000元。

这项经济业务的发生，引起光明公司资产中的固定资产增加了100 000元，另一方面所有者权益中的实收资本也同时增加了100 000元。资产项目和权益项目以相等的金额同时增加，双方总额虽然均发生变动，但仍保持平衡关系。

③经济业务的发生，引起资产项目和负债与所有者权益项目同时减少，双方减少的金额相等（一项资产减少，一项所有者权益同时减少）。

甲公司投资于光明公司的部分投资20 000元按法定程序抽回，光明公司付以银行存款。

这项经济业务的发生，引起了光明公司资产中的银行存款减少20 000元，所

有者权益中的实收资本同时减少20 000元。资产项目和权益项目以相等的金额同时减少，双方总额仍保持平衡关系。

④经济业务的发生，引起资产项目和负债与所有者权益项目同时减少，双方减少的金额相等（一项资产减少，一项负债同时减少）。

光明公司以银行存款偿还短期借款3 000元。

这项经济业务发生，引起公司资产中的银行存款减少3 000元，负债中的短期借款同时减少3 000元，但双方总额仍保持平衡关系。

⑤经济业务的发生，引起资产项目之间此增彼减，增减金额相等（一项资产增加，另一项资产同时减少）。

光明公司从银行提取现金2 000元备用。

这项业务的发生，只会引起资产内部两个项目之间以相等的金额一增一减的变动。即引起该公司资产中的现金增加2 000元，银行存款减少了2 000元。这一增一减，只表明资产形态的转化，而不会引起资产总额的变动，更不涉及负债和所有者权益项目。因此，资产与权益的总额仍保持平衡关系，且平衡总额不变。

⑥经济业务的发生，引起负债和所有者权益项目之间此增彼减，增减金额相等（一项负债增加，另一项负债减少）。

光明公司从银行取得短期借款直接用来偿还前欠购货款5 000元。

这项业务的发生，只会引起两个负债项目之间以相等的金额一增一减的变动，即使得该公司负债中的短期借款增加5 000元，应付账款同时减少5 000元。这一增一减，只表明资金来源渠道的转化，既不会引起负债总额发生变动，也没有涉及所有者权益和资产项目。因此，资产与负债、所有者权益的总额仍保持平衡关系。

⑦经济业务的发生，引起负债和所有者权益项目之间此增彼减，增减金额相等（一项所有者权益增加，另一项所有者权益减少）。

光明公司用盈余公积20 000元转增资本。

这项经济业务的发生，只会引起两个所有者权益项目之间以相等的金额一增一减的变动，即使得该公司所有者权益中的“实收资本”增加20 000元，盈余公积同时减少20 000元。这一增一减，只表明资金来源渠道的转化，既不会引起所有者权益总额发生变动，也没有涉及负债和资产项目。因此，资产与负债、所有者权益的总额仍保持平衡关系。

⑧经济业务的发生，引起负债和所有者权益项目之间此增彼减，增减金额相等（一项负债增加，一项所有者权益减少）。

乙公司委托光明公司代为偿还前欠购货款30 000元，并决定作为对光明公司投资的减少。

这项经济业务的发生，引起两个权益项目之间以相等的金额一增一减的变动，即使得光明公司负债中的应付账款增加 30 000 元，所有者权益中的实收资本减少 30 000 元。这一增一减，只表明资金来源渠道的转化，虽然引起负债和所有者权益总额发生了增减变动，但权益总额并没有变动，更没有涉及资产项目的变动。因此，资产与负债、所有者权益的总额未变，仍保持平衡关系。

⑨经济业务的发生，引起负债和所有者权益项目之间此增彼减，增减金额相等（一项负债减少，一项所有者权益增加）。

光明公司委托甲公司为其偿还短期借款 40 000 元，并决定作为对光明公司的追加投资。

这项经济业务的发生，引起所有者权益中实收资本的增加，光明公司负债中短期借款的减少。这一增一减，仍然只表明资金来源渠道的转化，虽然引起所有者权益和负债总额发生了增减变动，但权益总额并没有变动，更没有涉及资产项目的变动。因此，资产与负债、所有者权益的总额未变，仍保持平衡关系。

上面列举的经济业务，代表着不同的业务类型，从中可以看出，不论哪一项经济业务的发生，均未破坏资产总额与负债、所有者权益总额的平衡。同时也阐明了资金运动数量变化的规律，上述 9 种情况的变化结果如表 2－2 所示。

表 2－2　经济业务发生对会计等式的影响结果　　单位：元

业　务	资　产 =	负　债 +	所有者权益
变动前金额	171 900	21 900	150 000
①	+50 000	+50 000	
②	+100 000		+100 000
③	－20 000		－20 000
④	－3 000	－3 000	
⑤	+2 000 －2 000		
⑥		+5 000 －5 000	
⑦			+20 000 －20 000
⑧		+30 000	－30 000
⑨		－40 000	+40 000
变动后的结果	298 900 =	58 900 +	240 000

从上述举例中，可以归纳出以下几点结论：

①任何一项经济业务，都会对会计等式产生双重影响，而且影响的金额是相等的。

②有些经济业务的发生，引起资产与权益（负债与所有者权益）两个方面变动的，会使双方总额同时发生增加或减少的变动，但变动后的双方总额仍然相等，如业务①②③④。

③有些经济业务的发生只涉及资产或权益一方彼此增减变动的，不但不会影响双方总额的平衡，而且还不会改变平衡总额，如业务⑤⑥⑦⑧⑨。

总之，任何经济业务的发生，都不会破坏资产总额与权益总额之间的平衡关系。

（3）收入、费用的增减变动对会计等式的影响。

企业在生产经营过程中会不断地发生费用和取得收入，所以会计恒等式可扩展为：

资产 = 负债 + 所有者权益 +（收入 − 费用）

会计期末，利润分配后会计等式又回归到“资产 = 负债 + 所有者权益”这一基本的会计等式。

企业取得收入、发生费用的经济业务会影响会计等式，但不会改变平衡关系。下面举例说明收入、费用的发生对会计恒等式的影响：

①经济业务的发生，引起收入项目和资产项目同时增加，双方增加的金额相等（一项收入增加，一项资产同时增加）。

光明公司销售产品一批，取得销货款 50 000 元，存入银行（不考虑增值税）。这项经济业务的发生引起光明公司资产中的银行存款增加了 50 000 元，同时该公司收入中的主营业务收入也同时增加了 50 000 元。收入项目和资产项目以相等的金额同时增加，双方总额仍保持平衡关系。

②经济业务的发生，引起收入项目的增加和负债项目的减少，双方增减的金额相等（一项收入增加，一项负债同时减少）。

光明公司以产品 10 000 元，抵偿前欠购货款。

这项经济业务的发生引起该公司负债中的应付账款减少 10 000 元，同时该公司收入中的主营业务收入增加了 10 000 元。收入项目和负债项目以相等的金额增减，这一增一减虽然引起收入和负债总额发生了增减变动，但仍保持平衡关系。

③经济业务的发生，引起费用项目增加和资产项目的减少，增减的金额相等（一项费用增加，一项资产同时减少）。

光明公司基本生产车间生产产品领用材料 20 000 元。

这项经济业务的发生，引起该公司资产中的原材料减少 20 000 元，费用中的生产成本增加 20 000 元。费用项目和资产项目以相等的金额增减，这一增一减虽然引起费用和资产总额发生了增减变动，但仍保持平衡关系。

④经济业务的发生，引起费用项目增加和负债项目的增加，双方增加的金额相等（一项费用增加，一项负债同时增加）。

光明公司计算所得税为 13 200 元。

这项经济业务的发生，一方面引起该公司负债中应交税费增加 13 200 元，另一方面引起该公司费用中的所得税费用增加 13 200 元。费用项目和负债项目以相等的金额增加，但双方总额仍保持平衡关系。

⑤经济业务的发生，引起利润项目的减少和所有者权益项目的增加，双方增减的金额相等（一项利润减少，一项所有者权益增加）。

光明公司将税后利润 26 800 元全部留归企业。

这项经济业务的发生，引起该公司利润中的本年利润减少 26 800 元，所有者权益中的未分配利润增加 26 800 元。

上述所列经济业务对会计等式的影响如表 2－3 所示。

表 2－3　　经济业务对会计等式的影响及结果　　单位：元

业　务	资　产　=	负　债　+	所有者权益　+	（收入　－	费用）
变动前	298 900	58 900	240 000		
①	+50 000			+50 000	
②		－10 000		+10 000	
③	－20 000				+20 000
④		+13 200			+13 200
⑤			+26 800	－26 800	
变动后	328 900　=	62 100　+	266 800		

上述举例说明，收入、费用、利润要素的变化仍未破坏会计等式的恒等关系。由此可以看出，任何经济业务的发生，都不会破坏资产与权益（负债和所有者权益）的平衡关系。由于这一平衡关系揭示了会计要素之间的这种规律性的联系，因而它是设置会计科目、复式记账和编制资产负债表的理论依据。按照这一平衡原理建立的各种会计方法，可以清楚地反映资产与负债、所有者权益各个会计要素之间的规律性联系，可以为经济管理提供各种会计信息。

第二节　会计科目

一、设置会计科目的意义

任何一个会计主体在其经营过程中，都要经常不断地发生各种各样的经济业务，每一项经济业务的发生，都将直接表现为各会计对象要素中具体项目发生的数量变动，而要记录某一特定的经济业务，就需要对会计对象要素按经济内容或用途作进一步的分类，会计科目就是对会计对象具体内容进行分类核算的项目。

每个会计科目都有其特定的核算内容，具体地反映某一类经济活动，提供相应的经济指标，而将全部会计科目所提供的信息联系起来，就可以反映企业的全部经济活动，提供系统的指标体系。例如，“原材料”科目，提供在一定时期内原材料增加、减少和结存的信息；而“固定资产”科目可以提供在一定时期内固定资产增加、减少以及实存的情况。这样，通过全部会计科目所提供的信息，就能全面地反映企业的全部经济活动的情况。

会计科目作为基本的会计制度，它规定了会计科目的核算范围、核算方法和核算要求。在会计核算中的许多环节都需使用会计科目，如编制凭证、设置账户、登记账簿等。

会计科目作为统一的会计制度，统一规定会计科目的名称、核算范围和核算方法，保证了与统计、计划指标口径的一致，便于对所提供资料进行分类汇总、分析利用。为企业经济管理提供了一系列具体的、分类的经济指标，为投资者和有关各方提供全面准确的会计信息。

概而言之，设置会计科目，是企业设置账户、进行账务处理的依据，也是正确组织会计核算的一个重要条件。

二、设置会计科目的原则

（一）科学性原则

会计科目作为对会计对象具体内容进行分类核算的项目，其设置应能够全面、系统地反映会计对象的全部内容，不能有任何遗漏。同时，会计科目的设置必须反映会计对象的特点。除各行各业的共性会计科目外，还应根据各行各业会计对象的特点设置相应的会计科目。例如，工业企业的主要经营活动是制造工业产品，因而必须设置反映生产耗费、成本计算的“生产成本”会计科目。商业企业的基本经营活动是购进和销售商品，因而必须设置反映商品采购、商品销售以及在购、销、存环节发生的各项费用的会计科目。行政、事业单位则应设置反映经费收支情况的会计科目。

（二）满足需要原则

企业会计核算资料应能满足各方面的需要，因此，在设置会计科目时要兼顾对外报告信息和企业内部经营管理的需要，并根据需要提供数据的详细程度，分设总分类科目和明细分类科目。总分类科目（亦称一级科目）是对会计对象具体内容进行总括分类核算的科目，如“固定资产”、“实收资本”等科目。它提供的是总括性指标，这些指标基本上能满足企业外部有关方面的需要。明细分类科目（包括二级科目、明细科目）是对总分类科目的进一步分类，如在“固定资产”总分类科目下按照固定资产的类别分设的二级科目和明细科目，它提供的详细核算资料，主要为企业内部管理服务。

（三）相对稳定原则

会计科目的设置要适应社会经济环境的变化和本单位业务发展的需要。例如，随着商业信用的发展，为了反映和监督商品交易中的延期付款或延期交货而形成的债权债务关系，核算中应单独设置“预收账款”和“预付账款”科目，即把预收、预付货款的核算从“应收账款”和“应付账款”科目分离出来；随着技术市场的形成和专利法、商标法的实施，对企业拥有的专有技术、专利权、商标权等无形资产的价值及其变动情况，有必要专设“无形资产”科目予以反映。但是，会计科目的设置应保持相对稳定，以便在一定范围内综合汇总和在不同时期对比分析其所提供的核算指标。

（四）统一性与灵活性相结合原则

所谓统一性，指在设置会计科目时，应根据提供会计信息的要求，按照《企业会计准则》，对一些主要会计科目的设置及其核算内容进行统一的规定，以保证会计核算指标在一个部门乃至全国范围内综合汇总，分析利用。所谓灵活性，指在保证提供统一核算指标的前提下，各单位可以根据本单位的具体情况和经济管理要求，对统一规定的会计科目作必要的增补或简并。例如，统一规定的会计科目，未设“废品损失”和“停工损失”科目，企业如果需要单独核算废品损失和停工损失，可以增设“废品损失”和“停工损失”科目。

（五）合规性原则

每一个会计科目都应有特定的核算内容，在设置会计科目时，对每一个科目的特定核算内容必须严格、明确地界定。会计科目的名称应与其核算的内容相一致，并要含义明确，通俗易懂。科目的数量和粗细程度应根据企业规模的大小、业务的繁简和管理的需要而定。

三、会计科目的分类

（一）按反映的经济内容分类

会计科目按其反映的经济内容不同，可以分为资产类、负债类、共同类、所有者权益类、成本类和损益类六大类会计科目。

1. 资产类科目

按照资产的流动性可分为：

反映流动资产的科目有库存现金、银行存款、交易性金融资产、应收账款、应收票据、预付账款、应收股利、应收利息、其他应收款、原材料、库存商品、在途物资、周转材料等。

反映非流动资产的科目有持有至到期投资、可供出售金融资产、长期应收款、长期股权投资、固定资产、在建工程、累计折旧、无形资产、长期待摊费用、待处理财产损溢等。

2. 负债类科目

按照负债的偿还期可分为：

反映流动负债的科目有短期借款、应付票据、应付账款、其他应付款、预收账款、应付职工薪酬、应交税费、应付股利、应付利息等。

反映非流动负债的科目有长期借款、应付债券、长期应付款等。

3. 共同类科目

反映共同类的科目有衍生工具、套期工具等。

4. 所有者权益类科目

反映所有者权益类的科目有实收资本、资本公积、盈余公积、本年利润、利润分配等。

5. 成本类科目

反映成本类的科目有生产成本和制造费用等。

6. 损益类科目

反映损益类的科目有主营业务收入、主营业务成本、其他业务收入、其他业务成本、营业税金及附加、销售费用、管理费用、财务费用、营业外收入、营业外支出、所得税费用等。

以上为企业设置的基本会计科目。对于不同性质的企业，可以结合企业的经营特点和管理要求，修订或增减。本书是以工业企业为例，工业企业会计科目如表 2－4 所示。

表2－4　　工业企业主要会计科目

序　号	编　号	名　　称	序　号	编　号	名　　称
		一、资产类	32	2232	应付股利
1	1001	库存现金	33	2241	其他应付款
2	1002	银行存款	34	2501	长期借款
3	1101	交易性金融资产	35	2502	应付债券
4	1121	应收票据	36	2701	长期应付款
5	1122	应收账款	37	2711	专项应付款
6	1123	预付账款			**三、共同类**
7	1131	应收股利	38	3101	衍生工具
8	1132	应收利息	39	3201	套期工具
9	1221	其他应收款			**四、所有者权益类**
10	1231	坏账准备	40	4001	实收资本
11	1401	材料采购	41	4002	资本公积
12	1402	在途物资	42	4101	盈余公积
13	1403	原材料	43	4103	本年利润
14	1405	库存商品	44	4104	利润分配
15	1501	持有至到期投资			**五、成本类**
16	1503	可供出售金融资产	45	5001	生产成本
17	1511	长期股权投资	46	5101	制造费用
18	1531	长期应收款	47	5201	劳务成本
19	1601	固定资产			**六、损益类**
20	1602	累计折旧	48	6001	主营业务收入
21	1604	在建工程	49	6051	其他业务收入
22	1701	无形资产	50	6111	投资收益
23	1801	长期待摊费用	51	6401	主营业务成本
24	1901	待处理财产损溢	52	6403	营业税金及附加
		二、负债类	53	6402	其他业务成本
25	2001	短期借款	54	6601	销售费用
26	2201	应付票据	55	6602	管理费用
27	2202	应付账款	56	6603	财务费用
28	2203	预收账款	57	6301	营业外收入
29	2211	应付职工薪酬	58	6711	营业外支出
30	2221	应交税费	59	6801	所得税费用
31	2231	应付利息			

（二）按提供指标的详细程度不同分类

会计科目按其提供指标的详细程度不同可以分为总分类科目和明细分类科目。

总分类科目又称一级科目、总账科目，是对会计对象按不同经济内容所作的总括分类，是提供总括性核算指标的科目。上述按经济内容进行分类的会计科目均为总分类科目。

明细分类科目，简称明细科目。是对总分类科目包括的具体内容所作的进一步分类，是用于在某一总分类核算内容下对其所属具体项目进行更为明确、详细核算的会计科目。它可以提供比总分类科目更为详细的核算信息，又称为二级会计科目，如果有必要，可以在二级会计科目下，设置三级会计科目进行核算，还可以在三级会计科目下，设置四级明细会计科目进行核算等。一般来说，二级、三级以及四级明细科目等均属明细科目的范畴。应该注意的是，明细科目是在某一个总分类会计科目下设置的，不一定每个总分类科目都要设置明细科目，如“累计折旧”、“库存现金”等总账科目下，不需要设置明细科目。这主要取决于企业的核算要求和管理需要。在总分类科目下，设置明细科目一般按照总分类科目包括的具体项目名称进行。如在“应收账款”总分类科目下应按购货单位设置明细分类科目，具体反映应向哪些单位收取货款。

会计科目按其提供指标的详细程度不同所作的分类如表2－5所示。

表2－5　　会计科目按其提供指标的详细程度不同所作的分类

总分类科目	明细分类科目	
	二级科目	三级科目
生产成本	基本生产成本	甲产品
		乙产品
	辅助生产成本	供电车间
		供水车间
		机修车间
原材料	原料及主要材料	钢材
		铝材
		……
	辅助材料	略
	修理用备件	略
	燃料	略
	外购半成品	略

我国现行制度规定，总分类科目一般由财政部或企业主管部门统一制定，明细分类科目除少量由会计制度设置外，各单位可根据需要自行设置。

第三节 账 户

一、设置账户的必要性

设置会计科目只是规定了对会计对象具体内容进行分类核算的项目。而为了序时、连续、系统地记录由于经济业务的发生而引起的会计要素的增减变动，提供各种会计信息，还必须根据规定的会计科目在账簿中开设账户。所谓账户就是根据会计科目开设的，在账簿中分类、连续、系统地记录经济业务，反映会计对象增减变动情况和结果的记账单元。

设置账户的作用在于：首先，通过每个账户，记录每笔经济业务和每类经济业务所引起资金数量的增减变化，按制度规定计算资金的取得、使用、耗费、收回和分配。账户记录经济业务引起资金的增减变化，既有反映资金的总分类情况，又有反映资金的明细分类情况；既有反映每一笔经济业务的情况，又有反映一定时期全部经济业务的情况；既反映资产、负债和所有者权益的增加和减少情况，又有反映其变化的结果，从而使每个账户贮存有丰富的会计信息。其次，通过账户可以压缩信息数量，提高质量。账户可以把单个的、大量重复的数据进行分类、归并、汇总、整理和加工，使之井然有序，达到压缩数量、提高质量的作用。

由于账户是根据会计科目开设的，因此，根据总分类科目可开设总分类账户，进行总分类核算；根据明细分类科目可开设明细分类账户，进行明细分类核算（关于总分类账户与明细分类账户的具体内容将在后续章节详细介绍）。

二、会计科目与账户的关系

会计科目与账户既相互联系又相互区别。

会计科目与账户的联系表现在：它们所反映的会计对象的具体内容是相同的，账户是根据会计科目开设的，会计科目作为账户的名称，规定了账户记录的内容，账户记录的正是会计科目所规定的内容。

会计科目与账户的区别表现在：会计科目只是对会计对象具体内容进行分类核算的项目，是会计核算的依据，即只解决了核算什么内容的问题，不存在结构问题；而账户则作为记录会计科目核算内容的载体，必须具有相应的结构，以便连续、系统地记录经济业务，即要解决如何核算的问题。另外，在我国，会计科目是由国家财政部门统一制定的，是会计的一项基本制度，账户是各核算单位根据会计科目的规定和管理的需要自行在账簿中开设的。

三、账户的结构

账户要起到分类记录经济业务并初步加工有关数据的作用，必须具有一定的结构。账户结构是指账户的基本构成要素，其实质就是在账户中如何反映和记录会计要素的增加、减少以及结存情况。由于经济业务所引起的各项会计要素的变动，从数量上看不外乎是增加和减少两种情况。因此，账户的结构也相应地分为左右两个基本部分，一方登记增加额，另一方登记减少额。至于在账户的左右两方中，哪一方记增加，哪一方记减少，则取决于所采用的记账方法和所记录的经济业务内容。账户的基本结构内容包括：

（1）账户的名称：即会计科目的名称，是用以说明记入账户的数据是何内容。

（2）日期：记录经济业务的日期。

（3）摘要：简要说明经济业务的内容。

（4）记录的金额：标明经济业务的增加、减少及结存数额。

在会计分期假设的前提下，每一个账户的记录都是通过结账作为某一会计核算期间的结束。因此，会计核算资料在不同的会计核算期间的衔接与连续，还应该在账户的基本结构中体现出来。具体表现在四项金额之间的关系，它们是：

①期初余额：是指上期转入本期的结转额，也就是上期的期末余额。它反映的是会计核算资料在不同会计核算期之间的联系，起着承前的作用。

②本期增加额：是指在本会计期间内登记在账户中的增加金额，也称本期增加发生额。增加发生额记录在账户的哪一方，取决于所采用的记账方法和账户的性质。

③本期减少额：是指在本会计期间内登记在账户中的减少金额，也称本期减少发生额。减少发生额记录在账户的哪一方，取决于所采用的记账方法和账户的性质。

④期末余额：是在每一个会计期末结出的账户余额。本期的期末余额转入下期，就是下一个会计期的期初余额。它反映本期会计核算资料与下一期会计核算资料的衔接，起着启后的作用。在没有期初余额的情况下，期末余额是指本期增加额与本期减少额相抵后的差额，如果有期初余额，期末余额的计算应按下列公式进行：

期末余额 = 期初余额 + 本期增加额 − 本期减少额

在会计教学中，往往把账户的基本结构简化为“丁”字形或“T”形。这种格式只将其中最重要的金额部分突出出来，其他部分略而不记。“丁”字形账户的基本结构分为左右两方，若左方记录增加额，右方记录减少额，则期初、期末余额一般在左方；反之则相反。"丁"字形账户格式如图2－3、图2－4所示。

左方　　账户名称（库存现金）　　右方

左方		右方	
期初余额	×××		
本期增加额	×××	本期减少额	×××
……		……	
本期增加额合计	×××	本期减少额合计	×××
期末余额	×××		

图2－3

左方　　账户名称（短期借款）　　右方

左方		右方	
		期初余额	×××
本期减少额	×××	本期增加额	×××
……		……	
本期减少额合计	×××	本期增加额合计	×××
		期末余额	×××

图2－4

本章小结

会计要素是指将大量纷繁复杂的，而又不断重复发生的经济业务，归纳出若干类具有独特性质的会计元素。包括反映企业财务状况的资产、负债、所有者权益三大要素，以及反映企业经营成果形成的收入、费用和利润三大要素。这六大要素是对会计对象具体内容所作的最基本的分类。

会计等式反映了会计基本要素（资产、负债和所有者权益）之间的数量关系，它是设置账户、进行复式记账的理论基础，也是处理经济业务和编制资产负债表的理论依据，其基本表现形式有：资产＝负债＋所有者权益（会计恒等式）。任何经济业务的发生，都不会破坏资产总额与权益总额之间的平衡关系。

会计科目是对会计对象具体内容进行分类核算的项目，是正确进行会计核算的依据。按其反映的经济内容不同，可以分为资产类、负债类、共同类、所有者权益类、成本类和损益类；按其提供指标的详细程度不同可以分为总分类科目和明细分类科目。

账户是根据会计科目开设的，在账簿中分类、连续、系统地记录经济业务，反映会计对象增减变动情况和结果的记账单元。根据总分类科目开设总分类账户，进行总分类核算；根据明细分类科目开设明细分类账户，进行明细分类核算。

会计科目与账户所反映的会计对象的具体内容是相同的。但是，会计科目只解决了核算什么内容的问题，不存在结构问题，而账户必须有相应的结构，以便连续、系统地记录经济业务。

思考题

1. 会计要素及构成内容是什么？有哪些特征？它们之间存在着什么样的关系？
2. 为什么经济业务的发生不会破坏会计等式的平衡关系？
3. 简述会计科目与账户之间的关系。

练习题

一、单项选择题

1. 下列各项中属于流动资产的有（　　）。
   A. 运输设备　B. 应付账款　C. 累计折旧　D. 应收账款
2. 下列属于负债要素的是（　　）。
   A. 专利权　B. 预收账款　C. 预付账款　D. 应收账款
3. 企业将在一年内或超过一年的一个营业周期内偿还的债务称为（　　）。
   A. 长期负债　B. 流动负债　C. 中期负债　D. 固定负债
4. 设置会计科目是对会计对象的具体内容（　　）进行核算的专门方法。
   A. 来龙去脉　B. 分门别类　C. 综合　D. 汇总
5. 下列各项中，会造成会计等式两边同时减少的是（　　）。
   A. 购买原材料、货款未付　B. 以银行存款偿还货款
   C. 提取现金　D. 收回销货款
6. 账户是根据（　　）开设的。
   A. 核算需要　B. 会计科目　C. 主观意志　D. 上级指令
7. 下列会计恒等式正确的有（　　）。
   A. 资产 = 负债 + 所有者权益　B. 资产 - 权益 = 负债
   C. 资产 + 负债 = 所有者权益　D. 资产 = 负债 + 权益
8. 企业的会计科目必须反映（　　）的特点。
   A. 会计目标　B. 会计对象　C. 会计本质　D. 会计定义
9. 如果一项资产增加则会引起（　　）。
   A. 一项负债或所有者权益的减少　B. 另一项资产的增加
   C. 一项负债或所有者权益的增加　D. 以上都对
10. 下列属于资产的有（　　）。
   A. 应付账款　B. 预付账款　C. 预收账款　D. 应交税费

二、多项选择题

1. 下列各项属于流动负债的有（　　）。
   A. 短期借款　B. 应交税费　C. 长期借款

D. 预收账款　　E. 预付账款

2. 下列项目中正确的经济业务类型有（　）。

A. 一项资产增加，一项所有者权益减少　　B. 资产与负债同时增加

C. 资产与所有者权益同时增加　　D. 负债与所有者权益同时增加

E. 一项负债减少，一项所有者权益增加

3. 下列哪些属于经济业务类型（　）。

A. 一项资产增加，另一项资产减少　　B. 资产增加，所有者权益减少

C. 负债减少，所有者权益减少　　D. 负债增加，所有者权益减少

E. 资产增加，所有者权益增加

4. 会计期末，表示一个会计主体的经营成果的会计等式需要使用以下会计要素（　）。

A. 资产　　B. 负债　　C. 收入

D. 费用　　E. 利润

5. 一个会计主体，所发生的经济业务引起的资产、负债和所有者权益的变动，概括起来主要有如下哪些类型的变动（　）。

A. 一项资产增加，一项负债或所有者权益增加

B. 一项资产增加，另一项资产减少

C. 一项资产减少，一项负债或所有者权益减少

D. 一项资产增加，另一项资产增加

E. 一项负债或所有者权益增加，另一项负债或所有者权益减少

6. 期间费用包括（　）。

A. 制造费用　　B. 销售费用　　C. 财务费用

D. 管理费用　　E. 生产成本

三、判断题

1. 长期负债的偿还期均在一年以上，流动负债的偿还期均在一年以内。（　）

2. 无论采用哪种记账方法，账户的期末余额一般与增加数在同一方向。（　）

3. 期末余额 = 期初余额 + 本期增加额 − 本期减少额，这一公式适用于任何性质账户的结账。（　）

4. 会计科目和账户之间的主要区别在于账户有结构而会计科目无结构。（　）

5. 存货是指有实物形态的资产。（　）

6. 期间费用是与一定的会计期间相关联的，所以发生时要计入某会计期间的产品成本。（　）

四、业务题

习题一

目录：熟悉会计要素的内容及其分类

资料：某企业的有关资料如下表所示：

业务内容＼会计要素	资产	负债	所有者权益	收入	费用	利润
销售商品的销售收入						
存放在银行的款项						
从银行取得的借款						
库存的材料						
应付的借款利息						
发生的广告费						
投资者投入的资本						
销售商品未收的货款						
库存的商品						
车间的设备						
销售材料赚取的利润						
向购货单位预收的货款						
向销货单位预付的货款						

要求：依据表中业务内容确定其从属的会计要素

习题二

目的：熟悉会计要素的内容，确定各个会计科目的归属

资料：某企业的有关会计科目如下表所示：

会计科目＼会计科目类别	资产类	负债类	共同类	所有者权益类	成本类	损益类
制造费用						
衍生工具						
原材料						
实收资本						
应收账款						
应付账款						
固定资产						
应交税费						
库存商品						
无形资产						
主营业务收入						
管理费用						
生产成本						
短期借款						
应付职工薪酬						

要求：确定表中会计科目从属的类别

第三章 复式记账法

本章学习目的

- ☞ 掌握复式记账法及其特点
- ☞ 理解和掌握借贷记账法的基本原理
- ☞ 运用借贷记账法熟练地处理经济业务
- ☞ 掌握平行登记的概念规则、方法及其对登记结果的核对

第一节 复式记账法概述

一、复式记账法的概念

记账方法是指在账簿中登记经济业务的方法，具体而言就是利用一定的形式和技术，借助会计科目和账户在会计账簿中记录经济业务的方法。为了核算和监督会计对象，在此之前我们已经设置了必要的会计科目，并据此开设了账户，如何将所发生的经济业务记录在有关的账户中，曾出现过两种不同的方法：单式记账法和复式记账法。

单式记账法是对发生的每一项经济业务只在一个账户中进行记录，记录的内容着重记录现金的收付和人欠、欠人等债权和债务情况。例如，用银行存款购买一台设备，只记录银行存款的付出，不记录设备的增加。虽然单式记账法后来也记录实物的变动，但因账户设置本身就是不完整的，因而仍然是单方面记账，账户记录之间无直接的联系，所以仍不能全面系统地反映经济业务的来龙去脉，进而也无法检查账户记录的正确与否。由于单式记账法不能科学、严密、全面地描述经济业务的全貌，因而被后来出现的复式记账法所取代。

复式记账法是指对发生的每一项经济业务，都以相等的金额，在相互联系的两个或两个以上账户中进行记录的方法。例如上述用银行存款购买设备业务，按照复式记账，则应以相等的金额，一方面在银行存款账户中记录银行存款的减少；另一方面还要在固定资产账户中记录设备的增加。这样，既说明了银行存款的减少用于何处，又说明了固定资产增加的渠道。与单式记账法相比，复式记账法具有无可比拟的优越性。

二、复式记账法的特点

（1）由于复式记账是对发生的每一项经济业务，都以相等的金额，在相互联系的两个或两个以上账户中进行记录，因而通过账户记录可以反映经济业务的来龙去脉以及经济活动的过程和结果。如从银行提取现金 1 000 元，在复式记账法下，一方面要在库存现金账户中记录库存现金增加 1 000 元；另一方面，还要在银行存款账户中记录银行存款减少 1 000 元。这样，既表明了现金的来源渠道，同时也说明了银行存款的去向，完整地反映了经济业务的全貌。

（2）由于对每一项经济业务，都是以相等的金额在有关账户中进行记录，因而可以对账户记录的结果采用一定的方法进行试算平衡，以便于检查账户的记录是否正确。

由于复式记账法具有上述优点，因而被世界各国广泛采用。目前，我国的企业、事业单位也均采用了复式记账法中的借贷记账法。

第二节　借贷记账法

一、借贷记账法的概念

借贷记账法是以“借”、“贷”为其记账符号，对每一项经济业务以借贷相等的金额在相互联系的两个或两个以上账户中进行记录的一种复式记账方法。

借贷记账法起源于中世纪的商品经济比较发达的意大利，并经历了佛罗伦萨簿记法、热那亚簿记法和威尼斯簿记法三个发展阶段，历时 300 年左右，到了 15 世纪已逐步形成了比较完备的复式记账法。这一过程早在公元 13 世纪，在商品经济比较发达的意大利佛罗伦萨市，专做贷金业的经纪人——高利贷者，居间借贷，借贷款项在银行账簿上按借方和贷方设立人名账户，上下分列记载，借出款项按借方记入上方，贷入款项按贷方记入下方。这时的借与贷，如实地反映了债权与债务情况，但还不是一种记账符号。这种方法叫佛罗伦萨式簿记法。到了公元 14 世纪，热那亚市政厅为适应商业记账的需要，采用按账户分左右两页的形式，左页记借方，右页记贷方，互相对照，结出余额的方法。这种方法叫热那亚式簿记法。直到公元 15 世纪末，威尼斯商人在热那亚簿记法的基础上增加损益账户、资本账户和余额账户（试算表），使所有账户都能平衡，这种方法叫威尼斯式簿记法。至此，已初步形成了借贷复式记账法。1494 年 11 月 10 日，意大利人卢卡·帕乔利（Luca Pacioli）出版了他的著作《算术、几何、比与比例概要》一书，对威尼斯簿记法作了详细介绍，并在理论上加以说明，其中第三篇“计算和记录的详论”系统论述了借贷复式记账原理及其运用。帕乔利的著作，对欧美各国产生了很大影响，传入欧洲大陆形成大陆式会计，传入英国和美国形成英美式会计。日本 1868 年明治维新后从英国学习西式簿记，20 世纪初清政府派员赴日学习，英美式的复式记账就由日本传入我国。目前借贷记账法已形成国际通用的一种记账方法。我国《企业会计准则——基本准则》规定会计记账采用借贷记账法。

二、借贷记账法的基本原理

（一）记账符号

借贷记账法是以“借”和“贷”为其记账符号。在这里借贷二字已失去了原有的字面含义，只作为纯粹的记账符号，具体内容如表 3－1 所示。

表 3－1　“借”、“贷”记账符号运用表

账户类别	借	贷
资产类	增加	减少
成本类	增加	减少
损益类（费用支出）	增加	减少
负债类	减少	增加
所有者权益类	减少	增加
损益类（收入收益）	减少	增加

（二）账户的结构

在借贷记账法下，所有账户的基本结构都分为左、右两方，其中左方为借方，右方为贷方，以一方登记增加额，一方登记减少额。至于哪一方记增加额，哪一方

记减少额，则取决于账户所反映的经济内容或账户的性质。其基本结构可用“丁”字形账户表示，如图 3－1 所示。

借方	账户的名称	贷方

图 3－1

下面具体说明在借贷记账法下各类账户的结构。

1. 资产类、成本类账户的结构

在借贷记账法下，资产类、成本类账户的借方登记增加额，贷方登记减少额，期末一般为借方余额，有些账户期末可能无余额。其余额计算公式为：

期末借方余额 = 期初借方余额 + 本期借方发生额 － 本期贷方发生额

两类账户的基本结构如图 3－2 所示。

借方　　资产类、成本类账户　　贷方

期初余额	×××		
本期增加额	×××	本期减少额	×××
……		……	
本期增（借）方发生额合计	×××	本期减（贷）方发生额合计	×××
期末余额	×××		

图 3－2　资产类、成本类账户基本结构

2. 负债类和所有者权益类账户的结构

在借贷记账法下，负债类和所有者权益类账户的贷方登记增加额，借方登记减少额，期末一般为贷方余额，有些账户期末可能无余额。期末余额的计算公式为：

期末贷方余额 = 期初贷方余额 + 本期贷方发生额 － 本期借方发生额

两类账户的基本结构如图 3－3 所示。

借方　　负债类、所有者权益类账户　　贷方

		期初余额	×××
本期减少额	×××	本期增加额	×××
……		……	
本期减（借）方发生额合计	×××	本期增（贷）方发生额合计	×××
		期末余额	×××

图 3－3　负债类、所有者权益类账户基本结构

3. 共同类账户的结构

在借贷记账法下，共同类账户的借方登记资产的增加额、负债的减少额，贷方登记资产的减少额、负债的增加额，期末借方余额，反映企业各种投资工具形成资产的公允价值；期末贷方余额，反映企业各种投资工具形成负债的公允价值。该类账户的基本结构如图 3－4 所示。

借方	共同类账户		贷方
期初余额	×××	期初余额	×××
资产增加额	×××	资产减少额	×××
负债减少额	×××	负债增加额	×××
本期借方发生额合计	×××	本期贷方发生额合计	×××
期末余额	×××	期末余额	×××

图 3－4　共同类账户基本结构

4. 损益类账户的结构

（1）损益类中费用支出账户的结构

在借贷记账法下，损益类中费用支出账户的借方登记增加额，贷方登记减少和结转额，结转后一般无金额，其基本结构如图 3－5 所示。

借方	损益类（费用、支出）账户		贷方
本期增加额	×××	本期减少额	×××
……		……	
		期末结转额	×××
本期增（借）方发生额	×××	本期减（贷）方发生额	×××

图 3－5　损益类（费用、支出）账户基本结构

（2）损益类中收入、收益账户的结构

在借贷记账法下，损益类中收入、收益账户贷方登记增加额，借方登记减少和结转额，结转后期末一般无余额。其基本结构如图 3－6 所示。

借方	损益类（收入、收益）账户		贷方
本期减少额	×××	本期增加额	×××
……		……	
本期结转额	×××		
本期减（借）方发生额合计	×××	本期增（贷）方发生额合计	×××

图 3－6　损益类（收入、收益）账户基本结构

综上所述，账户的基本结构如表3－2所示。

表3－2 账户的基本结构

账户的借方	账户的贷方	余额方向
资产的增加 成本的增加	资产的减少 成本的减少	余额一般在借方
损益类中费用、支出的增加	损益类中费用、支出的减少	月末一般无余额
负债的减少 所有者权益的减少	负债的增加 所有者权益的增加	余额一般在贷方
损益类中收入、收益的减少	损益类中收入、收益的增加	月末一般无余额

上面所述账户结构是就一般情况而言的，但也有特殊情况，随着知识的不断深化，我们将在后面再进一步阐明。

此外，在借贷记账法下，可以使用双重性质的账户。所谓双重性质的账户是指兼有资产与权益两种性质的账户。这类账户的结构是借方登记资产的增加，负债的减少；贷方登记资产的减少，负债的增加；期末根据余额的方向判断账户的性质，若为借方余额，则是资产类账户，若为贷方余额则是负债类账户，具有这种性质的账户有应收账款、应付账款、预收账款、预付账款、其他应收款和其他应付款等。双重性质的账户的基本结构如图3－7所示。

借方　　双重性质的账户　　贷方

期初余额	×××	期初余额	×××
资产增加额	×××	资产减少额	×××
负债减少额	×××	负债增加额	×××
本期借方发生额合计	×××	本期贷方发生额合计	×××
期末余额	×××	期末余额	×××

图3－7 双重性质的账户的基本结构

（三）记账规则

借贷记账法的记账规则是：“有借必有贷，借贷必相等”。在具体运用此规则时需分两步进行。首先，根据所发生经济业务的具体内容确定该业务所涉及的账户或会计科目以及增减情况。其次，根据账户的性质及增减情况确定增加记在哪一方，减少记在哪一方。下面举例说明如何运用借贷记账法的记账规则处理经济业务。

【**例3－1**】光华公司从银行取得为期3个月的借款20 000元。这项经济业务涉及“银行存款”和“短期借款”两个账户。“银行存款”账户属于资产类账户，增加应记入其借方，而“短期借款”账户属于负债类账户，增加应记入其贷方。该项经济业务的会计处理如图3－8所示。

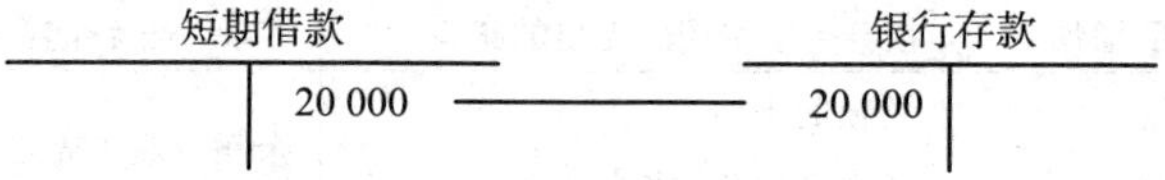

图3－8

【**例3－2**】光华公司收到乙公司投入的全新设备一台价值50 000元。这项经济业务的发生涉及“固定资产”和“实收资本”两个账户。“固定资产”是资产类账户，增加记在借方，“实收资本”是所有者权益类账户，增加记在贷方。该项经济业务的会计处理如图3－9所示。

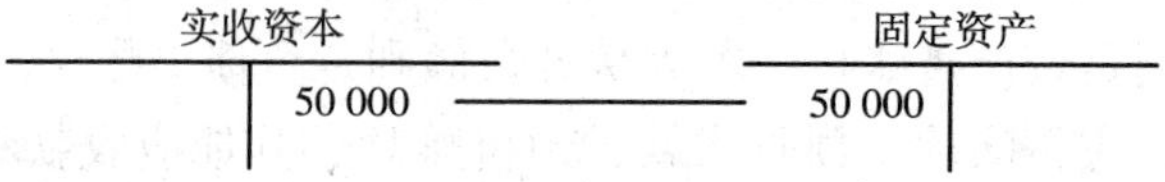

图3－9

【**例3－3**】光华公司用银行存款偿还前欠购货款5 000元。这项经济业务的发生涉及“银行存款”和“应付账款”两个账户，“银行存款”是资产类账户，减少记在贷方，“应付账款”是负债类账户，减少记在借方。该项经济业务的会计处理如图3－10所示。

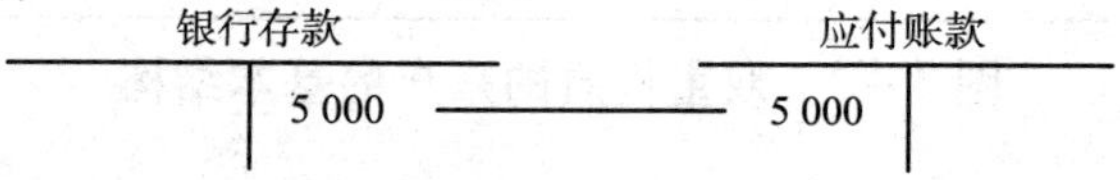

图3－10

【**例3－4**】光华公司按法定程序退回某家投资单位的投资，用银行存款30 000元支付。该项经济业务的发生，涉及“银行存款”和“实收资本”两个账户，“银行存款”是资产类账户，减少记入贷方，“实收资本”属于所有者权益类账户，减少记在借方。该项经济业务的会计处理如图3－11所示。

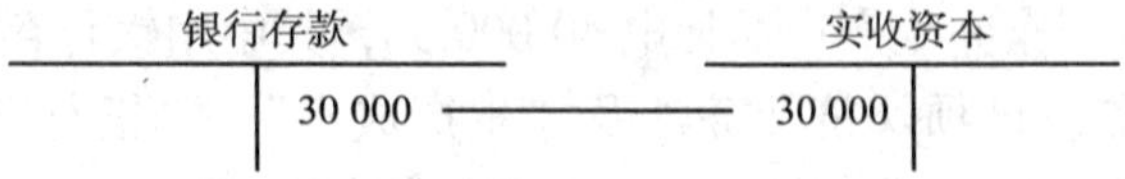

图 3－11

【**例 3－5**】光华公司从银行提取现金 2 000 元，以备日常零星开支用。这项经济业务的发生，涉及“库存现金”和“银行存款”两个账户，均为资产类账户，库存现金增加记在借方，银行存款减少记在贷方。该项经济业务的会计处理如图 3－12 所示。

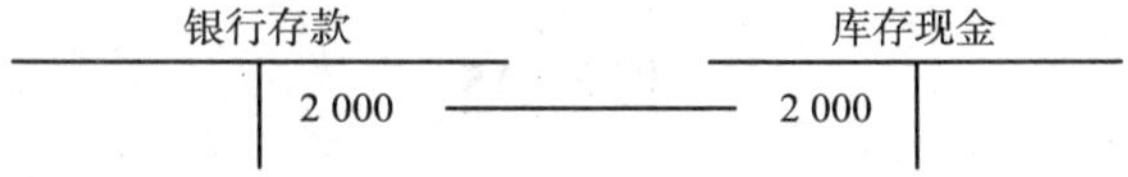

图 3－12

【**例 3－6**】光华公司用提取的盈余公积金转增资本 100 000 元。这项经济业务的发生，涉及“盈余公积”和“实收资本”两个账户，它们都属于所有者权益类账户，盈余公积减少记入其借方，实收资本增加记入其贷方。该项经济业务的会计处理如图 3－13 所示。

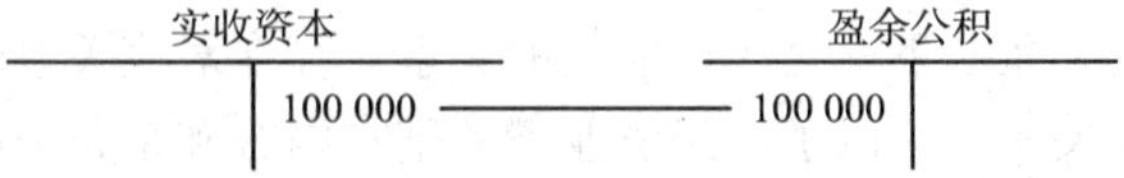

图 3－13

【**例 3－7**】光华公司用银行存款偿还银行短期借款 20 000 元，前欠某购货单位货款 30 000 元。这项经济业务的发生，涉及“银行存款”、“短期借款”和“应付账款”三个账户，“银行存款”属于资产类账户，减少记在贷方，“短期借款”和“应付账款”两个账户均属于负债类账户，它们的减少应记在借方。该项经济业务的会计处理如图 3－14 所示。

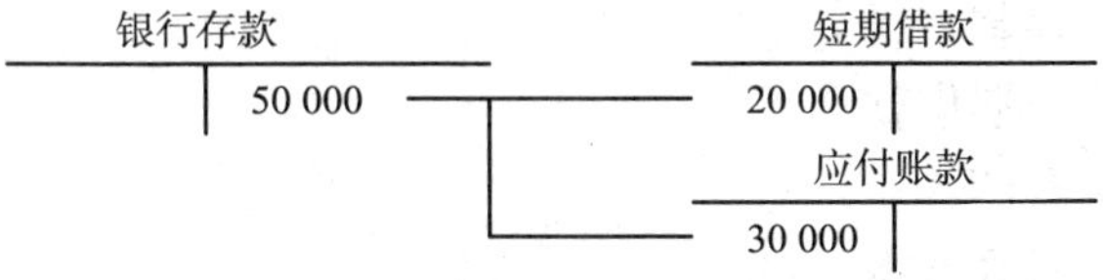

图 3－14

【例 3－8】生产车间生产产品耗电 40 000 元，其中用银行存款 30 000 元支付，其余 10 000 元尚欠。该项经济业务涉及“生产成本”、“银行存款”和“应付账款”三个账户，其中生产成本是成本类账户，增加记在借方，银行存款是资产类账户，减少记在贷方，应付账款是负债类账户，增加记在贷方。该项经济业务的会计处理如图 3－15 所示。

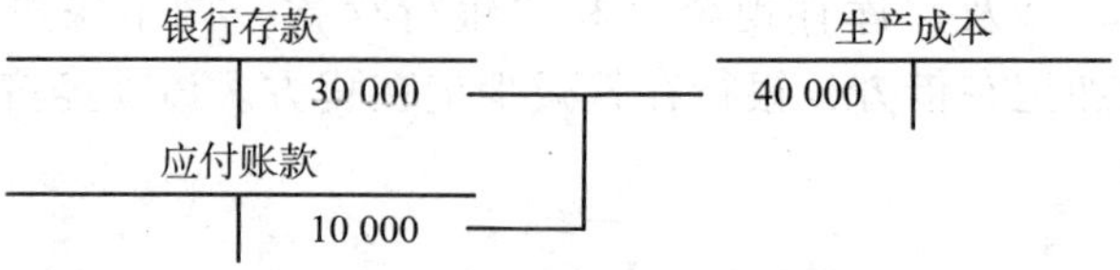

图 3－15

通过以上举例说明，采用借贷记账法处理每一项经济业务时，都必须以相等的金额，借贷相反的方向，在两个或两个以上相互联系的账户中进行记录。有的记入一个账户的借方，同时也要记入一个或几个账户的贷方；有的记入一个或几个账户的借方，同时还要记入另一个账户的贷方。借贷二字总是同时出现，来一贯地反映任何一项经济业务，这正体现了借贷记账法的记账规则。

账户对应关系和会计分录

账户的对应关系：是指运用复式记账法处理经济业务时，有关账户之间形成的相互关系，在借贷记账法下就是应借应贷的关系。存在对应关系的账户就是对应账户。通过账户对应关系，可以了解经济业务的基本内容和来龙去脉，并可以检查对经济业务的处理是否正确。例如，用银行存款上交所得税 50 000 元，这项经济业务使“应交税费”和“银行存款”发生了借贷对应关系，表明这项经济业务起因于应交税费的减少，而导致银行存款减少，“应交税费”和“银行存款”构成了该项经济业务的一对对应账户。

会计分录：是指明经济业务应记账户的名称、方向及其金额的记录，简称分录。在日常经济业务的处理中，为了保证账户对应关系的正确性，登账前应先根据经济业务所涉及账户及其借贷方向和金额，编制会计分录，据以登账。现以上述 8 笔经济业务为例，说明会计分录的编制方法：

（1）借：银行存款	20 000	
贷：短期借款		20 000
（2）借：固定资产	50 000	
贷：实收资本		50 000
（3）借：应付账款	5 000	

　　　贷：银行存款　　　　　　　　　　　　　　　　5 000
（4）借：实收资本　　　　　　　　　　　　　　30 000
　　　贷：银行存款　　　　　　　　　　　　　　　　30 000
（5）借：现金　　　　　　　　　　　　　　　　2 000
　　　贷：银行存款　　　　　　　　　　　　　　　　2 000
（6）借：盈余公积　　　　　　　　　　　　　　100 000
　　　贷：实收资本　　　　　　　　　　　　　　　　100 000
（7）借：短期借款　　　　　　　　　　　　　　20 000
　　借：应付账款　　　　　　　　　　　　　　30 000
　　　贷：银行存款　　　　　　　　　　　　　　　　50 000
（8）借：生产成本　　　　　　　　　　　　　　40 000
　　　贷：银行存款　　　　　　　　　　　　　　　　30 000
　　　贷：应付账款　　　　　　　　　　　　　　　　10 000

会计分录按其对应关系的复杂程度分为简单会计分录和复合会计分录两种。简单会计分录是指一项经济业务只涉及两个有对应关系账户的分录，即一借一贷的会计分录，如前面所编制的第（1）至第（6）笔会计分录。复合会计分录是指一项经济业务涉及两个以上有对应关系账户的分录，即一借多贷或多借一贷的会计分录。如前面的第（7）、（8）两个会计分录。实际上一笔复合的会计分录是由若干个简单分录所组成的，前面的第（7）笔分录是由以下两个简单会计分录组成：

借：短期借款　　　　　　　　　　　　　　20 000
　贷：银行存款　　　　　　　　　　　　　　　　20 000
借：应付账款　　　　　　　　　　　　　　30 000
　贷：银行存款　　　　　　　　　　　　　　　　30 000

复合会计分录既可以集中反映某项经济业务的具体内容，又可以简化记账手续。实际工作中，有些经济业务还需编制多借多贷的会计分录，也称复合会计分录。需要注意的是，只有对一些较复杂的经济业务，客观上又不能分解为若干个简单会计分录时，才可编制多借多贷的会计分录。一般情况下应避免编制多借多贷的会计分录，更不能把不同类型的经济业务合并编制多借多贷的会计分录，避免混淆账户之间的对应关系。

如兴业公司接受甲公司以其生产的产品作为投资的原材料一批，双方协商价值为5 000 000元。兴业公司取得的增值税专用发票上注明的不含税价款为5 000 000元，增值税额为850 000元。同时，假定兴业公司的资本总额为30 000 000元，甲公司在兴业公司享有的份额为10%，兴业公司为一般纳税人，采用实际成本法核算存货。

在这个例子中，由于兴业公司接受了甲公司投资的原材料，因而使得“原材料”增加了5 000 000元，同时，兴业公司为一般纳税人，还应将增值税850 000元单独作为可以抵扣的增值税进项税额进行核算，使得“应交税费——应交增值税（进项税额）”增加了850 000元，这就意味着甲公司以总价值为5 850 000元投资于兴业公司，而只占其总资本30 000 000元的10%，即3 000 000元作为实收资本入账，差额2 850 000元（5 850 000 - 3 000 000）则作为资本溢价记入“资本公积”账户的贷方，兴业公司关于这项经济业务的会计分录为：

借：原材料	5 000 000	
应交税费——应交增值税（进项税额）	850 000	
贷：实收资本——甲公司		3 000 000
资本公积——资本溢价		2 850 000

（四）试算平衡

为了保证一定时期内所发生的经济业务在账户中登记的正确性，需要在一定时期终了时对账户记录的结果进行试算平衡。所谓试算平衡是以会计恒等式和借贷记账规则为基础，根据资产与权益之间的平衡关系，按照记账规则的要求，通过对所有账户的记录进行汇总和计算，来检查各类账户的记录是否正确的一种方法。借贷记账法的试算平衡一般采用两种方法，发生额平衡方法和余额平衡方法。

发生额平衡方法的计算公式为：

所有账户本期借方发生额合计 = 所有账户本期贷方发生额合计

余额平衡方法的计算公式为：

所有账户期末借方余额合计 = 所有账户期末贷方余额合计

试算平衡通常是在月末根据各个账户本期发生额和期末余额，通过编制总分类账户本期发生额和余额试算平衡表来进行的。下面举例说明借贷记账法下试算平衡的方法。

（1）5月31日，光华公司总分类账户及月末余额如表3 - 3所示。

（2）光华公司6月份发生下列经济业务：

①国家投资给公司一台设备，价值190 000元。

②从工商银行取得为期9个月的借款92 000元。

③购入材料50 000元，已验收入库，货款未付（不考虑增值税）。

④用银行存款偿还银行短期借款10 000元。

⑤开出转账支票，偿还前欠购货款14 000元。

⑥接到银行收款通知，收回宏远公司的前欠购货款25 000元。

⑦开出现金支票，从银行提取现金1 500元。

表3－3　光华公司总分类账户及月末余额

资产类账户	期末余额	负债及所有者权益类账户	期末余额
库存现金	1 000	短期借款	82 000
银行存款	8 600	应付账款	93 600
应收账款	32 000	应交税费	28 000
其他应收款	4 000	实收资本	460 000
原材料	116 000		
库存商品	42 000		
固定资产	460 000		
合　计	663600	合　计	663600

⑧采购员张鹏预借差旅费2 000元，用现金支付。

根据上述资料，说明借贷记账法下试算平衡的方法。

（1）根据上述经济业务编制会计分录：

①借：固定资产　190 000
　　贷：实收资本　190 000
②借：银行存款　92 000
　　贷：短期借款　92 000
③借：原材料　50 000
　　贷：应付账款　50 000
④借：短期借款　10 000
　　贷：银行存款　10 000
⑤借：应付账款　14 000
　　贷：银行存款　14 000
⑥借：银行存款　25 000
　　贷：应收账款　25 000
⑦借：库存现金　1 500
　　贷：银行存款　1 500
⑧借：其他应收款　2 000
　　贷：库存现金　2 000

（2）根据总分类账户的月初余额开设“丁”字形账户，并登记各账户的期初余额。

（3）根据以上会计分录登记有关账户，并结出各个账户的本期发生额和期末余额，如图3－16所示。

银行存款

期初余额	8 600	④	10 000
②	92 000	⑤	14 000
⑥	25 000	⑦	1 500
本期发生额	117 000	本期发生额	25 500
期末余额	100 100		

库存现金

期初余额	1 000	⑧	2 000
⑦	1 500		
本期发生额	1 500	本期发生额	2 000
期末余额	500		

应收账款

期初余额	32 000	⑥	25 000
本期发生额	——	本期发生额	25 000
期末余额	7 000		

其他应收款

期初余额	4 000		
⑧	2 000		
本期发生额	2 000	本期发生额	——
期末余额	6 000		

固定资产

期初余额	460 000		
①	190 000		
本期发生额	190 000	本期发生额	——
期末余额	650 000		

短期借款

④	10 000	期初余额	82 000
		②	92 000
本期发生额	10 000	本期发生额	92 000
		期末余额	164 000

原材料

期初余额	116 000		
③	50 000		
本期发生额	50 000	本期发生额	——
期末余额	166 000		

应付账款

⑤	14 000	期初余额	93 600
		③	50 000
本期发生额	14 000	本期发生额	50 000
		期末余额	129 600

实收资本

		期初余额	460 000
		①	190 000
本期发生额	——	本期发生额	190 000
		期末余额	650 000

应交税费

		期初余额	28 000

库存商品

期初余额	42 000		

图 3－16

（4）根据账户记录编制试算平衡表，进行试算平衡，如表3－4所示。

表3－4　总分类账户本期发生额及余额试算平衡表　单位：元

会计账户	期初余额		本期发生额		期末余额	
	借方	贷方	借方	贷方	借方	贷方
库存现金	1 000		1 500	2 000	500	
银行存款	8 600		117 000	25 500	100 100	
应收账款	32 000			25 000	7 000	
其他应收款	4 000		2 000		6 000	
原材料	116 000		50 000		166 000	
库存商品	42 000				42 000	
固定资产	460 000		190 000		650 000	
短期借款		82 000	10 000	92 000		164 000
应付账款		93 600	14 000	50 000		129 600
应交税费		28 000				28 000
实收资本		460 000		190 000		650 000
合　计	663 600	663 600	384 500	384 500	971 600	971 600

经试算的双方数额如果不等，肯定是记账有错误，如果相等，一般来说是正确的。必须指出，通过编制试算平衡表，看其借贷金额是否平衡来检查账户记录是否正确的方法，有一定的局限性。因为有些错误并不影响借贷双方的平衡，如将某项经济业务全部漏记或重记，或应借应贷的会计科目写错，或借贷方向颠倒等。由此看来，试算平衡的方法只是检查账户记录的方法之一，但并不是唯一的方法，它解决了借贷之间的平衡即横向平衡问题。为了保证账户记录的正确性，还必须进行纵向平衡即需要总分类账户与明细分类账户的核对。

第三节　总分类账户与明细分类账户

一、总分类账户与明细分类账户的意义

在会计核算中，根据经济管理工作的需要，一切经济业务都要通过有关账户进行核算。既要提供总括全面、简明扼要的综合指标，又要提供具体而详细的指标。

为此，需要同时设置总分类账户和明细分类账户，以分别提供总括核算资料和明细核算资料。

总分类账户也称一级账户或总账账户，是指按资产类、负债类、共同类、所有者权益类、成本类、损益类六大类总分类科目开设的账户，对总分类科目的经济内容进行总括的核算，提供总括性指标的账户。前述业务中所使用的库存现金、银行存款、原材料、短期借款、应付账款、实收资本等均为总分类账户。

所谓明细分类账户，也称明细账户，是指根据明细分类科目（根据总分类账户的内容，按照更详细的类别或项目）开设的账户，对总分类账户的经济内容进行明细分类核算，提供详细具体的核算资料。如为了详细了解各种材料的收、发、结存情况，就应在原材料总分类账户下，按照材料的品种、规格分别设置材料明细分类账户，以提供具体而详细的核算资料，加强对实物和资金的管理。又如，为了掌握企业与各个供货单位之间的货款结算情况，应该在“应付账款”总分类账户下按照各供货单位名称分别设置明细分类账户。

除总分类账户和明细分类账户外，有时还要设置二级账户。二级账户是介于总分类账户和明细分类账户之间的账户，它所提供的资料比明细分类账户概括，比总分类账户详细。二级账户可以设账，也可以不设账。在设账的情况下，要像明细分类账户一样开设账户进行登记。在不设账的情况下，可以在需要的时候，将有关明细分类账户中的资料按照一定的类别加以归并汇总，从而取得所需要的指标。

二、总分类账户与明细分类账户的关系

总分类账户与明细分类账户既相互联系又相互区别。

（一）总分类账户与明细分类账户的联系

总分类账户与明细分类账户的联系主要体现在以下两个方面：

（1）二者所反映的经济业务内容相同，如“应收账款”总分类账户与所属的各购货单位明细分类账户都是用以反映债权结算情况的。

（2）二者登记账户的原始依据相同，登记总分类账户与所属明细分类账户所依据的原始凭证是相同的。

（二）总分类账户与明细分类账户的区别

总分类账户与明细分类账户的区别表现在：

1. 反映经济业务的详细程度不同

总分类账户反映资金增减变化的总括情况，提供的是总括核算资料，只提供价

值指标。明细分类账户反映资金增减变化的详细情况，提供的是某一方面的具体资料，既可以提供价值指标，还可以提供实物数量和劳动量等指标。

2. 二者所起的作用不同

总分类账户是所属明细分类账户的统制账户，对所属明细分类账户具有统驭、控制的作用；而明细分类账户是相关总分类账户的从属账户、辅助账户，对总分类账户具有具体的补充说明的作用。

正是由于总分类账户与明细分类账户存在着这样的联系与区别，在会计核算中，这两类账户密切配合，互相补充地全面、系统地记录各项经济业务。因此，对于各项经济业务在总分类账户和明细分类账户中要采用平行登记的方法进行登记。

三、总分类账户与明细分类账户的平行登记

（一）总分类账户与明细分类账户的平行登记的含义

总分类账户与明细分类账户的平行登记简称账户的平行登记，是指对发生的每项经济业务，一方面要在有关的总分类账户中进行总括地记录；另一方面还要在其所属的有关明细分类账户中进行较详细地记录。

（二）总分类账户与明细分类账户平行登记的要点

1. 同时期登记

同时期登记是指对每一项经济业务，既要记入有关的总分类账户，又要同期记入其所属明细分类账户。这里所指的同期是指在同一会计期间，而并非同一时点，因为明细分类账户一般根据记账凭证及其所附的原始凭证在平时登记，而总分类账户因会计核算组织程序不同，可能在平时登记，也可能定期登记，但登记总分类账户和明细分类账户必须在同一会计期间内完成。

2. 同方向登记

同方向登记是指对每一项经济业务，记入总分类账户中的方向必须与记入其所属各明细分类账户中的方向一致。对于记账方向的理解应区别两种情况：

（1）形式上的相同。形式上的相同是指对每一项经济业务，记入总分类账户中的借贷方向必须与记入其所属各明细分类账户中的借贷方向一致。即记入总分类账户的借方，也要记入其所属明细分类账户的借方；记入总分类账户的贷方，也要记入其所属明细分类账户的贷方。一般情况下，总分类账户及其所属的明细分类账户都按借方、贷方和余额设专栏登记，这时，在总分类账户与其所属

明细分类账户中的记账方向是相同的，如存货账户和债权、债务结算账户即属于这种情况。

（2）实质上的相同。实质上的相同是指对每一项经济业务，记入总分类账户及其所属各明细分类账户中的方向所体现的变动方向，而不是指账户的借贷方向，原因在于有些明细分类账户是按组成项目设多栏记录的。采用多栏式账页格式的明细分类账户，对于某项需要冲减有关组成项目额的事项，只能用红字记入其相反的记账方向，而与总分类账户中的记账方向不同。如“财务费用”账户按其组成项目设置借方多栏式明细账，发生需冲减利息费用的存款利息收入时，总分类账户中记入贷方，而其明细分类账户中则以红字记入“财务费用”账户利息费用项目的借方，以其净发生额来反映利息净支出。这时，在总分类账户及其所属的明细分类账户中，在形式上就不可能按相同的记账方向（指借贷方向）进行登记，而只能以相同的变动方向进行登记，但实质上总分类账户及其所属各明细分类账户增减方向仍然是一致的。类似的情况还有管理费用、制造费用、生产成本等账户。如“生产成本”总分类账户及其所属各明细分类账户的登记如图 3－17、表 3－5 所示。

“生产成本”总分类账户

期初余额	10 000		
③	30 000		
⑤	6 000		
⑦	13 000	⑨	500
本期增加额	49 000	本期减少额	500
期末余额	58 500		

图 3－17

表 3－5　　　　生产成本明细分类账户

×年		凭证		摘要	借方金额分析				余额
月	日	字	号		直接材料	直接人工	制造费用	合计	
3	1			期初余额	5 000	2 000	3 000	10 000	10 000
	31	转	3	领用材料	30 000			30 000	40 000
	31	转	5	分配工资费用		6 000		6 000	46 000
	31	转	7	结转制造费用			13 000	13 000	59 000
	31	转	9	退回剩余材料	500			500	58 500

由图3－17、表3－5可以看出，在生产成本总分类账户中，退回剩余材料记在了贷方，表明对生产成本的冲减；而在生产成本明细分类账户中，则以红字记在了该账户的借方，依然表明对生产成本的冲减。可见，无论是哪种表现方式，最终对成本的影响方向是一致的。

3. 同金额登记

同金额登记是指对每一项经济业务，记入总分类账户中的金额必须与记入其所属各明细分类账户中的金额之和相等。

总分类账户提供总括指标，明细分类账户提供总分类账户所记内容的具体指标，所以，记入总分类账户的金额与记入其所属各明细分类账户的金额相等。但这种金额相等只表明其数量关系，而不一定都是借方发生额相等和贷方发生额相等的关系。如前述“生产成本”账户的明细账户，采用多栏式时，当本月有材料退回时，“生产成本”总分类账户的贷方发生额与所属明细分类账户的贷方发生额就不一致，但最终的余额还是相等的。

综上所述，总分类账户及其所属的明细分类账户，按平行登记规则进行登记，一般可以概括为：在依据相同的前提下，时期相同，方向一致，金额相等。但要注意对“方向一致、金额相等”的正确理解。

（三）平行登记的方法

下面以“原材料”和“应付账款”账户为例说明总分类账户和明细分类账户平行登记的方法。

（1）光华公司“原材料”和“应付账款”总分类账户及明细分类账户的期初余额资料如下：

原材料76 000元，其中甲材料52 000元，乙材料24 000元；应付账款69 000元，其中光明公司23 000元，先河公司46 000元。

（2）光华公司本期发生的部分经济业务及会计处理如下：

①企业从光明公司购进甲材料1 000千克，单价40元，乙材料300千克，单价100元，材料全部验收入库，货款尚未支付（不考虑增值税）。

借：原材料——甲材料　　40 000
　　　　　——乙材料　　30 000
　贷：应付账款——光明公司　　70 000

②企业用银行存款偿还前欠光明公司材料款20 000元，先河公司材料款16 000元。

借：应付账款——光明公司　　20 000
　　　　　　——先河公司　　16 000
　贷：银行存款　　36 000

③企业从先河公司购入甲材料 500 千克，单价 40 元，乙材料 100 千克，单价 100 元，材料已验收入库，货款尚未支付（不考虑增值税）。

借：原材料——甲材料　　　　20 000

　　　　　——乙材料　　　　10 000

　贷：应付账款——先河公司　　　　30 000

（3）上述经济业务在账户中平行登记的情况如图 3－18 所示。

原材料

期初余额	76 000		
①	70 000		
③	30 000		
本期发生额	100 000	本期发生额	——
期末余额	176 000		

应付账款

②	36 000	期初余额	69 000
		①	70 000
		③	30 000
本期发生额	36 000	本期发生额	100 000
		期末余额	133 000

甲材料

期初余额	52 000		
①	40 000		
③	20 000		
本期发生额	60 000	本期发生额	——
期末余额	112 000		

光明公司

②	20 000	期初余额	23 000
		①	70 000
本期发生额	20 000	本期发生额	70 000
		期末余额	73 000

乙材料

期初余额	24 000		
①	30 000		
③	10 000		
本期发生额	40 000	本期发生额	——
期末余额	64 000		

先河公司

②	16 000	期初余额	46 000
		③	30 000
本期发生额	16 000	本期发生额	30 000
		期末余额	60 000

图 3－18

四、总分类账户与明细分类账户的核对

为使总分类账户和明细分类账户的记录始终保持一致，就要定期（一般为月末）检查账户平行登记的结果，将总分类账户与所属明细分类账户的记录于期末进行相互核对。检查时，根据总分类账户与明细分类账户之间的数量关系，来检查总分类账户与其所属明细分类账户记录的正确性。核对的内容包括：

1. 总分类账户本期借、贷方发生额与其所属的明细分类账户的本期借、贷方发生额之和必然相等

“原材料”总分类账户本期借方发生额与其所属各明细分类账户本期借方发生额合计核对相等。

“原材料”100 000 = 甲材料 60 000 + 乙材料 40 000

“应付账款”总分类账户本期借方发生额与其所属各明细分类账户本期借方发生额之和核对相等。

“应付账款”36 000 = 光明公司 20 000 + 先河公司 16 000

“应付账款”总分类账户本期贷方发生额与其所属各明细分类账户本期贷方发生额之和核对相等。

“应付账款”100 000 = 光明公司 70 000 + 先河公司 30 000

2. 总分类账户期末余额与其所属的明细分类账户的期末余额之和必然相等

“原材料”总分类账户期末借方余额与其所属各明细分类账户期末借方余额之和核对相等。

“原材料”176 000 = 甲材料 112 000 + 乙材料 64 000

“应付账款”总分类账户期末贷方余额与其所属各明细分类账户期末贷方余额之和核对相等。

“应付账款”133 000 = 光明公司 73 000 + 先河公司 60 000

以上总分类账户与明细分类账户之间的这种有机联系，是检查账户记录是否正确的理论根据。会计人员一般在期末据此对账户记录进行核对，以便发现错误并加以更正，保证账户记录的正确性。

在实际工作中，为了便于进行上述核对和日后便于查询，通常是通过编制总分类账户与明细分类账户本期发生额及余额对照表进行的。总分类账户与明细分类账户本期发生额及余额对照表根据不同的业务内容，可以分别采用不同的格式，对照表的格式及内容如表 3－6、表 3－7 所示。

表 3－6　材料总分类账户与明细分类账户发生额及余额对照表

账户名称	月初余额		本期发生额		期末余额	
	借方	贷方	借方	贷方	借方	贷方
甲材料	52 000		60 000		112 000	
乙材料	24 000		40 000		64 000	
原材料	76 000		100 000		176 000	

表3－7　应付账款总分类账户与明细分类账户发生额及余额对照表

账户名称	月初余额		本期发生额		期末余额	
	借方	贷方	借方	贷方	借方	贷方
光明公司		23 000	20 000	70 000		73 000
先河公司		46 000	16 000	30 000		60 000
应付账款		69 000	36 000	100 000		133 000

本章小结

记账方法包括单式记账和复式记账。

复式记账，指对发生的每一项经济业务，都以相等的金额，在相互关联的两个或两个以上账户中进行记录的一种记账方法。

借贷记账法是复式记账法的一种，它以“借”和“贷”为记账符号，其中“借”字表示资产增加、负债及所有者权益减少、成本费用增加、收入减少或转销；“贷”字表示资产减少、负债及所有者权益增加、成本费用减少或转销、收入增加。借贷记账法的记账规则是“有借必有贷，借贷必相等”。

在借贷记账法下，所有账户的基本结构都分为左、右两方，其中左方为借方，右方为贷方，以一方登记增加额，一方登记减少额。至于哪一方记增加额，哪一方记减少额，则取决于账户所反映的经济内容或账户的性质。

会计分录是指明经济业务应记账户的名称、方向及其金额的记录，简称分录。按其对应关系的复杂程度分为简单会计分录和复合会计分录两种。不能把不同类型的经济业务合并编制多借多贷的会计分录，避免混淆账户之间的对应关系。

试算平衡是以会计恒等式和借贷记账规则为基础，根据资产与权益之间的平衡关系，按照记账规则的要求，通过对所有账户记录的汇总和计算，来检查各类账户的记录是否正确的一种方法，即账户之间的横向平衡。

借贷记账法的试算平衡一般采用发生额平衡方法和余额平衡方法。试算平衡通常是在月末根据各个账户本期发生额和期末余额，通过编制总分类账户本期发生额及余额试算平衡表来进行的。

总分类账户是明细分类账户的统驭账户，对明细分类账户起着控制作用；明细分类账户是总分类账户的从属账户，对总分类账户起着辅助和补充说明的作用，二者结合起来，能够概括而又详细地反映同一交易、事项的核算内容，所以要采用平行登记的方法。

总分类账户与明细分类账户的平行登记是指对发生的每项经济业务，一方面要在有关的总分类账户中进行总括地记录；另一方面还要在其所属的有关明细分类账户中进行较详细地记录。平行登记规则是在依据相同的前提下，时期相同，方向一致，金额相等。并在此基础上检查账簿记录的正确性，即账户之间的纵向平衡。

通过对账户记录结果进行试算平衡和对平行登记结果的核对，保障了账户记录无技术方面的错误。

思考题

1. 什么是复式记账法？其理论根据是什么？有何特点？
2. 什么是借贷记账法？借贷记账法的主要内容是什么？
3. 什么是借贷记账法的试算平衡？如何进行试算平衡？
4. 什么是总分类账户？什么是明细分类账户？为什么要分别设置总分类账户和明细分类账户？
5. 什么是总分类账户与明细分类账户的平行登记？如何进行平行登记？平行登记结果如何核对？

练习题

一、单项选择题

1. 按复式记账的原理，经济业务发生都要在（ ）相互联系地进行登记。
   A. 一个资产账户，一个权益账户　　B. 一个总账账户，一个明细账户
   C. 一个账户的借方，一个账户的贷方　　D. 两个或两个以上的账户中
2. 企业用银行存款偿还债务会引起（ ）。
   A. 负债增加　　B. 企业资本金增加　　C. 资产增加　　D. 负债减少
3. 负债及所有者权益账户的期末余额一般在（ ）。
   A. 借方　　B. 借方和贷方　　C. 贷方　　D. 借方或贷方
4. 账户发生额试算平衡是根据（ ）确定的。
   A. 借贷记账法的记账规则　　B. 经济业务的内容
   C. 资产 = 负债 + 所有者权益　　D. 平行登记
5. 采用借贷记账法，账户的借方表示资产的增加、负债的减少和（ ）。
   A. 所有者权益和收入的减少，成本费用的减少
   B. 所有者权益和收入的增加，成本费用的增加
   C. 所有者权益和收入的减少，成本费用的增加
   D. 所有者权益和收入的增加，成本费用的减少
6. 如果某个总分类账户的期末余额在借方，其所属的各明细分类账户的期末余额（ ）。
   A. 可能在借方，也可能在贷方　　B. 有的在借方，有的在贷方
   C. 一定在借方　　D. 一定在贷方

7. 借贷记账法的余额试算平衡公式是（　　）。

A. 每个账户借方发生额 = 每个账户贷方发生额

B. 每个账户借方发生额合计 = 每个账户贷方发生额合计

C. 全部账户本期借方发生额合计 = 全部账户贷方发生额合计

D. 全部账户期末借方余额合计 = 全部账户期末贷方余额合计

8. 采用借贷记账法，账户的贷方表示资产的减少、负债的增加和（　　）。

A. 所有者权益和收入的增加，成本费用的增加

B. 所有者权益和收入的增加，成本费用的减少

C. 所有者权益和资产的增加，成本费用的减少

D. 所有者权益和收入的减少，成本费用的增加

9. 总分类账户是其所属明细分类账户的（　　）账户。

A. 从属　　B. 统制　　C. 平行　　D. 补充

10. 借贷记账法出现下列情况不影响试算平衡（　　）。

A. 借贷同向　　B. 借贷相反　　C. 借贷不平　　D. 借贷一方漏记

11. 某企业原有资产 10 万元，本期收回应收账款 3 万元，用银行存款归还应付账款 2 万元，投资者投入资金 5 万元，资产总额为（　　）。

A. 10 万元　　B. 13 万元　　C. 16 万元　　D. 18 万元

12. 下列各项中，会造成会计等式两边同时减少的是（　　）。

A. 购买原材料，货款未付　　B. 以银行存款偿还前欠购货款

C. 接受投资者的投资　　D. 提取现金

13. 借贷记账法下，成本费用类账户月末（　　）。

A. 一定有借方余额　　B. 一定有贷方余额

C. 一定没有余额　　D. 可能有借方余额或没有余额

14. 某企业有甲、乙两种材料，“原材料”总分类账户期初余额 4 万元，贷方本期发生额 3 万元，甲材料明细分类账户期末余额 4 万元，乙材料明细分类账户期末余额 2 万元，“原材料”总分类账户本期借方发生额是（　　）。

A. 1 万元　　B. 3 万元　　C. 5 万元　　D. 7 万元

15. 所有者权益类账户的期末余额计算公式是（　　）。

A. 贷方期末余额 = 贷方期初余额 + 借方本期发生额 − 贷方本期发生额

B. 借方期末余额 = 借方期初余额 + 借方本期发生额 − 贷方本期发生额

C. 借方期末余额 = 借方期初余额 + 贷方本期发生额 − 借方本期发生额

D. 贷方期末余额 = 贷方期初余额 + 贷方本期发生额 − 借方本期发生额

16. 借贷记账法的发生额试算平衡公式是（　　）。

A. 资产类账户的借方发生额之和 = 资产类账户的贷方发生额之和

B. 负债类账户的借方发生额之和 = 负债类账户的贷方发生额之和

C. 所有者权益类账户的借方发生额之和 = 所有者权益类账户的贷方发生额之和

D. 所有账户本期借方发生额之和 = 所有账户本期贷方发生额之和

17. 借贷记账法试算平衡方法有（　　）。

A. 总分类账户及所属明细分类账户的余额平衡　　B. 差额平衡

C. 所有资产类和负债类的余额平衡　　D. 发生额平衡和余额平衡

18. 把账户分为借贷两方，哪方记增加，哪方记减少取决于（　　）。

A. 记账形式　　B. 核算方法　　C. 账户的性质　　D. 记账规则

19. 借贷记账法的余额试算平衡公式是（　　）。

A. 每个账户借方发生额 = 每个账户贷方发生额

B. 每个账户借方发生额合计 = 每个账户贷方发生额合计

C. 全部账户本期借方发生额合计 = 全部账户贷方发生额合计

D. 全部账户期末借方余额合计 = 全部账户期末贷方余额合计

20. 负债类账户的结构是（　　）。

A. 借方登记增加数，贷方登记减少数，余额在一般贷方

B. 借方登记增加数，贷方登记减少数，余额在一般借方

C. 借方登记减少数，贷方登记增加数，余额在一般贷方

D. 借方登记减少数，贷方登记增加数，余额在一般借方

二、多项选择题

1. 会计分录必须具备的要素包括（　　）。

A. 记账方向　　B. 记账手段　　C. 记账金额

D. 会计科目或账户的名称　　E. 发生的日期

2. 总分类账户和明细分类账户核对的内容包括（　　）。

A. 总分类账户的期初余额与其所属的明细分类账户的期初余额应该核对相等

B. 总分类账户的期末余额与其所属的明细分类账户的期末余额应该核对相等

C. 总分类账户本期借方发生额与其所属明细分类账户本期借方发生额之和应核对相等

D. 总分类账户本期贷方发生额与其所属明细分类账户本期贷方发生额之和应核对相等

E. 所属明细分类账户各账户之间发生额应该核对相等

3. 借贷记账法的特点是（　　）。

A. 账户设置不要求固定分类

B. 以“借”、“贷”为其记账符号

C. 账户需要固定地划分资产和负债及所有者权益两大类

D. 以“有借必有贷，借贷必相等”为记账规则

E. 试算平衡包括发生额平衡和余额平衡

4. 在借贷记账法下账户的“借方”反映（　　）。

A. 资产的增加　　B. 负债的减少　　C. 所有者权益的减少

D. 费用成本的减少　　E. 收入的增加

5. 总分类账户与其所属的明细分类账户平行登记要点是（　　）。

A. 对于每笔经济业务，在同一会计期间，既要登记总分类账户，又要登记其所属的明细分类账户

B. 总分类账户与其所属的明细分类账户记账方向必须相同

C. 总分类账户与其所属的明细分类账户记账金额必须相等

D. 不设明细分类账户的只登记总分类账户

E. 不设总分类账户的只登记明细分类账户

6. 借贷记账法下，贷方登记（　　）。

A. 资产的增加　　B. 资产的减少　　C. 负债的增加

D. 负债的减少　　E. 所有者权益的增加

7. 下列项目中，试算平衡不能发现的错误有（　　）。

A. 某交易事项未入账　　B. 借贷双方中一方多记金额，一方少记金额

C. 某项交易事项重复入账　　D. 一笔会计分录对应账户之间，借贷方向颠倒

E. 某项交易事项借方应记入库存现金，而误记入银行存款

8. 总分类账户与明细分类账户的相同点是（　　）。

A. 登记的原始依据完全相同　　B. 试算平衡的方法相同

C. 反映经济业务内容相同　　D. 提供指标的详细程度相同

E. 提供指标的详细程度不同

三、判断题

1. 企业会计准则规定，企业会计记账采用复式记账法。（　　）

2. 在借贷记账法下，账户的借方反映增加，贷方反映减少。（　　）

3. 平行登记是指在登记总分类账户的同时，必须登记明细分类账户，两者不得分别进行登记。（　　）

4. 只涉及一个账户的分录为简单分录、涉及两个及两个以上账户的分录叫复合分录。（　　）

5. 复式记账是对每一项经济业务都要以相等的金额在两个或两个以上账户中，相互联系地进行登记。（　　）

6. 运用发生额试算平衡方法，可以检查一定时期会计分录的编制是否正确。（　　）

7. 明细分类账户是相关总分类账户的辅助账户，对总分类账户具有补充说明作用。（　　）

8. 总账账户发生额和余额与所属各明细账户的发生额和余额一定是相同的。（　　）

9. 在借贷记账法下不能设置双重性质的账户。（　　）

10. 在借贷记账法下，账户可以划分为两部分，借方登记业务增加额，贷方登记减少额。（　　）

11. 借贷记账法是以借贷两字为记账符号，对每一项经济业务以借贷相等的金额只限在两个账户中反映的一种复式记账法。（　　）

12. 总分类账户是所属明细分类账户的统驭账户，对所属明细分类账户具有统驭和控制的作用。（　　）

四、业务题

习题一

目的：借贷记账法的综合运用

资料：

（1）某企业5月31日有关总分类账户期末余额如下：

账　　户	期末余额	账　　户	期末余额
库存现金	1 500	短期借款	100 000
银行存款	86 000	应付账款	97 500
应收账款	42 000	应交税费	28 000
其他应收款	5 000	实收资本	450 000
原材料	120 000		
生产成本	21 000		
固定资产	400 000		
合　　计			

（2）6月份发生如下经济业务：

①国家投资建造厂房一栋，现交付使用，总价估为250 000元。

②从工商银行取得为期6个月的借款20 000元，存入银行备用。

③用现金支付厂部办公费200元，车间办公费500元。

④购入材料150 000元，已验收入库，款未付。

⑤用银行存款50 000元，偿还银行短期借款。

⑥开出转账支票，偿还前欠光明货款40 000元。

⑦接到银行收款通知，收回大明厂前欠的购货款15 000元。

⑧开出现金支票，从银行提取现金2 000元备用。

⑨采购员张鹏预借差旅费5 000元，付以现金支票。

⑩向银行借款偿还前欠东风厂的购货款25 000元。

要求：

①根据上月末有关总分类账户期末余额资料、开设相关“丁”字形账户，并登记期初余额。

②根据上述经济业务，编制会计分录。

③根据会计分录，登记有关账户的本期发生额。

④月末结算有关账户的发生额合计和期末余额。

⑤根据有关账户的发生额合计和期末余额编制试算平衡表。

习题二

目的：总分类账户和明细分类账户的平行登记方法的运用

资料：光华公司在材料的采购和收发业务方面设有“原材料”、“应付账款”、“生产成本”

和“管理费用”等总分类账户。

（1）该公司部分总分类账户及所属明细分类账户的期初余额如下表所示。

“原材料”总分类账户及其所属明细分类账户期初余额如下表所示。

材料名称	数量	单价	金额
A 材料	1 265	20	25 300
B 材料	840	40	33 600
合计			58 900

“应付账款”总分类账户及其所属明细分类账户，期初余额如下表所示。

供应单位名称	甲公司	乙公司	丙公司	合计
应付账款金额	42 850	27 600	14 810	85 260

（2）该企业当月发生有关经济业务如下：

①开出支票一张，支付所欠乙公司供应材料的货款 15 000 元。

②向甲公司采购 B 材料 250 千克，单价 40 元，价款 10 000 元（暂不考虑增值税），货款尚未支付，材料已验收入库。

③向丙公司采购 A 材料 400 千克，单价 20 元，价款 8 000 元（暂不考虑增值税），货款尚未支付，材料已验收入库。

④领用 A 材料 750 千克，单价 20 元，共计 15 000 元，其中用于产品生产 12 000 元，车间耗用 3 000 元。

⑤向丙公司采购 B 材料 250 千克，单价 40 元，价款 10 000 元（暂不考虑增值税），货款尚未支付，材料已验收入库。

⑥向乙公司采购 A 材料 250 千克，单价 20 元，价款 5 000 元（暂不考虑增值税），货款尚未支付，材料已验收入库。

⑦领用 B 材料 525 千克，单价 40 元，共计 21 000 元，其中用于产品生产 19 000 元，车间耗用 2 000 元。

⑧开出支票一张，用银行存款 35 180 元，偿还所欠甲公司材料货款 12 000 元，乙公司货款 9 000 元，丙公司货款 14 180 元。

要求：

①根据上列各项经济业务，分别编制会计分录（在会计分录中列出总分类账户和所属明细分类账户及其金额）。

②根据上列总分类账户期初余额，开设“丁”字形账户，登记“原材料”和“应付账款”两个总分类账户的期初余额；根据各项会计分录，逐项登记借、贷方发生额，并结算本期发生额合计和期末余额。

③根据上列明细分类账户期初余额，开设“丁”字形账户，分别设立“原材料”和“应付账款”明细分类账户，登记期初余额；根据各项会计分录，逐项登记借、贷（或收发）发生额，分别结算本期发生额合计和期末余额。

④分别编制“原材料”和“应付账款”总分类账户与明细分类账户的本期发生额及余额对照表。将两个总分类账户的本期借、贷发生额和期末余额，与其所属明细分类账户的本期借、贷发生额和期末余额之和分别核对。

第四章 账户及借贷记账法的应用

本章学习目的

☞ 熟悉工业企业主要经济业务

☞ 熟练掌握运用借贷记账法处理资金筹集业务、采购供应业务、产品生产业务、产品销售业务、财务成果业务

☞ 理解产品成本的计算

第一节 工业企业主要经济业务概述

工业企业是以产品的加工制造和销售为主要生产经营活动的营利性经济组织。其生产经营活动过程包括资金筹集、生产准备、产品生产、产品销售、财务成果核算五个环节。每一个环节都要发生相应的业务活动。企业从事生产经营活动的过程也就是企业发生各种经济业务的过程。

工业企业为了进行生产经营活动，首先必须拥有一定数量的经营资金，而这些经营资金都是从一定的渠道取得的。企业筹集资金的渠道主要包括接受投资人的投资和向债权人借入的各种款项。资金筹集业务的完成意味着资金进入了企业，因而企业就可以运用筹集到的资金开展日常的生产经营业务。随着企业生产经营活动的进行，企业通过各种渠道筹集的资金就要不断地循环和周转。

在资金循环和周转过程中，企业筹集到的资金首先进入采购供应过程。采购供应过程是企业产品生产的准备过程。在采购供应过程中，企业用货币资金购买机器设备等劳动资料形成固定资产；购买原材料等劳动对象形成储备资金，为生产产品做好物资上的准备。货币资金分别转化为固定资金形态和储备资金形态。

生产过程是工业企业经营过程的中心环节，生产过程既是产品的制造过程，

又是物化劳动和活劳动的耗费过程，即费用的发生和产品成本的形成过程。从消耗或加工对象的实物形态及其变化过程来看，原材料等劳动对象投入生产过程形成在产品，随着生产过程的完成，在产品转化为产成品；从价值形态来看，生产过程中发生的各种耗费，形成企业的生产费用，具体包括：为生产产品所耗费材料形成的材料费用，活劳动消耗形成职工薪酬等费用，使用厂房、机器设备等劳动资料形成折旧费用等，生产过程中发生的这些生产费用归集到特定的产品对象上构成产品的生产成本（或称制造成本），其资金形态从固定资金、储备资金和一部分货币资金形态转化为生产资金形态。随着生产过程的不断进行，产品生产出来并验收入库之后，其资金形态又转化为成品资金形态。生产费用的发生、归集和分配，以及完工产品生产成本的计算与结转等就构成了生产过程核算的基本内容。

销售过程是产品价值的实现过程。在销售过程中，企业通过销售产品，并按照销售价格与购买单位办理各种款项的结算，收回货款，从而使得成品资金形态转化为货币资金形态，完成了企业资金的一次循环。这种周而复始的资金循环，称为资金周转。另外，企业在销售过程中还要发生各种（诸如包装、广告等）销售费用，计算并及时缴纳各种销售税金，结转销售成本，这些都属于销售过程的核算内容。

企业一定时期内取得的收入与其相应的成本费用相抵后的差额即为企业在当期的财务成果（盈利或亏损）。如果为盈利应进行分配；如果为亏损应进行弥补。通过资金的补偿和分配，一部分资金（税收和股息或红利）要退出企业，另一部分资金（补偿的成本和费用）会重新投入企业的生产经营活动过程中去，开始新的资金循环。

综上所述，工业企业在生产经营过程中发生的主要经济业务包括：资金筹集业务、生产准备业务、产品生产业务、产品销售业务、财务成果业务。

第二节　资金筹集的核算

筹集资金是一个企业生存、发展的起点和前提条件。对于任何一个企业而言，资金来源主要有两条渠道：一是投资人的投资，形成投资人的权益即所有者权益，如实收资本等，属于企业的永久性资本；二是向债权人借入的资金，形成债权人的权益即负债，如短期借款、长期借款及应付债券等。

一、投入资本的核算

（一）投入资本核算需要设置的账户

1. “实收资本”账户

该账户属于所有者权益类账户，用来核算企业实际收到投资人投入的各种资本的入账价值，贷方登记实际收到的投资人投入的各种资本的入账价值，借方登记依法定程序减少的资本金数额，期末余额在贷方，表示企业收到投资者投入资本的结存数。本账户应按投资者设置明细分类账户，进行明细分类核算。

2. “银行存款”账户

该账户是资产类账户，用来核算企业存入银行或其他金融机构的各种存款。本账户的借方登记增加数，贷方登记减少数；期末借方余额表示企业存放在银行或其他金融机构的各种存款。本账户按不同银行或金融机构设置明细分类账户，进行明细分类核算。

3. “无形资产”账户

该账户是资产类账户，用来核算企业持有的无形资产成本，包括专利权、非专利技术、商标权、著作权、土地使用权等。本账户的借方登记增加的（购入、自行研发、投资转入等）无形资产成本；贷方登记减少的（出售、投资转出等）无形资产成本；期末借方余额表示企业无形资产的成本。本账户可按无形资产项目设置明细分类账户，进行明细核算。

4. “固定资产”账户（见本章第三节）

5. “原材料”账户（见本章第三节）

（二）投入资金业务的账务处理

【例4-1】光华公司收到国家投入的货币资金2 000 000元，款项存入银行。

该项经济业务的发生，一方面使公司的银行存款增加了2 000 000元，应记入“银行存款”账户的借方；另一方面也使公司的实收资本增加了2 000 000元，应记入“实收资本”账户的贷方。该项经济业务应编制的会计分录如下：

借：银行存款　　　　2 000 000

　　贷：实收资本　　　　2 000 000

【例4-2】光华公司收到A公司投入的材料一批，投资合同约定该材料的价值为600 000元。A公司应出的注册资本也为600 000元。

该项经济业务的发生，一方面使公司增加了价值600 000元的材料，应记入

"原材料"账户的借方；另一方面也使公司实收A公司的资本增加了600 000元，应记入"实收资本"账户的贷方。该项经济业务应编制的会计分录如下：

借：原材料　　600 000

　　贷：实收资本——A公司　　600 000

【例4-3】 光华公司收到C公司投入的全新设备一台，投资合同约定该设备的价值为500 000元。

该项经济业务的发生，一方面使公司的固定资产增加了500 000元，应记入"固定资产"账户的借方；另一方面也使公司实收C公司的资本增加了500 000元，应记入"实收资本"账户的贷方。该项经济业务应编制的会计分录如下：

借：固定资产　　500 000

　　贷：实收资本——C公司　　500 000

【例4-4】 光华公司收到B公司投入的一项专利技术，投资合同确定该专利技术的价值为750 000元。

该项经济业务的发生，一方面使公司的无形资产增加了750 000元，应记入"无形资产"账户的借方；另一方面也使公司实收B公司的资本增加了750 000元，应记入"实收资本"账户的贷方。该项经济业务应编制的会计分录如下：

借：无形资产　　750 000

　　贷：实收资本——B公司　　750 000

二、借入资本的核算

（一）借入资本核算需要设置的账户

1. "短期借款"账户

该账户是负债类账户，用来核算企业向银行或其他金融机构借入的期限在1年以下（含1年）的各种借款。本账户的贷方登记借入的各种短期借款；借方登记归还的各种短期借款；贷方余额表示企业尚未偿还的各种短期借款。本账户应按贷款人和贷款币种设置明细分类账户，进行明细核算。

2. "长期借款"账户

该账户是负债类账户，用来核算企业向银行或其他金融机构借入的期限在1年以上（不含1年）的各种借款。本账户的贷方登记借入的各种长期借款；借方登记偿还的各种长期借款；贷方余额表示尚未偿还的各种长期借款。本账户按贷款单位和贷款种类分别"本金"、"利息调整"等设置明细分类账户，进行明细核算。

3. “财务费用”账户

该账户属于损益类账户，用来核算企业为筹集生产经营所需资金等而发生的各种筹资费用，包括利息支出（减利息收入）、佣金、汇兑差额以及相关的手续费等。本账户的借方登记发生的各项财务费用，贷方登记应冲减财务费用的利息收入、汇兑损益以及期末转入“本年利润”账户的财务费用净额（即财务费用支出大于收入的差额）。经过结转后，该账户期末没有余额。财务费用账户应按照费用项目设置专栏，进行明细分类核算。

4. “应付利息”账户

该账户属于负债类账户，用来核算企业按照合同约定应支付的利息。“应付利息”账户的贷方登记计算出的应付未付的利息，借方登记实际支付的利息，期末余额在贷方，表示企业已经计提但尚未支付的利息。

（二）借入资本业务的账务处理

【例4－5】光华公司取得一项期限为3个月、年利率为6%、到期还本付息的银行借款600 000元，所借款项存入银行。

该项经济业务的发生，一方面使公司的银行存款增加了600 000元，应记入“银行存款”账户的借方；另一方面也使公司的短期借款增加了600 000元，应记入“短期借款”账户的贷方。该项经济业务应编制的会计分录如下：

借：银行存款　　600 000

　　贷：短期借款　　600 000

【例4－6】光华公司向银行借入2年期、年利率为8%、到期一次还本付息的款项1 200 000元，已存入公司结算存款账户。

该项经济业务的发生，一方面使公司的银行存款增加了1 200 000元，应记入“银行存款”账户的借方；另一方面也使公司的长期借款增加了1 200 000元，应记入“长期借款”账户的贷方。该项经济业务应编制的会计分录如下：

借：银行存款　　1 200 000

　　贷：长期借款　　1 200 000

【例4－7】承〖例4－5〗月末光华公司计提应由本月负担的短期借款利息3 000元（600 000×6%÷12）。

该项经济业务的发生，一方面使公司承担的利息费用增加了3 000元，应记入“财务费用”账户借方；另一方面也使公司应付未付利息增加了3 000元，应记入“应付利息”账户贷方。该项经济业务应编制的会计分录如下：

借：财务费用　　3 000

　　贷：应付利息　　3 000

【例4-8】光华公司以前月份借入的一项短期借款到期，归还短期借款本金600 000元，利息9 000元，全部利息已计提。

该项经济业务的发生，使公司应付未付利息债务减少了9 000元，应记入“应付利息”账户借方；使公司的短期借款债务减少了600 000元，应记入“短期借款”账户的借方；同时还使得银行存款减少了609 000元，应记入“银行存款”账户的贷方。该项经济业务应编制的会计分录如下：

借：短期借款　　600 000

　　应付利息　　9 000

　　贷：银行存款　　609 000

资金筹集业务总分类核算如图4-1所示。

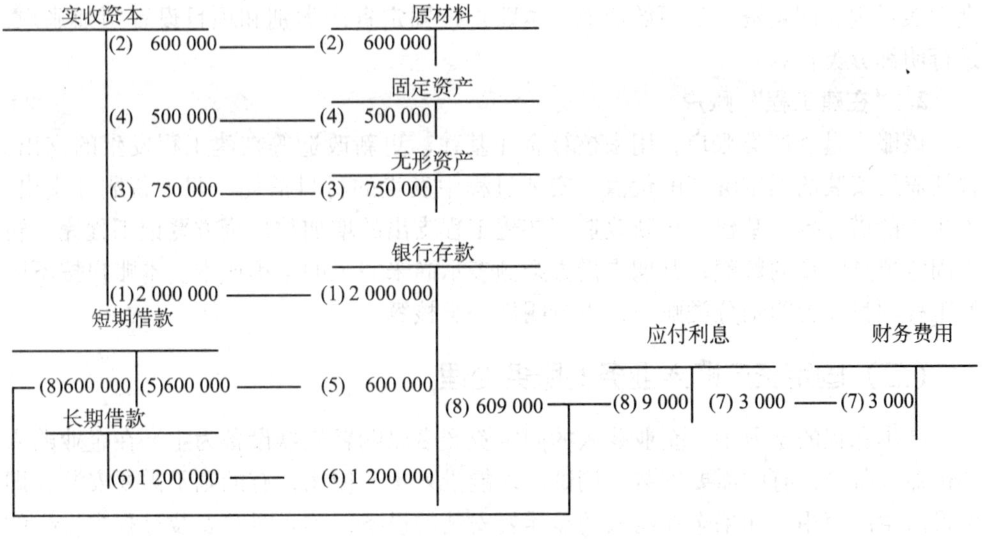

图4-1　资金筹集业务核算

第三节　采购供应过程的核算

企业要进行生产经营活动，必须具有厂房、设备和各种材料物资等各种生产资料。因此，采购供应过程的核算主要包括厂房设备等固定资产的购建、生产产品所需各种材料物资的采购和存储，为生产经营活动的正常进行做好准备工作。因此采购供应过程的主要经济业务涉及固定资产的购置、材料物资的采购等。

一、固定资产购入业务的核算

（一）固定资产购入业务核算需要设置的主要账户

1. “固定资产”账户

该账户是资产类账户，用来核算企业为生产商品、提供劳务、出租或经营管理而持有的，使用寿命超过一个会计年度、单位价值在规定的标准以上的有形资产的原始价值，主要包括房屋、建筑物、机器设备、运输设备、工具器具等，本账户的借方登记增加的（购置、建造、投资转入、接受捐赠、盘盈等）固定资产原始价值；贷方登记减少的（出售、投资转出、盘亏等）固定资产原始价值；期末借方余额表示现有固定资产的原始价值。本账户按固定资产类别和项目设置明细账户，进行明细分类核算。

2. “在建工程”账户

该账户是资产类账户，用来核算企业基建、更新改造等在建工程发生的支出。包括需要安装的固定资产的价值、安装过程中发生的材料消耗、职工薪酬等支出。本账户的借方登记基建、更新改造等在建工程支出的增加数，贷方登记工程完工转入固定资产账户的数额；其期末借方余额表示尚未完工的工程成本。本账户按不同的工程项目设置明细分类账户，进行明细分类核算。

（二）固定资产购入业务的账务处理

在本课程的学习中，企业购入的固定资产多以购置机器设备为主。在企业购入的机器设备中，有的需要安装、调试后才能投入生产使用，有的则不需要安装，即可投入生产使用。如果企业购入的是需要安装的设备，购入时和安装过程中发生的各项耗费，应通过“在建工程”账户进行核算。即将购买时支付的买价、包装费、运杂费，以及在安装过程中发生的安装调试费等记入“在建工程”账户的借方，待安装调试合格交付使用后，再从“在建工程”账户的贷方转入“固定资产”账户的借方。如果企业购入的是不需要安装的设备，应在购入时直接记入“固定资产”账户。

【例4－9】光华公司购入一台不需要安装的设备，发票价格50 000元，增值税进项税额8 500元，发生的运费2 500元，款项全部付清。

该项经济业务的发生，一方面使公司的固定资产增加52 500元，固定资产的增加应按其原始价值记入“固定资产”账户的借方；另一方面增值税进项税额增加8 500元，应记入“应交税费——应交增值税”账户的借方；同时也使公司的银行存款减少了61 000元，应记入“银行存款”账户的贷方。其会计分录如下：

借：固定资产 52 500

借：应交税费——应交增值税 8 500

贷：银行存款 61 000

【例4-10】 光华公司购入一台需要安装的设备，取得的增值税专用发票上注明的设备买价为50 000元，增值税进项税额为8 500元，支付的运输费为1 000元。

由于该设备需要安装，因此应将购买过程中发生的有关支出51 000元（50 000+1 000）记入“在建工程”账户的借方其会计分录如下：

借：在建工程 51 000

借：应交税费——应交增值税 8 500

贷：银行存款 59 500

【例4-11】 安装上述设备，领用材料物资价值1 755元，发生职工薪酬费用2 500元。

在安装过程中，所发生的安装费用，一方面使公司的原材料减少，应记入“原材料”账户的贷方；另一方面使公司对职工的债务增加，应记入“应付职工薪酬”账户（见本章第四节）的贷方；而发生的固定资产安装费用应记入“在建工程”账户的借方。该项经济业务应编制的会计分录如下：

借：在建工程 4 255

贷：原材料 1 755

应付职工薪酬 2 500

【例4-12】 设备安装完毕交付使用，确定固定资产的入账价值55 255（51 000+4 255）元。

固定资产经验收合格交付使用后，应按购置和安装过程中的实际成本作为入账价值，由“在建工程”账户的贷方转入“固定资产”账户的借方。其会计分录如下：

借：固定资产 55 255

贷：在建工程 55 255

二、材料采购业务的核算

（一）材料采购成本的确定

材料采购成本是指企业购入原材料的实际成本。企业购入原材料的实际成本由以下几项内容组成：

（1）买价，是指购货发票所注明的货款金额。

（2）在材料采购过程中发生的运输费、包装费、装卸费、保险费、仓储费等。

（3）材料在运输途中发生的合理损耗。

（4）材料在入库之前发生的整理挑选费用。

（5）按规定应计入材料采购成本中的各种税金，如从国外进口的材料应支付的进口关税。

（6）在材料采购过程中发生的其他费用。

材料采购成本的计算，是按照材料的类别或品种来归集各种材料的买价和各种采购费用，从而计算各种材料的总成本和单位成本。在具体计算材料采购成本时，对于材料采购的买价应直接计入各种原材料的采购成本。对于购入材料过程中发生的除买价之外的采购费用，如果能够分清应由某种材料直接负担的费用，可直接计入该材料的采购成本；如果无法直接确定某种材料应负担的采购费用，应通过一定方法对采购费用进行分配，确定某材料应负担的费用，并计入该材料的采购成本。材料采购费用的分配，首先是根据材料的特点确定分配的标准，一般来说可以选择的分配标准有材料的重量、体积等，然后是计算材料采购费用分配率，最终计算出各种材料应分担的采购费用。材料采购费用分配公式如下：

$$材料采购费用分配率=\frac{材料采购费用总额}{各种材料分配标准合计}$$

$$某种材料应负担的采购费用额=材料采购费用分配率\times 该种材料的分配标准$$

（二）材料采购业务核算需要设置的主要账户

1. “原材料”账户

该账户是资产类账户，用来核算企业库存的各种材料收入、发出和结存情况的账户，包括原料及主要材料、辅助材料、外购半成品、修理用备件、包装材料、燃料等。本账户的借方登记企业购入已验收入库各种材料的成本；贷方登记发出材料的成本；其期末借方余额表示库存材料的成本。本账户应按照材料的品种、规格等设置明细分类账户，进行明细分类核算。

2. “在途物资”账户

该账户是资产类账户，用来核算企业采用实际成本进行材料的日常核算，货款已付或已开出承兑的商业汇票但材料尚未验收入库的在途材料物资的采购成本。其借方登记已付款或已开出承兑的商业汇票的材料物资的实际采购成本，贷方登记已验收入库的材料物资的实际成本，期末余额在借方，表示企业尚未验收入库的在途材料物资的采购成本。该账户应按供货单位和物资品种设置明细分类账户，进行明细分类核算。

3. “应付账款”账户

该账户是负债类账户，用来核算企业单位因购买材料、商品和接受劳务供应等经营活动应支付的款项。其贷方登记应付供应单位的款项（买价、税金等），借方登记支付给供应单位的款项，期末余额一般在贷方，表示尚未偿还的应付账款的结余额。该账户应按照供应单位的名称设置明细分类账户，进行明细分类核算。

4. “应付票据”账户

该账户是负债类账户，用来核算企业购买材料、商品等开出并承兑的商业汇票金额，包括银行承兑汇票和商业承兑汇票。本账户贷方登记开出应承兑的商业汇票金额；借方登记到期商业汇票金额；期末贷方余额表示企业尚未到期的商业汇票的票面金额。本账户应按债权人设置明细分类账户，进行明细分类核算。

5. “预付账款”账户

该账户是资产类账户，用来核算企业因购买材料物资和接受劳务供应，根据合同规定而预付给供应单位货款结算情况的账户。该账户的借方登记预付和补付供应单位的货款，贷方登记收到所购物资核销的预付账款以及退回多付的预付账款，借方余额表示尚未结算的预付账款。该账户应按供应单位设置明细分类账户，进行明细分类核算。

6. “应交税费”账户

该账户是负债类账户，是用来反映和监督企业与税务机关之间有关各种税费的应交和实交的结算情况的账户，包括增值税、消费税、营业税、所得税、资源税、城市维护建设税、房产税、土地使用税、车船税、教育费附加等。账户贷方登记应交纳的各种税费，借方登记实际交纳的各种税费，期末贷方余额为未交的税费，借方余额为多交的税费。该账户应按税种设置明细账户，进行明细分类核算。

《中华人民共和国增值税暂行条例》规定，凡在中华人民共和国境内销售货物或者提应税供劳务及进口货物的单位和个人，应当交纳增值税。为此，在“应交税费”账户下应设置“应交增值税”明细分类账户，借方登记企业购进货物或接受应税劳务支付的进项税额和实际已交的增值税；贷方登记企业销售货物或提供应税劳务应交的销项税额，转出已支付或应分担的增值税。纳税人从销项税额中抵扣进项税额后向税务部门交纳增值税。期末借方余额，反映多交或者尚未抵扣的增值税；期末贷方余额，反映企业尚未缴纳的增值税。增值税税率分为17%、13%、10%等，但小规模纳税人按销售额征收（税率一般为3%）的增值税，不抵扣进项税额。

（三）材料采购业务的账务处理

【例4-13】 光华公司（增值税一般纳税人）从联合公司购入下列材料：甲材料40吨，单价700元，买价为28 000元；乙材料60吨，单价900元，买价为

54 000 元；支付外地运杂费 7 000 元，增值税进项税额 13 940 元，全部款项通过银行存款支付，材料已验收入库，运杂费按照材料的重量比例进行分配。

在处理该项经济业务时，首先需要对甲、乙材料共同负担的 7 000 元外地运杂费进行分配；其次应计算库存甲、乙材料的实际总成本。

运杂费费用分配率 = 7 000 ÷ (40 + 60) = 70（元/吨）

甲材料应负担的采购费用 = 40 × 70 = 2 800（元）

乙材料应负担的采购费用 = 60 × 70 = 4 200（元）

库存甲材料的实际总成本 = 28 000 + 2 800 = 30 800（元）

库存乙材料的实际总成本 = 54 000 + 4 200 = 58 200（元）

这项经济业务的发生，使得光华公司库存甲材料的实际成本增加 30 800 元，库存乙材料的实际成本增加 58 200 元，应记入“原材料”账户的借方；增值税进项税额增加 13 940 元，增值税进项税额的增加是负债的减少，应记入“应交税费——应交增值税”明细账户的借方；同时，使得公司的银行存款减少 102 940元，应记入“银行存款”账户的贷方。该项经济业务应编制的会计分录如下：

借：原材料——甲材料	30 800	
——乙材料	58 200	
应交税费——应交增值税（进项税额）	13 940	
贷：银行存款		102 940

【例 4－14】 光华公司从明星公司购进丙材料 50 吨，增值税专用发票注明的买价 216 000 元，增值税税额 36 720 元（216 000 × 17%），明星公司代本公司垫付材料的运杂费 2 000 元。材料已验收入库，款项尚未支付。

这项经济业务的发生，使得光华公司库存丙材料的实际成本增加 218 000（216 000 + 2 000）元，应记入“原材料”账户的借方；增值税进项税额增加 36 720元，增值税进项税额的增加是负债的减少，应记入“应交税费——应交增值税（进项税额）”账户的借方；同时，使得公司应付供应单位款项增加 254 720 元，应付供应单位款项增加是负债的增加，应记入“应付账款”账户的贷方。该项经济业务应编制的会计分录如下：

借：原材料——丙材料	218 000	
应交税费——应交增值税（进项税额）	36 720	
贷：应付账款——明星公司		254 720

【例 4－15】 光华公司向蓝天公司签发并承兑一张面值为 418 860 元的商业汇票购入丁材料，该批丁材料的买价 358 000 元，增值税进项税额 60 860 元。材料已到达企业，并验收入库。

这项经济业务的发生，使得光华公司原材料的实际成本增加358 000元，应记入“原材料”账户的借方；增值税进项税额增加60 860元，应记入“应交税费——应交增值税（进项税额）”账户的借方。同时，使得公司的应付票据增加418 860元，应记入“应付票据”账户的贷方。该项经济业务应编制的会计分录如下：

借：原材料——蓝天公司（丁材料）　358 000
　　应交税费——应交增值税（进项税额）　60 860
　　贷：应付票据——蓝天公司　418 860

【例4-16】 光华公司按照合同规定用银行存款预付给光明公司购货款18 000元。

这项经济业务的发生，使得公司预付的购货款增加18 000元，预付购货款的增加是资产（债权）的增加，应记入“预付账款”账户的借方；同时，使得公司的银行存款减少18 000元，应记入“银行存款”账户的贷方。该项经济业务应编制的会计分录如下：

借：预付账款——光明公司　18 000
　　贷：银行存款　18 000

【例4-17】 光华公司收到光明公司发运来的、前已预付货款的丙材料，并验收入库。随货物附来的增值税专用发票注明该批丙材料的价款42 000元，另发生运杂费500元，增值税进项税额7 140元，除冲销原预付款18 000元外，不足款项立即用银行存款支付。

这项经济业务的发生，使得公司的库存丙材料的实际成本（买价和采购费用）增加42 500元，增值税进项税额增加7 140元。同时，使得公司的预付账款减少18 000元，银行存款减少31 640元。该项经济业务应编制的会计分录如下：

借：原材料——丙材料　42 500
　　应交税费——应交增值税（进项税额）　7 140
　　贷：预付账款——光明公司　18 000
　　　　银行存款　31 640

【例4-18】 光华公司从环球公司购入甲材料30吨，单价700元，买价为21 000元，增值税进项税额3 570元，款项用银行存款支付，材料尚未验收入库。

这项经济业务的发生，使得公司在途材料的实际成本增加21 000元，应记入“在途物资”账户的借方；增值税进项税额增加3 570元，增值税进项税额的增加是负债的减少，应记入“应交税费——应交增值税”明细账户的借方。同时，使得公司的银行存款减少24 570元，应记入“银行存款”账户的贷方。该项经济业务应编制的会计分录如下：

借：在途物资——环球公司（甲材料）　21 000

应交税费——应交增值税（进项税额） 3 570

贷：银行存款 24 570

【例 4 - 19】 光华公司从环球公司购入的甲材料已到达企业并验收入库。

这项经济业务的发生，一方面使得光华公司库存甲材料的实际成本增加 21 000 元，应记入“原材料”账户的借方；另一方面使得公司在途材料的实际成本减少 21 000 元，应记入“在途物资”账户的贷方。该项经济业务应编制的会计分录如下：

借：原材料——甲材料 21 000

贷：在途物资——环球企业（甲材料） 21 000

【例 4 - 20】 光华公司用银行存款支付本月从明星公司购入丙材料的价税款和代垫的运杂费。

这项经济业务的发生，使得公司的应付账款减少 254 720 元，应付账款的减少是负债的减少，应记入“应付账款”账户的借方。同时，使得公司的银行存款减少 254 720 元，银行存款减少，应记入“银行存款”账户的贷方。该项经济业务应编制的会计分录如下：

借：应付账款——明星公司 254 720

贷：银行存款 254 720

【例 4 - 21】 光华公司向蓝天公司签发并承兑的面值为 418 860 元的商业汇票到期，款项用银行存款支付。

这项经济业务的发生，使得公司的应付票据减少 418 860 元，应付票据的减少是负债的减少，应记入“应付票据”账户的借方。同时，使得公司的银行存款减少 418 860 元。银行存款减少是资产的减少，应记入“银行存款”账户的贷方。该项经济业务应编制的会计分录如下：

借：应付票据——蓝天公司 418 860

贷：银行存款 418 860

采购供应过程总分类核算如图 4 - 2 所示。

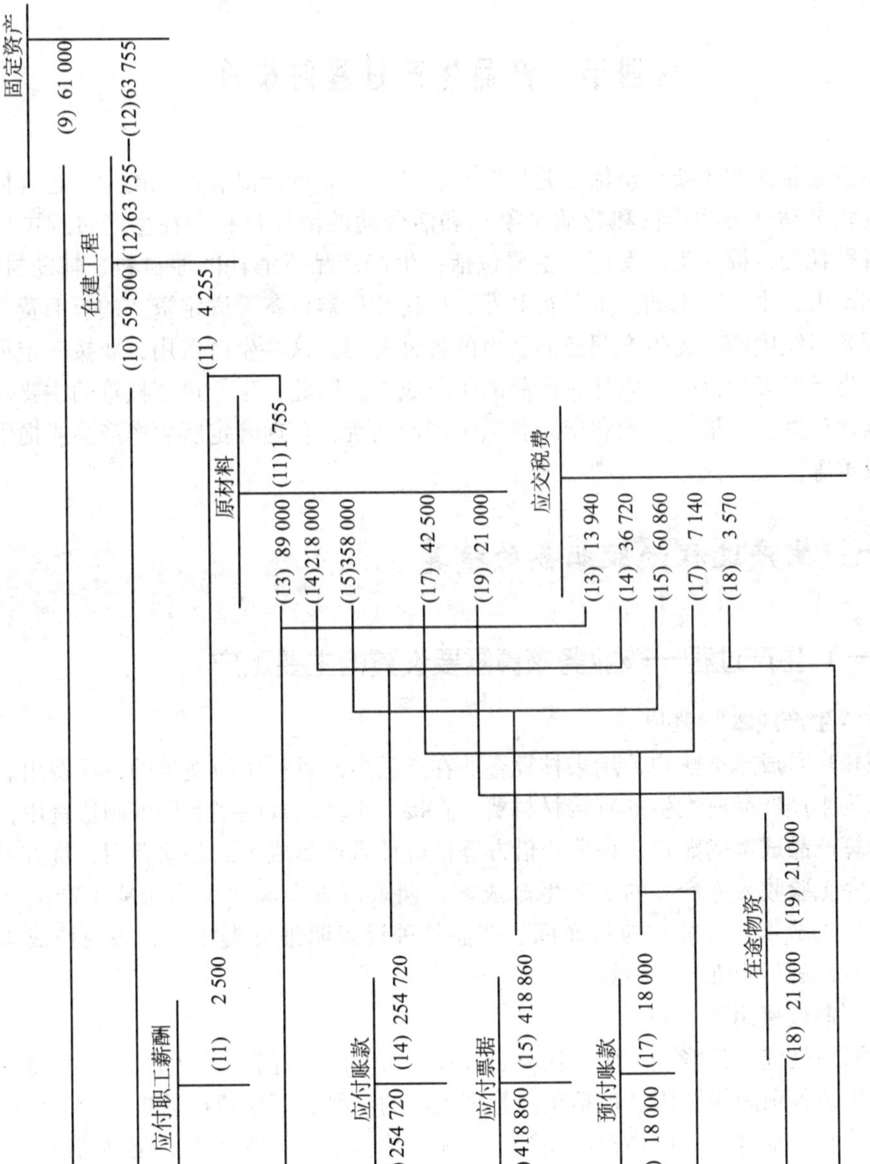

图4-2　采购供应过程核算

第四节 产品生产过程的核算

制造业企业的主要经济活动是生产符合社会需要的产品，产品的生产过程同时也是物化劳动（劳动资料和劳动对象）和活劳动的消耗过程。在生产过程中所发生的各种耗费，称为生产费用，主要包括：生产产品所消耗的原材料、辅助材料、燃料和动力，生产工人的工资及福利费，厂房和机器设备等固定资产的折旧费，以及管理和组织生产、为生产服务而发生的各种费用。这些生产费用，要按一定种类的产品进行归集和分配，以计算产品的生产成本。因此，生产过程核算的主要任务是正确地计算、归集、分配和记录各项生产性耗费，合理确定所生产产品或提供劳务的成本等。

一、生产过程一般业务的核算

（一）生产过程一般业务核算需要设置的主要账户

1. “生产成本”账户

该账户是成本类账户，用来核算企业在产品生产过程中所发生的各项费用。主要包括为生产产品所发生的直接材料费、直接人工费以及间接费用即制造费用，并用以计算产品成本的账户，该账户借方登记应计入产品成本的各项费用，贷方登记结转已完工验收入库产品的实际生产成本，期末借方余额表示尚未完工产品（即在产品）的成本。该账户应按车间、产品品种设置明细分类账户，账内按成本项目设置专栏进行明细分类核算。

2. “制造费用”账户

该账户是成本类账户，用来核算企业生产车间（部门）为生产产品和提供劳务而发生的各项间接费用。包括车间管理人员的薪酬、固定资产的折旧费、生产车间的办公费、水电费、机物料消耗等。本账户借方登记实际发生的各项制造费用，贷方登记期末分配结转到有关产品成本的制造费用数额，期末分配结转后本账户一般没有余额。该账户应按不同车间设置明细分类账户，账内按费用项目设置专栏，进行明细分类核算。

3. “管理费用”账户

该账户是损益类账户，用来核算企业为组织和管理企业生产经营活动所发生的费用，包括企业在筹建期间内发生的开办费、董事会和行政管理部门在企业的经营管理中发生的或者应由企业统一负担的公司经费（包括行政管理部门职工薪酬、物料消耗、低值易耗品摊销、办公费和差旅费等）、工会经费、董事会费（包括董事会成员津贴、会议费和差旅费等）、聘请中介机构费、咨询费（含顾问费）、诉讼费、业务招待费、房产税、车船税、土地使用税、印花税、技术转让费、矿产资源补偿费、研究费用、排污费等。本账户借方登记本期发生的各项管理费用数额；贷方登记期末转入“本年利润”的数额；期末结转后该账户应无余额。为加强对企业管理费用的核算和管理，该账户应当按费用项目设置专栏，进行明细分类核算。

4. “应付职工薪酬”账户

本账户是负债类账户，用来核算企业根据有关规定，应付给职工的各种薪酬，包括职工工资、奖金、津贴、福利费等。本账户的贷方登记按用途计算的应付给职工的各种薪酬；借方登记支付给职工的各种薪酬及支付的工会经费、职工教育经费、缴纳的社会保险费、住房公积金等；期末贷方余额表示企业应付未付的职工薪酬。本账户可按“工资”、“职工福利”、“社会保险费”、“住房公积金”、“工会经费”、“职工教育经费”等设置明细分类账户，进行明细分类核算。

5. “其他应收款”账户

本账户是资产类账户，用来核算企业除应收账款、应收票据、预付账款以外的各种应收、暂付款项。包括应收各种赔款、罚款、存出保证金、预借职工的差旅费等。账户借方登记企业其他应收、暂付款项的增加数；贷方登记其他应收、暂付款项的收回（减少）数；余额在借方，表示尚未收回的其他应收、暂付款项数额。该账户应按不同的债务人设置明细分类账户，进行明细分类核算。

6. “库存现金”账户

本账户是资产类账户，用来核算企业库存的现金。本账户的借方登记库存现金的增加；贷方登记库存现金的减少；期末借方余额表示企业持有的库存现金。

（二）生产过程一般业务的账务处理

1. 材料的耗用

【例4－22】光华公司本月仓库发出下列材料用于A、B产品和其他一般耗用，如表4－1所示。

该项经济业务的发生，表明一方面减少库存材料552 000元，应记入“原材料”账户的贷方；另一方面材料投入生产，增加生产费用，其中直接用于生产A、B产品496 000元，应直接计入产品成本，记入“生产成本”账户的借方，车间一般耗用材料50 000元，属于间接费用，应记入“制造费用”账户的借方。行政管理部门耗用材料6 000元，属于期间费用，应记入“管理费用”账户的借方。该项经济业务应编制的会计分录如下：

表 4－1 材料耗用汇总表

项目	甲材料	乙材料	丙材料	丁材料	合计
产品耗用：					
A 产品耗用	80 000	24 000	200 000		304 000
B 产品耗用	80 000	12 000	100 000		192 000
车间一般耗用	40 000			10 000	50 000
行政管理部门耗用		4 000		2 000	6 000
合计	200 000	40 000	300 000	12 000	552 000

借：生产成本——A 产品 304 000
　　　　　　——B 产品 192 000
　　制造费用 50 000
　　管理费用 6 000
　　贷：原材料 552 000

2. 计算工资

【例 4－23】 光华公司本月应发工资 830 000 元，其中：生产部门直接生产产品的工人工资 500 000 元；生产车间管理人员工资 100 000 元；公司管理部门人员工资 180 000 元；公司专设产品销售机构人员工资 50 000 元。生产工人工资按生产工时比例进行分配，A 产品的工时 7 000 小时，B 产品的工时 3 000 小时。

由于生产部门直接生产产品的工人工资共计 500 000 元，尚需在 A、B 两种产品之间进行分配，具体分配过程如下：

$$\text{工资费用分配率}=\frac{\text{生产工人工资总额}}{\text{各产品实际生产工时（定额工时）之和}}$$

每种产品应负担的工资费用＝该产品的实际生产工时（定额工时）×工资费用分配率

$$\text{工资费用分配率}=\frac{500\ 000}{7\ 000+3\ 000}=50\text{（元/小时）}$$

A 产品应负担的工资费用＝7 000×50＝350 000（元）

B 产品应负担的工资费用＝3 000×50＝150 000（元）

该项经济业务的发生，一方面表明本月份发生应付未付职工工资增加 830 000 元，应记入“应付职工薪酬”账户的贷方；另一方面使得公司的工资费用也增加了 830 000 元。其中：制造 A、B 产品的生产工人工资属于直接费用，应直接计入产品成本，记入“生产成本”账户的借方；车间管理人员工资属于间接费用，应记入“制造费用”账户的借方，厂部管理人员工资和销售机构人员工资属于期间费用，应分别记入“管理费用”和“销售费用”账户的借方。该项经济业务应编制的会计分录如下：

借：生产成本——A 产品　　350 000
　　　　　　——B 产品　　150 000
　　制造费用　　100 000
　　管理费用　　180 000
　　销售费用　　50 000
　　贷：应付职工薪酬——工资　　830 000

3. 计算提取社会保险等各项费用

【例 4-24】 根据公司所在地政府规定，公司分别按照职工工资总额的 10%、12%、2% 和 10.5% 计提医疗保险费、养老保险费、失业保险费和住房公积金，缴纳给当地社会保险经办机构和住房公积金管理机构。根据上年实际发生的职工福利费情况，公司预计本年应承担的职工福利费义务金额为职工工资总额的 2%，职工福利的受益对象为上述所有人员。公司分别按照职工工资总额的 2% 和 1.5% 计提工会经费和职工教育经费。

应计入 A 产品生产成本的职工薪酬金额

$=350\ 000\times(10\%+12\%+2\%+10.5\%+2\%+2\%+1.5\%)=140\ 000$（元）

应计入 B 产品生产成本的职工薪酬金额

$=150\ 000\times(10\%+12\%+2\%+10.5\%+2\%+2\%+1.5\%)=60\ 000$（元）

应计入制造费用的职工薪酬金额

$=100\ 000\times(10\%+12\%+2\%+10.5\%+2\%+2\%+1.5\%)=40\ 000$（元）

应计入管理费用的职工薪酬金额

$=180\ 000\times(10\%+12\%+2\%+10.5\%+2\%+2\%+1.5\%)=72\ 000$（元）

应计入销售费用的职工薪酬金额

$=50\ 000\times(10\%+12\%+2\%+10.5\%+2\%+2\%+1.5\%)=20\ 000$（元）

由于医疗保险费、养老保险费、失业保险费、住房公积金、职工福利费、工会经费和职工教育经费是按照工资总额一定百分比提取的，因此，这项经济业务的发生，与上项工资结算业务相似，同样引起负债和生产费用两方面发生变化。其中：按制造 A、B 产品的生产工人工资计提的各项费用，属于产品生产成本的增加，记入“生产成本”账户的借方；按车间管理人员工资计提的各项费用，应记入“制造费用”账户的借方，厂部管理人员工资和销售机构人员工资计提的各项费用，应分别记入“管理费用”和“销售费用”账户的借方。该项经济业务应编制的会计分录如下：

借：生产成本——A 产品　　140 000
　　　　　　——B 产品　　60 000
　　制造费用　　40 000

管理费用　　72 000
销售费用　　20 000
贷：应付职工薪酬——职工福利　　16 600
——社会保险费　　199 200
——住房公积金　　87 150
——工会经费　　16 600
——职工教育经费　　12 450

4. 工资的发放

目前企业发放职工薪酬有两种形式：一是直接用现金发放；二是通过银行代发。两种发放工资的形式，企业可以根据自身情况选择其一。

【例4－25】光华公司从银行存款中提取现金830 000元，准备发放职工工资。

这项经济业务的发生，表明一方面使公司增加了830 000元现金，应记入“库存现金”账户的借方；另一方面银行存款减少了830 000元，应记入“银行存款”账户的贷方。该项经济业务应编制的会计分录如下：

借：库存现金　　830 000
贷：银行存款　　830 000

【例4－26】光华公司以现金830 000元发放职工工资。

这项经济业务的发生，一方面使现金减少830 000元，应记入“库存现金”账户的贷方；另一方面也使应付给职工的工资减少了830 000元，应记入“应付职工薪酬”账户的借方。该项经济业务应编制的会计分录如下：

借：应付职工薪酬　　830 000
贷：库存现金　　830 000

企业如果通过银行代发工资，其会计处理就会发生变化。例如光华公司委托其开户银行发放本月职工工资830 000元，另向银行支付代发工资的手续费350元。

这项经济业务的发生，一方面说明银行存款减少830 350元，应记入“银行存款”账户的贷方；另一方面应付给职工的工资也减少了830 000元，应记入“应付职工薪酬”账户的借方；支付手续费350元，应记入“管理费用”的借方。该项经济业务应编制的会计分录如下：

借：应付职工薪酬　　830 000
管理费用　　350
贷：银行存款　　830 350

5. 其他费用的发生

【例4－27】光华公司以现金支付行政管理部门订阅的书报杂志费350元。

这项经济业务的发生，使得公司管理部门的报刊费增加350元，应记入“管理费用”账户的借方；同时也使得公司的现金减少350元，应记入“库存现金”账户的贷方。该项经济业务应编制的会计分录如下：

借：管理费用　　350

　贷：库存现金　　350

【例4-28】光华公司办公室王华出差归来，报销差旅费3 200元（原借3 000元），另补付现金200元。

这项经济业务的发生，一方面使其他应收款减少3 000元，应记入“其他应收款”账户的贷方；另一方面使差旅费增加3 200元，应记入“管理费用”账户的借方；补付的现金，应记入“库存现金”账户的贷方。该项经济业务应编制的会计分录如下：

借：管理费用　　3 200

　贷：其他应收款——王华　　3 000

　　库存现金　　200

【例4-29】光华公司用银行存款900元购买办公用品，其中400元为生产车间使用，500元为管理部门使用。

这项经济业务的发生，使得公司的生产车间和管理部门的办公费分别增加400元和500元。其中生产车间办公费是间接费用，应记入“制造费用”账户的借方；管理部门的办公费是期间费用，应记入“管理费用”账户的借方；同时也使得公司的银行存款减少900元，应记入“银行存款”账户的贷方。该项经济业务应编制的会计分录如下：

借：制造费用　　400

　管理费用　　500

　贷：银行存款　　900

【例4-30】光华公司用银行支付当月水电费3 850元，其中生产车间耗电2 500元，行政管理部门耗电1 350元。

这项经济业务的发生，使得公司生产车间的水电费增加2 500元，应记入“制造费用”账户的借方；管理部门的水电费增加1 350元，应记入“管理费用”账户的借方；同时也使得公司的银行存款减少3 850元，应记入“银行存款”账户的贷方。该项经济业务应编制的会计分录如下：

借：制造费用　　2 500

　管理费用　　1 350

　贷：银行存款　　3 850

【例4-31】光华公司以银行存款1 000元支付业务招待费。

业务招待费属于管理费用，这项经济业务的发生，一方面要增加管理费用，应记入“管理费用”账户的借方；另一方面银行存款减少，应记入“银行存款”账户的贷方。该项经济业务应编制的会计分录如下：

借：管理费用　　1 000

　　贷：银行存款　　1 000

二、固定资产折旧的核算

（一）固定资产折旧核算需要设置的主要账户

固定资产在使用中，价值会逐渐损耗，固定资产由于使用发生磨损而减少的价值称为固定资产折旧。由于“固定资产”账户是用来核算企业固定资产的原始价值的增减变动和结存情况，为了便于计算和反映固定资产的账面净值（折余价值），就需要专门设置一个用来核算固定资产损耗价值的账户，即“累计折旧”账户。

“累计折旧”账户是资产类账户，从用途上看它是固定资产账户的抵减账户，用来核算企业固定资产由于使用发生磨损而减少的价值，即企业对固定资产计提的折旧额。本账户贷方登记按月提取的折旧额，借方登记因固定资产减少而减少的累计折旧额，期末余额在贷方，表示现有固定资产的累计已提的折旧额。

（二）固定资产折旧的账务处理

【例 4-32】光华公司于月末计提本月固定资产折旧 14 200 元，其中，生产车间固定资产折旧额 13 600 元，行政管理部门固定资产折旧额 600 元。

这项经济业务的发生，使得公司提取固定资产折旧费用的增加，其中，生产车间固定资产提取的折旧费 13 600 元，应记入“制造费用”账户的借方；行政管理部门固定资产提取的折旧费 600 元，应记入“管理费用”账户的借方。同时，也使得固定资产的折旧额增加，应记入“累计折旧”账户的贷方。该项经济业务应编制的会计分录如下：

借：制造费用　　13 600

　　管理费用　　600

　　贷：累计折旧　　14 200

三、制造费用的分配与完工产品成本的结转

（一）制造费用的分配

通过前面举例我们可以看出，计入产品成本的生产费用在生产过程中的用途是不同的。有的直接用于产品生产，如直接材料和直接人工，这一部分费用由于与产品生产直接相关，因此应直接计入产品生产成本；有的间接用于产品生产，如制造费用，虽然是在生产产品过程中发生，但与产品生产不直接相关，属于多种产品共同负担的间接费用。实际工作中，制造费用的归集与分配是通过设置和登记“制造费用”的总账及明细账来完成的，账内按制造费用项目设置专栏或专行，来归集发生的各种制造费用，月末，采用一定的方法分配计入产品生产成本。制造费用的分配方法有多种，一般是按各种产品耗用生产工时（实用工时或定额工时）比例进行分配。计算公式如下：

$$制造费用分配率=\frac{制造费用总额}{各产品实际生产工时（定额工时）之和}$$

每种产品应负担的制造费用＝该产品的实际生产工时（定额工时）×制造费用分配率

【例4－33】月末，将本月发生的制造费用总额206 500元转入生产成本。制造费用的分配按产品实际耗用生产工时比例进行分配。

$$制造费用分配率=\frac{206\ 500}{7\ 000+3\ 000}=20.65（元/工时）$$

A产品应负担的制造费用＝7 000×20.65＝144 550（元）

B产品应负担的制造费用＝3 000×20.65＝61 950（元）

实际中，制造费用的分配，是通过编制“制造费用分配表”完成的。“制造费用分配表”如表4－2所示。

表4－2　　制造费用分配表

产品名称	分配标准（生产工时）	制造费用	
		分配率	分配金额
A产品	7 000		144 550
B产品	3 000		61 950
合　计	10 000	20.65	206 500

这项经济业务的发生，一方面使公司的生产成本增加206 500元，应记入“生产成本”账户的借方；另一方面使制造费用减少206 500元，应记入“制造费用”

账户的贷方。该项经济业务应编制的会计分录如下：

借：生产成本——A 产品 144 550

——B 产品 61 950

贷：制造费用 206 500

（二）完工产品成本的计算和结转

1. 产品成本的计算

产品制造成本的计算，就是按照生产的各种产品，归集和分配在生产过程中所发生的各种生产费用，并按成本项目计算各种产品的总成本和单位成本。

实际工作中，产品成本的计算是通过设置和登记“生产成本”的总账及明细账来完成的。账内按产品成本项目设置专栏或专行，来归集应计入各种产品成本的生产费用。产品成本项目主要由直接材料、直接人工和制造费用构成。

（1）直接材料，是指直接用于产品生产、构成产品实体的原料及主要材料、有助于产品形成的辅助材料。

（2）直接人工，是指直接参加产品生产的工人工资以及按生产工人工资和规定比例计提的社会保险费等。

（3）制造费用，是指直接用于产品生产，但不便于计入产品成本，因而没有专设成本项目的费用（如机器设备的折旧费用）和间接用于产品生产的各项费用（如车间为组织管理生产所发生的费用等）。

在计算产品生产成本时，应将生产过程中发生的各项生产费用，按产品的名称或类别分别进行归集和分配，以便分别计算各种（类）产品的生产总成本和单位成本。

在以产品品种为成本计算对象的企业或车间，如果只生产一种产品，计算产品成本时，只需为这种产品开设一个生产成本明细账，账内按照成本项目设立专栏或专行。在这种情况下，发生的生产费用全部都是直接计入费用，可以直接记入该产品生产成本明细账，而不存在在各成本计算对象之间分配费用的问题。如果生产的产品不止一种，就应按照产品品种分别开设生产成本明细账。发生的费用中，凡能分得清为哪种产品所消耗的，应根据有关凭证直接记入该种产品生产成本明细账；凡分不清的，如制造费用或几种产品共同耗用的某种原材料费用、生产工人的计时工资等，则应采取适当的分配方法在各成本计算对象之间进行分配，然后记入各产品生产成本明细账。

2. “库存商品”账户的设置

该账户是资产账户，用来核算企业生产完工验收入库可供销售的产品的实际成本。本账户的借方登记已经完工验收入库的各种产品的实际生产成本；贷方登记已经出售的各种产品的实际生产成本。期末借方余额表示库存产成品的实际成本。本账户应按产成品的品种、规格或类别设置明细分类账户，进行明细分类核算。

3. 完工产品成本的结转

按产品品种设置并登记的产品生产成本明细账，归集计算产品成本。月末如果某种产品全部完工，该种产品成本明细账所归集的费用总额，就是该种完工产品的总成本，除以该种产品的总产量即可计算出该种产品的单位成本；月末如果某种产品全部未完工，该种产品成本明细账所归集的费用总额，就是该种产品在产品的总成本；月末如果某种产品一部分完工一部分未完工，这时，归集在产品成本明细账中的费用总额，还要采用适当的分配方法在完工产品和在产品之间进行分配，然后才能计算出完工产品的总成本和单位成本。生产费用如何在完工产品和在产品之间进行分配，是成本计算中的一个既重要而又复杂的问题，关于这方面的问题将在成本会计课程中详细论述，本课程只涉及前两种情况。

本例假定月末A产品全部完工、B产品全部未完工。将前面所述的有关产品生产的各项费用直接记入或分配记入A、B两种产品的成本明细账（见表4－3、表4－4）之后，即可据以计算出A种产品的完工产品成本和B种产品的月末在产品成本，据此编制产品生产成本计算表（见表4－5）。

表4－3　　“生产成本”明细账

产品品种或类别：A产品

年		凭证字号	摘　　要	借方（成本项目）				贷方	借或贷	余额
月	日			直接材料	直接人工	制造费用	合计			
		22	领用材料	304 000			304 000		借	304 000
		23	分配工资		350 000		350 000		借	654 000
		24	计提社会保险等费用		140 000		140 000		借	794 000
		33	分配制造费用			144 550	144 550		借	938 550
		34	结转完工产品成本					938 550	平	—
			本期发生额及余额	304 000	490 000	144 550	938 550	938 550	平	—

表4－4 **“生产成本”明细账**

产品品种或类别：B产品

年		凭证字号	摘要	借方（成本项目）				贷方	借或贷	余额
月	日			直接材料	直接人工	制造费用	合计			
		22	领用材料	192 000			192 000		借	192 000
		23	分配工资		150 000		150 000		借	342 000
		24	计提社会保险等费用		60 000		60 000		借	402 000
		33	分配制造费用			61 950	61 950		借	463 950
			本期发生额及余额	192 000	210 000	61 950	463 950			463 950

表4－5 **产品生产成本计算表**

成本项目	A产品	
	总成本（500件）	单位成本
直接材料	304 000	608
直接人工	490 000	980
制造费用	144 550	289.10
合计	938 550	1 877.10

【**例4－34**】本月投产的500件A产品全部完工验收入库，投产的380件产品均未完工，计算并结转A产品的实际生产成本。

这项经济业务的发生，一方面使公司的库存产成品成本增加938 550元，应记入“库存商品”账户的借方；另一方面由于结转完工入库A产成品的实际生产成本使生产过程中占用的资金减少938 550元，应记入“生产成本”账户的贷方。该项经济业务应编制的会计分录如下：

借：库存商品——A产品　　938 550

　　贷：生产成本——A产品　　938 550

生产过程总分类核算如图4－3所示。

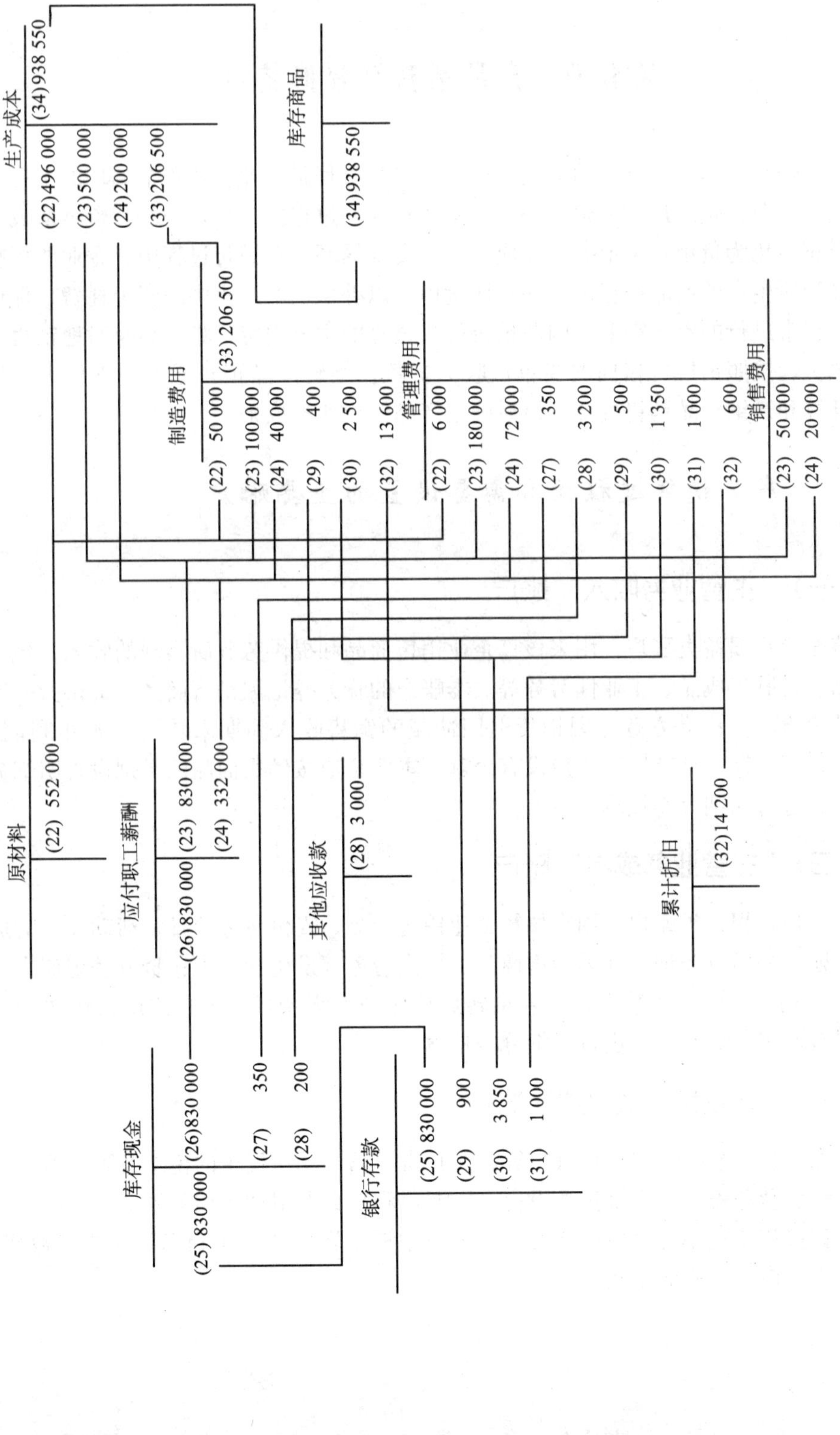

生产成本
(22)496 000
(23)500 000
(24)200 000
(33)206 500
(34)938 550
库存商品
(34)938 550
制造费用
(22) 50 000
(23) 100 000
(24) 40 000
(29) 400
(30) 2 500
(32) 13 600
(33) 206 500
管理费用
(22) 6 000
(23) 180 000
(24) 72 000
(27) 350
(28) 3 200
(29) 500
(30) 1 350
(31) 1 000
(32) 600
销售费用
(23) 50 000
(24) 20 000
原材料
(22) 552 000
应付职工薪酬
(26)830 000
(23) 830 000
(24) 332 000
其他应收款
(28) 3 000
累计折旧
(32)14 200
库存现金
(25) 830 000
(26)830 000
(27) 350
(28) 200
银行存款
(25) 830 000
(29) 900
(30) 3 850
(31) 1 000

图4-3 生产过程核算

第五节　产品销售过程的核算

产品销售过程是产品价值的实现过程。销售过程是工业企业资金循环的第三阶段，也是企业再生产过程的最后一个阶段。在这一过程中，企业的经营资金从成品资金形态转化为货币资金形态，完成了一次资金循环。在销售过程中，企业要将在生产过程所生产的产品销售出去并收回货币，以补偿生产过程中的资金耗费，保证再生产正常进行的资金需要。因此销售过程核算的主要内容是将产品及时地销售给购买单位，按照销售价格向购买单位收取货款；结转产品销售成本；支付销售费用；计算和缴纳产品销售税金，最后确定产品销售业务成果。

一、产品销售过程核算需要设置的主要账户

（一）“主营业务收入”账户

该账户是损益类账户，用来核算企业销售商品和提供劳务所实现的收入，包括产成品、自制半成品、工业性劳务等。本账户的贷方登记因销售商品、提供劳务等实现的销售收入；借方登记因销货退回冲减的销售收入和期末转入“本年利润”账户的数额，期末结转后该账户没有余额。本账户应按销售商品的类别设置明细分类账户，进行明细分类核算。

（二）“主营业务成本”账户

该账户是损益类账户，用来核算企业销售产品、提供劳务等日常活动发生的成本。本账户的借方登记本期因销售商品、提供劳务等发生的成本；贷方登记期末转入“本年利润”账户的数额；期末结转后该账户应无余额。本账户应按销售商品类别设置明细分类账户，进行明细分类核算。

（三）“营业税金及附加”账户

本账户是损益类账户，用来核算企业日常经营活动所发生的税金及附加费，包括消费税、营业税、城市维护建设税、资源税和教育费附加等相关税费。本账户的借方登记按规定税率计算各种税费；贷方登记期末转入“本年利润”账户的数额；期末结转后该账户应无余额。

（四）“销售费用”账户

本账户是损益类账户，用来核算企业销售商品、材料、提供劳务的过程中发生的各种费用，包括保险费、包装费、展览费和广告费、商品维修费、预计产品质量保证损失、运输费、装卸费等以及为销售本企业商品而专设的销售机构（含销售网点、售后服务网点等）的职工薪酬、业务费、折旧费等经营费用。本账户的借方登记月内发生的各种销售费用；贷方登记期末转入“本年利润”账户的数额；期末结转后该账户应无余额。本账户可按费用项目设置专栏，进行明细分类核算。

（五）“应收账款”账户

该账户是资产类账户，用来核算企业因销售商品和提供劳务等而应向购货单位或接受劳务单位收取的款项。其借方登记由于销售商品以及提供劳务等而发生的应收款项，包括应收取的价款、税款和代垫款项等，贷方登记已经收回的应收账款，期末余额在借方，表示尚未收回的应收账款。该账户应按购货单位或接受劳务单位设置明细分类账户，进行明细分类核算。

（六）“应收票据”账户

该账户是资产类账户，用来核算企业因销售产品收到的商业汇票金额，包括商业承兑汇票和银行承兑汇票。借方登记因销售产品等而收到的商业汇票金额，贷方登记到期收回或背书转让的商业汇票金额；期末借方余额，表示尚未到期的商业汇票金额。该账户应按购货单位设置明细分类账户，进行明细分类核算。

（七）“预收账款”账户

该账户是负债类账户，用来核算企业按照合同的规定预收购买单位的订货款。本账户的贷方登记预收购买单位的货款，借方登记企业因提供产品或劳务核销的预收账款，期末贷方余额表示尚未提供产品或劳务的预收货款。该账户应按购买单位设置明细分类账户，进行明细分类核算。

二、销售过程主要经济业务的账务处理

【例4－35】光华公司向环宇公司销售A产品200件，每件售价4 500元（不含税价），价款共计900 000元，增值税税率为17%，增值税销项税额153 000元，以上全部款项已存入银行。

这项经济业务的发生，一方面使得公司的银行存款增加1 053 000元（900 000＋

153 000)，应记入“银行存款”账户的借方；另一方面使得公司的主营业务收入增加 900 000 元，应记入“主营业务收入”账户的贷方；增值税销项税额增加 153 000 元，是负债的增加，应记入“应交税费——应交增值税（销项税额）”账户的贷方。该项经济业务应编制的会计分录如下：

借：银行存款　　1 053 000
　　贷：主营业务收入　　900 000
　　　　应交税费——应交增值税（销项税额）　　153 000

【例 4－36】 光华公司向环宇公司出售 B 产品 100 件，每件售价 1 200 元（不含税价），价款为 120 000 元，增值税税率为 17%，增值税销项税额为 20 400 元，全部款项尚未收到。

这项经济业务的发生，一方面使得公司应收的销货款增加 140 400 元（120 000 + 20 400)，应记入“应收账款”账户的借方；另一方面使得公司的主营业务收入增加 120 000 元，应记入“主营业务收入”账户的贷方；增值税销项税额增加 20 400 元，是负债的增加，应记入“应交税费——应交增值税（销项税额）”账户的贷方。该项经济业务应编制的会计分录如下：

借：应收账款——环宇公司　　140 400
　　贷：主营业务收入　　120 000
　　　　应交税费——应交增值税（销项税额）　　20 400

【例 4－37】 光华公司采用商业汇票结算方式向华丰公司出售 B 产品 50 件，每件售价 1 200 元（不含税价），价款为 60 000 元，增值税税率为 17%，增值税销项税额为 10 200 元，收到一张为期 3 个月、面额为 70 200 元的商业承兑汇票一张。

这项经济业务的发生，一方面使得公司应收票据款增加 70 200 元（60 000 + 10 200)，应记入“应收票据”账户的借方；另一方面使得公司的主营业务收入增加 60 000 元，应记入“主营业务收入”账户的贷方；增值税销项税额增加 10 200 元，是负债的增加，应记入“应交税费——应交增值税（销项税额）”账户的贷方。该项经济业务应编制的会计分录如下：

借：应收票据　　70 200
　　贷：主营业务收入　　60 000
　　　　应交税费——应交增值税（销项税额）　　10 200

【例 4－38】 光华公司收到环宇公司前欠的购货款 140 400 元。

这项经济业务的发生，一方面使得公司的银行存款增加 140 400 元，应记入“银行存款”账户的借方；另一方面使得公司的应收款减少 140 400 元，应记入“应收账款”账户的贷方。该项经济业务应编制的会计分录如下：

借：银行存款　　140 400

贷：应收账款——环宇公司 140 400

【例4－39】光华公司收到先达公司预付的购买A产品的货款526 500元，存入银行。

这项经济业务的发生，一方面使得公司的银行存款增加，应记入“银行存款”账户的借方；另一方面使得公司对购货方的负债增加，作为预收账款记入“预收账款”账户的贷方。该项经济业务应编制的会计分录如下：

借：银行存款 526 500

贷：预收账款 526 500

【例4－40】按合同规定向已付货款的先达公司发出A产品100件，每件售价4 500元，价款共计450 000元，增值税销项税额为76 500元，冲销原预收账款。

这项经济业务的发生，一方面使得公司的预收款减少526 500元，预收款的减少是负债的减少，应记入“预收账款”账户的借方；另一方面使得公司的主营业务收入增加450 000元，应记入“主营业务收入”账户的贷方；增值税销项税额增加76 500元，应记入“应交税费——应交增值税”账户的贷方。该项经济业务应编制的会计分录如下：

借：预收账款 526 500

贷：主营业务收入 450 000

应交税费——应交增值税（销项税额） 76 500

【例4－41】光华公司用银行存款支付广告宣传费12 000元。

这项经济业务的发生，一方面使公司的销售费用增加12 000元，应记入“销售费用”账户的借方；另一方面使公司的银行存款减少12 000元，应记入“银行存款”账户的贷方。该项经济业务应编制的会计分录如下：

借：销售费用 12 000

贷：银行存款 12 000

【例4－42】光华公司用银行存款支付销售产品运输费3 000元。

这项经济业务的发生，一方面使公司的销售费用增加3 000元，应记入“销售费用”账户的借方；另一方面使公司的银行存款减少3 000元，应记入“银行存款”账户的贷方。该项经济业务应编制的会计分录如下：

借：销售费用 3 000

贷：银行存款 3 000

【例4－43】按税法规定，光华公司计算出本月负担的城市维护建设税9 650.90元和教育费附4 136.10元。

这项经济业务的发生，一方面使得公司的税费增加13 787元，应记入“营业税金及附加”账户的借方；另一方面因税费尚未缴纳，又使得公司应交的城市维护建设税和教育费附加分别增加 9 650. 90 元和 4 136. 10 元，应分别记入“应交税费——应交城市维护建设税”、“应交税费——教育费附加”账户的贷方。该项经济业务应编制的会计分录如下：

借：营业税金及附加　　13 787

　贷：应交税费——应交城市维护建设税　　9 650. 90

　　　　　　——教育费附加　　4 136. 10

【例 4 -44】 月末结转已售产品的实际生产成本，其中 A 产品的单位成本为 1 877. 1元，B 产品的单位成本为 1 302. 4667 元。

实际工作中，产品销售成本的确定取决于发出存货的实际单位成本，计算发出存货成本的方法很多，按现行会计制度规定，可以采用先进先出法、加权平均法及个别计价法等方法来确定发出存货的实际成本，具体内容将在专业会计中详细论述，本例使用的单位成本是当月生产产品的实际生产成本（A 产品当月完工产品的实际单位生产成本 1 877. 1 元，B 产品由于本月无完工产品，因此按上月完工产品实际单位成本计算，假定为 1 302. 4667 元）。

这项经济业务的发生，一方面使公司的库存产成品减少，应记入“库存商品”账户的贷方；另一方面也使公司的销售成本增加，应记入“主营业务成本”账户的借方。该项经济业务应编制的会计分录如下：

A 产品的销售总成本 =（200 +100）×1 877. 1 =563 130（元）

B 产品的销售总成本 =（100 +50）×1 302. 4667 =195 370（元）

借：主营业务成本　　758 500

　贷：库存商品——A 产品　　563 130

　　　　　　——B 产品　　195 370

产品销售过程总分类核算如图 4 -4 所示。

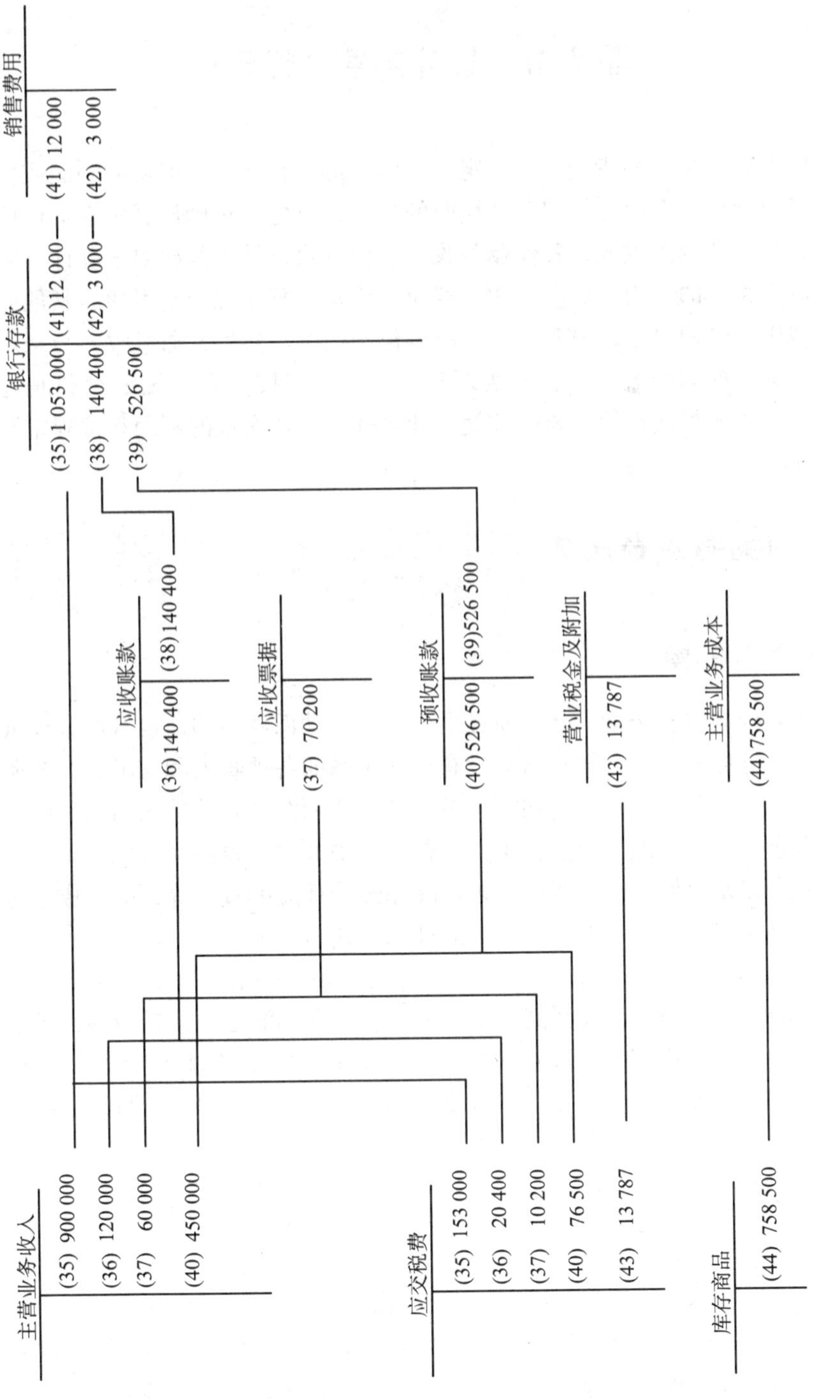

图4-4 产品销售过程核算

第六节 财务成果的核算

企业的财务成果，是指企业在一定时期内全部经营活动所取得的利润或发生的亏损。为了正确计算企业在一定会计期间的盈亏，首先要正确计算一定会计期间的收入收益，如主营业务收入、其他业务收入、投资收益等。其次要正确计算同一会计期间与收入相关的费用、成本，如主营业务成本、营业税金及附加、其他业务成本、销售费用、管理费用、财务费用、所得税费用等。然后，通过收入与费用的配比来确定该会计期间的盈亏。企业实现利润后，还应按照有关规定对利润进行分配。因此，财务成果核算的主要任务就是计算确定企业实现的利润和按规定对利润进行的分配。

一、利润形成的核算

（一）利润的构成

利润就其构成内容来看，既有通过生产经营活动而获得的，也有通过投资活动而获得的，还有那些与生产经营活动没有直接关系的各项收入和支出等。按照我国会计准则的规定，制造业企业的利润一般包括营业利润和直接计入当期利润的利得和损失等内容。也就是说，企业在生产经营过程中通过销售活动实现收入，扣除当初的投入成本以及其他一系列费用，再加减非经营性质的收支等，就形成了企业的利润或亏损总额。有关各层次利润指标的计算公式表达如下：

利润（或亏损）总额 = 营业利润 + 直接计入当期利润的利得 − 直接计入当期利润的损失

上式中的营业利润是企业利润的主要来源，营业利润这一指标能够比较恰当地反映企业管理者的经营业绩。营业利润等于营业收入（包括主营业务收入和其他业务收入）减去营业成本（包括主营业务成本和其他业务成本）、期间费用、资产减值损失，再加上投资收益等，用公式表示：

$$\text{营业利润}=\text{营业收入}-\text{营业成本}-\text{营业税金及附加}-\text{销售费用}-\text{管理费用}-\text{财务费用}-\text{资产减值损失}+\text{公允价值变动收益}+\text{投资收益}$$

直接计入当期利润的利得，是指与企业正常的生产经营活动没有直接关系的各项收益，包括非流动资产处置利得、非货币性资产交换利得、债务重组利得、政府补助、盘盈利得和捐赠利得等。直接计入当期利润的利得是企业的一种纯收入，不需要也不可能与有关费用进行配比，事实上，企业为此并没有付出代价，因此在会计核算中应严格区分营业收入与外来营业收入的界限。发生直接计入当期利润的所得时，应按其实际发生数进行核算，并直接增加企业的利润总额。

直接计入当期利润的损失，是指与企业正常生产经营活动没有直接关系的各种损失，包括非流动资产处置损失、非货币性资产交换损失、债务重组损失、公益性捐赠支出、非常损失、盘亏损失等。利得与损失应当分别核算，不能以利得直接冲减损失。在实际发生损失时，直接冲减企业当期的利润总额。

企业实现了利润总额之后，首先应向国家缴纳所得税费用，扣除所得税费用后的利润即为净利润，净利润的计算公式为：

净利润 = 利润总额 − 所得税费用

利润总额公式中的营业利润的内容，在销售过程核算中已经作了部分介绍，接下来要对营业利润构成项目中其他业务收支和构成利润总额的利得和损失、所得税费用的核算内容进行阐述，以便说明企业在一定时期内净利润的形成过程。

（二）利润形成核算需要设置的主要账户

1. “其他业务收入”账户

该账户是损益类（收入、收益）账户，用来核算企业确认的除主营业务活动以外由其他经营活动实现的收入，如销售材料、代购代销商品，固定资产、无形资产、包装物、商品等实现的出租收入和提供劳务等收入。本账户的贷方登记本期各项其他业务收入的发生数；借方登记期末转入“本年利润”账户的数额；期末结转后该账户应无余额。本账户应按其他业务收入的种类如材料销售、出租、提供劳务等设置明细分类账户，进行明细分类核算。

2. “其他业务成本”账户

该账户是损益类（费用、支出）账户，用来核算企业确认除主营业务活动以外的其他经营活动所发生的成本，包括销售材料成本、提供劳务成本、出租固定资产的折旧额，出租无形资产的摊销额、出租包装物的成本或摊销额以及相关税费及附加等。本账户的借方登记本期各项其他业务成本的发生数；贷方登记期末转入“本年利润”账户的数额；期末结转后该账户应无余额。本账户应按其他业务成本的种类如材料销售、出租、提供劳务等设置明细分类账户，进行明细分类核算。

3. “营业外收入”账户

本账户是损益类（收入、收益）账户，用来核算企业发生的各项营业外收入，主要包括非流动资产处置利得、非货币性资产交换利得、债务重组利得、政府补助、盘盈利得、捐赠利得等。本账户的贷方登记企业发生的各项营业外收入；借方收入登记期末转入“本年利润”账户的数额；结转后本账户无余额。本账户按营业外项目设置明细分类账户，进行明细分类核算。

4. “营业外支出”账户

本账户是损益类（费用、支出）账户，用来核算企业发生的各项营业外支出，包括非流动资产处置损失、非货币性资产交换损失、债务重组损失、公益性捐赠支出、非常损失、盘亏损失等。本账户的借方登记企业发生的各项营业外支出；贷方登记期末转入“本年利润”账户数；期末结转后该账户应无余额。本账户可按营业外支出项目设置明细分类账户，进行明细分类核算。

5. “所得税费用”账户

本账户是损益类（费用、支出）账户，用来核算企业按规定计入当期损益的所得税费用。借方登记按照应纳税所得额计算出的计入当期损益的所得税费用，贷方登记期末转入“本年利润”账户的所得税费用，结转后该账户应无余额。

6. “本年利润”账户

本账户是所有者权益类账户。用来核算企业利润的实现或亏损发生情况的账户。该账户贷方登记从收入收益类账户转入的本期发生的各项收入，包括主营业务收入、其他业务收入、投资收益（净收益）和营业外收入等；借方登记从费用支出账户转入的本期发生的各种费用支出，包括主营业务成本、营业税金及附加、销售费用、管理费用、财务费用、其他业务成本、营业外支出和所得税费用。期末，将本期的收入收益和费用支出相抵后，若为贷方余额表示当期实现的利润，若为借方余额表示当期发生的亏损。平时，该账户的余额保留在本账户，表示截止到本期当年度累计实现的利润或发生的亏损，年末，再将该账户的余额转入“利润分配——未分配利润”账户，年终结转后该账户应无余额。

（三）利润形成业务的账务处理

1. 其他业务收支的核算

【例 4－45】光华公司出售材料一批，价值 5 000 元，应交增值税税率 17%，计 850 元。货款已收到并存入银行。

这项经济业务的发生，一方面使得公司的银行存款增加 5 850 元（5 000 + 850），应记入“银行存款”账户的借方；另一方面使得公司的其他业务收入增加 5 000 元，应记入“其他业务收入”账户的贷方；增值税销项税额增加 850 元，是负债的增加，应记入“应交税费——应交增值税（销项税额）”账户的贷方。该项经济业务应编制的会计分录如下：

借：银行存款　　5 850

　　贷：其他业务收入　　5 000

　　　　应交税费——应交增值税（销项税额）　　850

【例 4－46】月末结转出售材料的实际成本 3 500 元。

这项经济业务的发生，一方面使得公司的其他业务成本增加3 500元，应记入“其他业务成本”账户的借方；另一方面使得公司的库存材料减少3 500元，应记入“原材料”账户的贷方。该项经济业务应编制的会计分录如下：

借：其他业务成本　　3 500

　　贷：原材料　　3 500

2. 直接计入当期损益的利得和损失的核算

【例4-47】 光华公司收到某单位的违约罚款收入30 000元，存入银行。

这项经济业务的发生，一方面使得公司的银行存款增加30 000元，应记入“银行存款”账户的借方；另一方面使得公司的罚款收入增加30 000元，罚款收入属于直接计入当期利润的利得，应记入“营业外收入”账户的贷方。该项经济业务应编制的会计分录如下：

借：银行存款　　30 000

　　贷：营业外收入　　30 000

【例4-48】 光华公司用银行存款25 000元支付一项公益性捐赠。

这项经济业务的发生，一方面使得公司的银行存款减少25 000元，应记入“银行存款”账户的贷方；另一方面使得公司的公益性捐赠支出增加25 000元，企业的公益性捐赠属于直接计入当期利润的损失，应记入“营业外支出”账户的借方。该项经济业务应编制的会计分录如下：

借：营业外支出　　25 000

　　贷：银行存款　　25 000

3. 利润总额形成的核算

会计期末，企业在未结转各种损益类账户之前，本期实现的各项收入以及与之相配比的成本费用是分散反映在不同的损益类账户上的，为了遵循配比的要求，使本期的收支相抵，以便确定本期经营成果，期末需要编制转账的会计分录，结清各损益类账户。

（1）结转各项收入。

【例4-49】 光华公司在会计期末将本期实现的各项收入转入“本年利润”账户。其中：主营业务收入1 530 000元、其他业务收入5 000元、营业外收入30 000元。

这项经济业务的发生，一方面使得公司的有关损益类账户所记录的各种收入减少了，各项收入的结转是收入的减少，应分别记入“主营业务收入”、“其他业务收入”和“营业外收入”账户的借方；另一方面使得公司的利润额增加了，应记入“本年利润”账户的贷方。该项经济业务应编制的会计分录如下：

借：主营业务收入　　1 530 000

　　其他业务收入　　5 000

营业外收入　　30 000

贷：本年利润　　1 565 000

（2）结转各项支出。

【例 4 - 50】光华公司在会计期末，将本期发生的各项费用支出转入“本年利润”账户。其中：主营业务成本 758 500 元、营业税金及附加 13 787 元、其他业务成本 3 500 元、管理费用 265 000 元、财务费用 3 000 元、销售费用 85 000 元、营业外支出 25 000 元。

这项经济业务的发生，一方面需要将记录在有关损益类账户中的各项费用予以转销，各项支出的结转是费用支出的减少，应分别记入“主营业务成本”、“营业税金及附加”、“其他业务成本”、“管理费用”、“财务费用”、“销售费用”、“营业外支出”账户的贷方；另一方面结转费用会使得公司的利润减少，应记入“本年利润”账户的借方。该项经济业务应编制的会计分录如下：

借：本年利润　　1 153 787

　贷：主营业务成本　　758 500

　　营业税金及附加　　13 787

　　其他业务成本　　3 500

　　管理费用　　265 000

　　财务费用　　3 000

　　销售费用　　85 000

　　营业外支出　　25 000

通过上项结转，本月的各项收入和费用（不包括所得税）都汇集于“本年利润”账户，将收入与费用相抵，就可以根据“本年利润”账户的借、贷方的记录确定利润总额。光华公司本期实现的利润总额为 411 213 元（1 565 000 - 1 153 787）。根据利润总额就可以计算应交所得税费用。

4. 所得税费用的核算

所得税费用是企业按照国家税法的有关规定，对企业某一经营年度实现的经营所得和其他所得，按照规定的所得税税率计算缴纳的一种税款。所得税费用是企业使用政府所提供的各种服务而向政府应尽的义务。对于一个经营实体而言，向国家缴纳所得税，意味着其资源的流出、经济利益的减少，而且税收又具有强制性和无偿性，所以，应将所得税作为经营实体的一种费用看待，这不仅符合费用要素的定义，也符合配比的要求。

企业所得税通常是按年计算，分期预交，年终决算，多退少补。按年计算的基本公式为：

$$企业应纳所得税 = 应纳税所得额 \times 适用税率$$

应纳税所得额 = 利润总额 ± 纳税调整项目

分期预交所得税的计算公式为：

当期累计应纳所得税额 = 当期累计应纳税所得额 × 适用税率

当期应纳所得税额 = 当期累计应纳税所得额 − 上期累计已纳所得税额

这一问题将在专业会计中有详细论述，在此为了简化起见，所得税的计算是用当期实现的利润总额（不考虑纳税调整项目）乘以所得税率计算求得，即：

应交所得税 = 利润总额 × 所得税率

【例 4－51】 光华公司按当期实现的利润总额（411 213 元）的 25% 计算应交所得税。

应交所得税额 = 411 213 × 25% = 102 803.25（元）

由于所得税费用计算出来之后，一般在当期并不立即缴纳，所以在形成所得税费用的同时也产生了企业的一项负债。这项经济业务的发生，一方面使得公司的所得税费用支出增加 102 803.25 元，应记入"所得税费用"账户的借方；另一方面使得公司的应交税费增加 102 803.25 元，应记入"应交税费——应交所得税"账户的贷方。该项经济业务应编制的会计分录如下：

借：所得税费用　　　　102 803.25

　　贷：应交税费——应交所得税　　　　102 803.25

【例 4－52】 光华公司结转本期所得税费用 102 803.25 元。

所得税费用作为损益类中费用支出项目，在会计期末也应结转到"本年利润"账户。这项经济业务的发生，一方面需要将所得税费用予以转销，所得税费用的结转是费用支出的减少，应记入"所得税费用"账户的贷方；另一方面结转所得税费用会使得公司的利润减少，应记入"本年利润"账户的借方。该项经济业务应编制的会计分录如下：

借：本年利润　　　　102 803.25

　　贷：所得税费用　　　　102 803.25

结转本期的所得税后，该公司"本年利润"账户的贷方余额 308 409.75 元（利润总额 411 213 元 − 所得税费用 102 803.25 元），即为公司本期实现的净利润。

二、利润分配的核算

在利润形成核算中，我们计算了利润总额并依此算出应交所得税，用利润总额扣除所得税后就是企业实现的净利润。企业实现净利润后，还应当按照国家的有关规定对实现的净利润进行分配，其中最主要的内容是提取盈余公积金和向投资者分配利润，本教材仅就这两项内容进行阐述。

（一）利润分配核算需要设置的账户

1. “利润分配”账户

本账户是所有者权益类账户，是“本年利润”账户的抵减账户，用来核算利润的分配和亏损弥补情况的账户以及历年利润分配或亏损弥补后的余额。该账户的借方登记利润的分配数及年末转入当年发生的亏损数，贷方登记弥补亏损数及年末转入当年实现的净利润，期末贷方余额表示未分配的利润，借方余额表示未弥补的亏损。本账户一般设置以下几个明细账户：“提取法定盈余公积”、“提取任意盈余公积”、“应付现金股利或利润”、“盈余公积补亏”和“未分配利润”等。年末，应将“利润分配”账户的其他有关明细账户的余额转入“利润分配——未分配利润”明细账户，结转后，除“未分配利润”明细账户外，其他明细账户均无余额。

2. “盈余公积”账户

本账户是所有者权益类账户，用来核算企业从利润中提取的盈余公积金包括法定盈余公积金和任意盈余公积金及其使用情况的账户。该账户的贷方登记提取的盈余公积金，借方登记用于弥补亏损和转增资本的数额，期末贷方余额表示提取的盈余公积金的结余数。本账户要按提取盈余公积金的不同用途设置明细分类账户（法定盈余公积、任意盈余公积、外商投资企业还应按规定提取储备基金、企业发展基金、职工奖励及福利基金以及利润归还投资等），进行明细分类核算。

3. “应付股利”账户

本账户是负债类账户，用来核算企业经董事会、股东大会或类似机构审议确定分配支付的现金股利或利润。本账户的贷方登记应付给投资者的股利和利润数；借方登记实际支付的股利和利润数；期末贷方余额为企业应付未付的股利和利润数。本账户可按投资者设置明细分类账户，进行明细分类核算。

（二）利润分配核算业务的账务处理

【例 4 – 53】 光华公司经股东大会批准，按净利润的 10% 提取法定盈余公积金。

法定盈余公积金的提取数 = 净利润 × 10% = 308 409. 75 × 10% = 30 840. 98（元）

盈余公积是从净利润中提取的，是利润分配的一个去向。因此，这项经济业务一方面使得利润分配增加，应记入“利润分配”账户的借方；另一方面使得提取的盈余公积增加，应记入“盈余公积”账户的贷方。该项经济业务应编制的会计分录如下：

借：利润分配——提取法定盈余公积　　30 840.98

　　贷：盈余公积——法定盈余公积　　30 840.98

【例4-54】 经股东大会批准，光华公司以税后利润向投资者分配100 000元。

向投资者分配利润，属于利润分配的一个去向，因此，这项经济业务的发生，一方面使得利润分配增加，应记入“利润分配”账户的借方；另一方面也使得公司应付投资者利润这一债务的增加，应记入“应付股利”账户的贷方。该项经济业务应编制的会计分录如下：

借：利润分配——应付现金股利或利润　　100 000

　　贷：应付股利　　100 000

【例4-55】 年末，结转当年实现的净利润308 409.75元。

这项经济业务的发生，是将公司全年实现的净利润308 409.75元从“本年利润”账户借方转入“利润分配——未分配利润”账户的贷方。该项经济业务应编制的会计分录如下：

借：本年利润　　308 409.75

　　贷：利润分配——未分配利润　　308 409.75

【例4-56】 年末，结转本期已分配的利润额。

结转本期已分配的利润额是将“利润分配”的其他有关明细账户的利润分配额，转入“利润分配——未分配利润”账户。该项经济业务应编制的会计分录如下：

借：利润分配——未分配利润　　130 840.98

　　贷：利润分配——提取法定盈余公积　　30 840.98

　　　　　　　　——应付现金股利或利润　　100 000

财务成果业务总分类核算如图4-5所示。

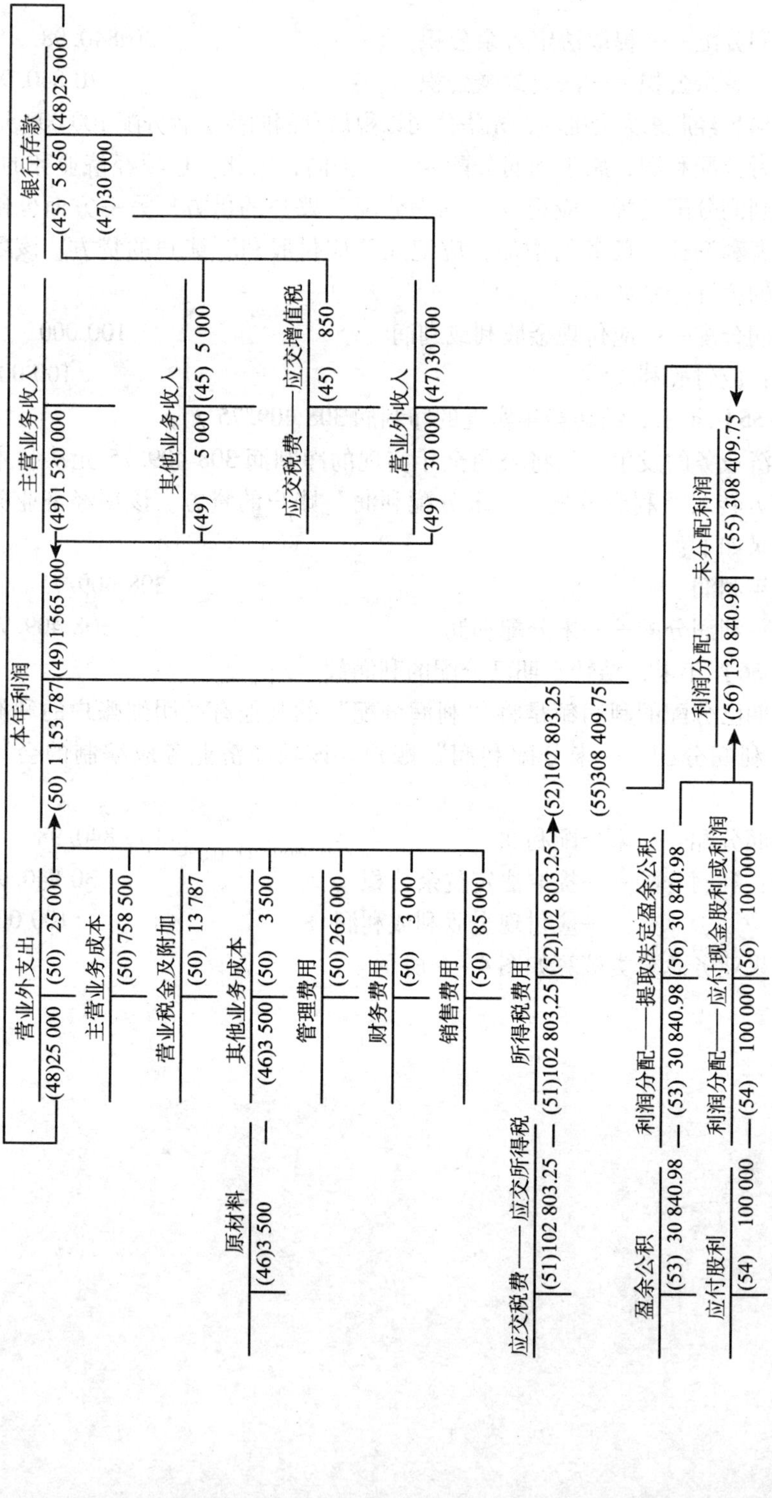
银行存款
(45) 5 850
(47)30 000
(48)25 000
主营业务收入
(49)1 530 000
其他业务收入
(49) 5 000
(45) 5 000
应交税费——应交增值税
(45) 850
营业外收入
(49) 30 000
(47)30 000
本年利润
(50) 1 153 787
(52)102 803.25
(55)308 409.75
(49)1 565 000
营业外支出
(48)25 000
(50) 25 000
主营业务成本
(50) 758 500
营业税金及附加
(50) 13 787
其他业务成本
(46)3 500
(50) 3 500
管理费用
(50) 265 000
财务费用
(50) 3 000
销售费用
(50) 85 000
所得税费用
(51)102 803.25
(52)102 803.25
原材料
(46)3 500
应交税费——应交所得税
(51)102 803.25
盈余公积
(53) 30 840.98
利润分配——提取法定盈余公积
(53) 30 840.98
(56) 30 840.98
应付股利
(54) 100 000
利润分配——应付现金股利或利润
(54) 100 000
(56) 100 000
利润分配——未分配利润
(56) 130 840.98
(55) 308 409.75

图4-5 财务成果核算

本章小结

本章是以制造业企业的资金循环为主线，在账户及复式记账理论的基础之上，通过企业供、产、销过程中的资金流动，阐述了账户和借贷记账法在资金筹集业务、采购供应业务、产品生产业务、产品销售业务、财务成果业务中的运用。

企业要进行生产经营，首先要取得资金，资金的来源不外乎投入与借入两类。投资者投入的资金，应通过“实收资本”账户核算；从债权人处取得的资金，应通过“短期借款”或“长期借款”账户核算；至于利息的计算与核算又要视借款种类的不同而异。

在采购供应过程中，采购材料物资是价、税分离的，采购材料物资的买价和采购费用构成材料物资的采购成本，应通过“原材料”或“在途物资”账户进行核算，而增值税则应通过“应交税费——应交增值税”账户进行核算。材料入库与否以及货款结算形式的不同会导致会计核算也有所不同。而购置固定资产应区分是否需要安装，进行有关的会计处理。

在产品生产过程中，主要内容是产品的制造成本和期间费用的形成。产品的制造成本也叫做产品的生产成本，简称产品成本，是指产品生产过程中发生的各项费用，包括直接材料费、直接人工费和制造费用，对于直接材料费、直接人工费可直接记入“生产成本”账户，对于不能直接记入“生产成本”账户的间接费用，先通过“制造费用”账户进行归集，然后再采用一定的方法分配记入“生产成本”账户。期末生产完工的产品，应从“生产成本”账户转到“库存商品”账户；“生产成本”账户的借方余额表示在产品成本。期间费用是不计入产品制造成本、直接形成当期损益的费用。这些费用因容易划清其归属的会计期间，与产品生产的多少无直接关系，因而不能计入产品成本，应直接计入当期损益，因此称其为期间费用，期间费用包括管理费用、财务费用和销售费用。对于它们的核算应分别设置“管理费用”、“财务费用”和“销售费用”账户。

在产品销售过程中，主要核算内容是主营业务收入和与之配比的营业成本及营业税金。主营业务收入的确认要视结算方式（现销、赊销和预收货款）的不同，会计处理也有所不同，核算时注意区分。

在财务成果业务中，主要核算内容是利润形成和利润分配。利润就是由营业利润和直接计入当期利润的利得和损失构成。营业利润等于营业收入（包括主营业务收入和其他业务收入）减去营业成本（包括主营业务成本和其他业务成本）、期间费用、资产减值损失，再加上投资收益等。直接计入当期利润的利得，是指与企业正常的生产经营活动没有直接关系的各项收益。直接计入当期利润的损失，是指与企业正常生产经营活动没有直接关系的各种损失，直接冲减企业当期的利润总额。企业实现了利润总额之后，首先应向国家缴纳所得税费用，扣除所得税费用后的利润即为净利润。

利润分配是在净利润的基础上按规定提取盈余公积和向投资者分配利润等。年末，将“本年利润”账户和“利润分配”其他有关明细账户的余额均结转至“利润分配——未分配利润”账户，该账户贷方余额表示尚未分配的利润，借方余额表示尚未弥补的亏损。

思考题

1. 工业企业主要有哪些经济业务？其资金是如何运动变化的？
2. 企业有哪几种资金来源渠道？应设置哪些账户？怎样进行核算？
3. 工业企业在生产准备阶段主要有哪些业务？对固定资产核算需设置哪些账户？
4. 材料采购成本包括哪些内容？应设置哪些账户对其核算？
5. 产品生产过程包括哪些主要业务？应设置哪些账户对其核算？
6. 产品成本项目包括哪些内容？
7. 产品销售过程有哪些主要经济业务？应设置哪些账户对其核算？
8. 企业的财务成果包括哪些内容？净利润如何计算？
9. 利润形成和利润分配包括哪些内容？应设置哪些账户对其核算？

练习题

一、单项选择题

1. 企业购入材料发生的采购费用，应记入（　　）账户。

A. “制造费用”　B. “管理费用”　C. “生产成本”　D. “原材料”

2. 下列费用中，直接计入当期损益的有（　　）。

A. 生产工人薪酬　B. 生产车间的机器设备的折旧费

C. 广告费　D. 生产车间的材料耗费

3. 车间管理人员的工资和厂部管理人员的工资，应分别借记（　　）账户。

A. “制造费用”和“管理费用”　B. “管理费用”和“销售费用”

C. “生产成本”和“管理费用”　D. “制造成本”和“财务费用”

4. 企业短期借款的利息，应记入（　　）账户。

A. “管理费用”　B. “财务费用”

C. “其他业务成本”　D. “销售费用”

5. 下列属于其他业务收入的是（　　）。

A. 利息收入　B. 出售材料收入

C. 投资收益　D. 清理固定资产净收益

6. 车间管理人员发生的工资等薪酬，应记入（　　）。

A. “管理费用”账户的借方　　B. “应付职工薪酬”账户的借方

C. “生产成本”账户的借方　　D. “制造费用”账户的借方

7. 下列各项中，一般纳税人企业不能计入材料采购成本的是（　　）。

A. 材料采购途中的运杂费　　B. 采购材料时所支付的增值税

C. 运输途中的合理损耗　　D. 入库前的挑选费用

8. 企业按规定于本月末计算出应交的教育费附加，应借记“营业税金及附加”账户，贷记（　　）账户。

A. “应交税费”　　B. “预付账款”　　C. “其他应付款”　　D. “应付账款”

9. 常与“主营业务成本”的借方相对应的账户是（　　）。

A. 材料采购　　B. 库存商品　　C. 原材料　　D. 应交税费

10. 下列属于间接费用的有（　　）。

A. 车间固定资产的折旧　　B. 生产产品耗用材料

C. 生产工人的工资　　D. 公司管理人员的工资

11. 下列项目中属于营业外收入的有（　　）。

A. 销售产品的收入　　B. 出售废料收入

C. 固定资产处置收入　　D. 固定资产出租收入

12. 预提短期借款利息时，应贷记的账户是（　　）。

A. 短期借款　　B. 财务费用　　C. 应付利息　　D. 银行存款

13. 年末结转后，“利润分配”账户的贷方余额表示（　　）。

A. 利润实现额　　B. 利润分配额　　C. 未分配利润　　D. 未弥补亏损

二、多项选择题

1. 生产成本账户的借方应登记（　　）。

A. 管理费用　　B. 直接人工费用

C. 分配计入的制造费用　　D. 直接材料费用

E. 销售产品的广告费

2. 计提固定资产折旧时，与累计折旧账户对应的借方账户可能有（　　）。

A. 生产成本　　B. 制造费用　　C. 管理费用

D. 其他业务成本　　E. 销售费用

3. 期间费用包括（　　）。

A. 财务费用　　B. 管理费用　　C. 销售费用

D. 生产费用　　E. 制造费用

4. 企业实现的净利润，要按规定进行分配的有（　　）。

A. 以利润的形式分配给投资者　　B. 以所得税的形式上交给国家

C. 提取法定盈余公积金　　D. 提取任意盈余公积

E. 上交增值税

5. 接受投资者投资会引起（　　）。

A. 负债的增加　B. 收入的增加　C. 成本的增加
D. 资产的增加　E. 所有者权益的增加

6. 下列属于直接费用的有（　）。
A. 车间固定资产的折旧　B. 生产产品耗用材料
C. 生产产品工人工资　D. 管理人员的福利费
E. 车间管理人员工资

7. 应记入“制造费用”账户的有（　）。
A. 车间管理人员的工资　B. 车间固定资产的折旧费
C. 生产产品领用的材料费用　D. 生产工人的工资
E. 车间水电费

8. 下列属于管理费用的项目有（　）。
A. 行政管理部门职工薪酬　B. 车间固定资产的折旧费
C. 企业厂部发生的保险费　D. 业务招待费
E. 行政管理部门的物料消耗

9. 企业的销售费用项目有（　）。
A. 广告费　B. 展览费　C. 销售商品的运费
D. 设立的销售机构费用　E. 销售部门固定资产的折旧费

10. 产品成本项目包括的内容有（　）。
A. 直接材料　B. 直接人工　C. 销售费用
D. 管理费用　E. 制造费用

三、判断题

1. 期末，结转完工入库产品的生产成本以后，生产成本账户应无余额。（　）
2. 盈余公积是从销售收入中提取的公积金。（　）
3. 制造费用属于损益类账户，故期末必定没有余额。（　）
4. 企业支付的广告费，计入本期的管理费用。（　）
5. 企业本月发生的生产费用应全部计入本月的完工产品成本。（　）
6. 产品制造成本是当期直接费用、间接费用和期间费用的总和。（　）
7. “生产成本”账户的期末借方余额，表示期末在产品成本。（　）
8. 企业期末结转库存商品到已销产品的成本时，应借记“库存商品”账户。（　）
9. 企业出售商品、材料及出租包装物等获取的收入均记入“主营业务收入”账户。（　）

四、业务题

习题一

目的：练习资金筹集业务核算

资料：某制造业企业某月份发生以下经济业务：

1. 接受甲公司投资150 000元，存入银行。
2. 接受乙公司投资固定资产1台，价值50 000元。

3. 向银行借入为期6个月的借款30 000元，存入银行存款户。

4. 预提本月短期借款利息400元。

5. 用银行存款支付本季度短期借款利息900元，其中前2个月已预提利息600元。

6. 上季度短期借款已到期，用银行存款归还银行短期借款本金20 000元。

要求：根据以上资料编制会计分录。

习题二

目的：练习采购供应过程业务的核算

资料：某制造业企业某月份发生以下经济业务：

1. 向新华公司购进甲材料500千克，单价300元/千克，增值税税率17%，材料已验收入库，货款已通过银行付讫。

2. 向下列单位购进甲材料一批，货款未付：

光明公司100千克　单价300元/千克　增值税税率17%　计35 100元

华明公司200千克　单价300元/千克　增值税税率17%　计70 200元

3. 以银行存款1 000元支付购买上述甲材料的运费，并将甲材料验收入库。

4. 向东风公司购进乙材料400千克，单价100元/千克，增值税税率17%，材料已验收入库，货款已通过银行付讫。

5. 购进下列材料一批，开出一张为期3个月的商业汇票。

丙材料1 000千克　单价20元/千克　增值税税率17%　计23 400元

丁材料100千克　单价50元/千克　增值税税率17%　计5 850元

6. 以现金支付购买丙材料和丁材料的运杂费900元，按材料的买价比例计算丙、丁材料各自应负担的运杂费，并将上述材料验收入库。

7. 已向光明公司预付货款的甲材料到达企业并验收入库，材料价款60 000元，增值税税率17%，光明公司代垫运费1 000元。冲销已经预付货款30 000元，不足部分以银行存款支付。

8. 以银行存款偿还前欠光明公司和华明公司的购料款。

9. 用银行存款购置一辆运输用汽车，价款共计600 000元。

10. 企业购入一台需要安装的设备，取得的增值税专用发票上注明的设备买价为100 000元，增值税额为17 000元，支付的运输费为3 000元。

11. 安装上述设备，领用材料物资价值2 000元，支付工资3 500元。

12. 上述设备安装完毕交付使用，总价值为125 500元。

要求：根据以上资料编制会计分录。

习题三

目的：练习产品生产过程业务的核算

资料：某制造业企业某月份发生以下经济业务：

1. 产品生产、车间与管理部门领用的各种材料汇总列表如下：

部　　门	甲材料	乙材料	丙材料	丁材料	合　　计
A 产品耗用	600 000	50 000	100 000		750 000
B 产品耗用	400 000	20 000	80 000		500 000
车间一般耗用				30 000	30 000
行政部门耗用				15 000	15 000
合　　计	1 000 000	70 000	180 000	45 000	1 295 000

2. 计算出本月应付职工工资共计 400 000 元，其中，A 产品生产工人工资 140 000 元，B 产品生产工人工资 100 000 元，车间生产管理人员工资 80 000 元，公司行政管理人员工资 80 000 元。

3. 按照职工工资总额的 10%、12%、2% 和 10.5% 计提医疗保险费、养老保险费、失业保险费和住房公积金，缴纳给当地社会保险经办机构和住房公积金管理机构。公司预计本年应承担的职工福利费义务金额为职工工资总额的 2%，职工福利的受益对象为上述所有人员。同时公司还按照职工工资总额的 2% 和 1.5% 分别计提工会经费和职工教育经费。

4. 职工王平因公出差，预借差旅费，付现金支票 5 000 元。

5. 从银行提取现金 400 000 元，准备发放工资。

6. 用现金 400 000 元发放工资。

7. 职工报销市内交通费 320 元，以现金付讫。

8. 职工王平报销差旅费 5 300 元，差额以现金补付。

9. 开出转账支票 1 400 元，购入办公用品一批，其中，公司管理部门领用1 000 元，生产车间领用 400 元。

10. 计提本月固定资产折旧费共计 25 000 元，其中，车间厂房设备计提的折旧费 17 000 元，厂部固定资产折旧费 8 000 元。

11. 用银行存款支付本月水电费 37 000 元，其中，A 产品应负担 20 000 元，B 产品应负担 12 000 元，车间耗用 3 000 元，行政管理部门耗用 2 000 元（暂不考虑增值税因素）。

12. 将本月份发生的制造费用按生产工时比例进行分配（其中，A 产品 2 000 小时，B 产品 3 000 小时）。

13. 月末，A、B 产品均完工，结转两种产品实际成本。

要求：

1. 设置并登记“生产成本”的总分类账户和明细分类账户，据此计算 A、B 产品的实际生产成本。

2. 设置并登记“制造费用”的总分类账户，据此计算并分配制造费用。

3. 根据以上资料编制会计分录。

习题四

目的：练习产品销售业务核算

资料：某制造业企业某月份发生以下经济业务：

1. 销售 A 产品 1 000 件，单价 20 元，增值税税率 17%，款项已收存银行。

2. 销售B产品800件，单价30元，增值税税率17%，货款尚未收到。

3. 预收宏达公司购买A产品货款40 000元。

4. 用银行存款支付产品广告费12 000元。

5. 销售A产品4 000件，单价20元；B产品1 800件，单价30元，增值税税率17%，收到购货方签发为期6个月的商业汇票一张。

6. 向宏达公司发出A产品3 000件，单价20元，核销以前预收的货款40 000元，其差额已补付银行存款。

7. 用现金支付销售过程中由本单位负担的运杂费200元。

8. 用银行存款支付销售机构办公经费2 200元。

9. 计算出本月销售产品应交城市维护建设税2 800元。

10. 计算并结转本月已销A、B产品的生产成本，A产品单位实际成本为10元；B产品单位实际成本为15元。

要求：根据以上资料编制会计分录。

习题五

目的：练习利润形成和利润分配的核算

资料：某制造业企业某月份发生以下经济业务：

1. 销售甲材料1 000千克，单位售价20元，增值税税率17%，货款尚未收到。

2. 结转出售材料的成本，该材料的单位成本为15元。

3. 收到某公司的违约罚款15 000元，收存银行。

4. 支付希望工程捐款10 000元。

5. 结转各项收支。其中：主营业务收入800 000元、其他业务收入20 000元、营业外收入15 000元、主营业务成本250 000元、其他业务成本15 000元、营业外支出10 000元、营业税金及附加3 200元、销售费用18 000元、管理费用15 000元、财务费用2 000元。

6. 按利润总额的25%的计算并结转所得税。(承5题资料)

7. 按税后利润的10%提取法定盈余公积。

8. 董事会决定向投资者分配利润80 000元。

9. 将净利润结转至“利润分配”账户。

10. 将“利润分配”账户的其他明细账户余额转入“利润分配——未分配利润”账户。

要求：根据以上资料编制会计分录。

习题六

目的：综合练习工业企业主要经营过程的核算

资料：某制造业企业某月份发生以下经济业务：

1. 向银行借入期限6个月的借款200 000元，已转入本单位银行存款账户。

2. 收到大华公司投资机械设备一套，协议价3 200 000元。

3. 收到宏远公司投资专利权一项，作价300 000元。

4. 收到外商 M 公司投资货币 1 000 000 元，存入本单位银行存款账户。

5. 向银行借入两年期借款 500 000 元，已转入本单位银行存款账户。

6. 用银行存款偿还银行短期借款 150 000 元。

7. 从胜利公司购入 A 材料 5 000 千克，买价 500 000 元，增值税额 85 000 元，款项用银行存款支付，材料已验收入库。

8. 从大洋公司购入 B 材料 3 000 千克，买价 600 000 元，增值税额 102 000 元，材料已验收入库，企业开出一张面值 702 000 元、3 个月期限的商业承兑汇票。

9. 用银行存款预付上海东风公司购买材料款 1 000 000 元。

10. 从红光公司购入 C 材料 50 000 千克，买价 200 000 元，增值税额 34 000 元，对方代垫运费 3 000 元，款项尚未支付，材料已验收入库。

11. 用银行存款归还红光公司的货款 237 000 元。

12. 从上海东风公司购入 A 材料 10 000 千克，买价 980 000 元，B 材料 2 400 千克，买价 480 000 元，增值税进项税额计 248 200 元，东风公司代垫运费 24 800 元，核销前预付货款，余款用银行存款支付（运费按材料重量比例分配）。

13. 根据领料凭证记录，产品生产、车间与管理部门领用的各种材料汇总列表如下：

部　门	A 材料	B 材料	C 材料	合计
甲产品耗用	200 000	300 000		500 000
乙产品耗用	180 000		100 000	280 000
车间一般耗用	20 000			20 000
行政部门耗用		15 000		15 000
合　计	400 000	315 000	100 000	815 000

14. 通过银行代发本月职工工资 500 000 元，另外支付手续费 230 元。

15. 月末，按用途分配计算本月职工工资，其中生产工人工资 300 000 元，按甲、乙两种产品的生产工时分配，其中甲产品生产工时为 3 000 小时，乙产品生产工时为 2 000 小时；车间管理人员工资 80 000 元，企业行政管理人员工资 120 000 元。

16. 月末，按照职工工资总额的 10%、12%、2% 和 10.5% 计提医疗保险费、养老保险费、失业保险费和住房公积金，缴纳给当地社会保险经办机构和住房公积金管理机构。公司预计本年应承担的职工福利费义务金额为职工工资总额的 2%，职工福利的受益对象为上述所有人员。同时公司还按照职工工资总额的 2% 和 1.5% 分别计提工会经费和职工教育经费。

17. 月末，生产车间提取固定资产折旧费 20 000 元，厂部办公楼计提折旧费 8 000 元。

18. 以银行存款支付水电费 20 000 元，其中生产车间负担 12 000 元，行政管理部门负担 8 000 元。

19. 以银行存款支付行政部门固定资产修理费 1 000 元。

20. 以现金支付业务招待费 900 元。

21. 职工王洪出差回来，报销差旅费 870 元，原借 1 000 元，余款退回。

22. 以银行存款支付短期借款利息 9 000 元（前两月已预提 6 000 元）。

23. 用银行存款支付办公用品费 1 200 元，其中生产车间负担 400 元，行政管理部门负担 800 元。

24. 分配结转制造费用，按工时比例分配，其中甲产品工时 3 000 小时，乙产品工时 2 000 小时。

25. 月末，甲产品 500 件、乙产品 1 000 件全部完工验收入库，结转完工入库甲、乙产品的实际生产成本。

26. 向天华公司销售甲产品 1 000 件，单价 3 500 元，增值税税率 17%，货已发出，收到支票送存银行。

27. 向红星公司销售乙产品 900 件，单价 1 500 元，增值税税率 17%，货已发出并办妥托收手续，款项尚未收到。

28. 向华夏公司销售甲产品 150 件，单价 3 500 元，乙产品 200 件，单价 1 500 元，增值税税率 17%，货已发出，收到该公司签发的为期 3 个月的商业汇票一张。

29. 收到红星公司支付的上述购货款。

30. 结转本月已销产品的销售成本，按当月完工甲、乙两种产品的实际单位成本计算。

31. 用银行存款支付产品广告费 20 000 元。

32. 月末，根据本月应交增值税 495 550 元，计算应交城市维护建设税（税率 7%）和教育费附加（费率 3%）。

33. 出售生产不需用材料，取得收入 5 850 元，存入银行。

34. 结转已售原材料成本 4 000 元。

35. 因供货单位违约，按合同规定，收取罚款 2 500 元，存入银行。

36. 用银行存款向灾区捐款 200 000 元。

37. 结转各项收入收益、费用支出至“本年利润”账户。

38. 按利润总额的 25% 计算并结转所得税。

39. 年末，按当年净利润的 10% 和 5% 提取法定盈余公积和任意盈余公积。

40. 经股东会决议，本期净利润 80% 向投资者分配。

41. 结转当年实现的净利润。

42. 结转“利润分配”各明细账户至“利润分配——未分配利润”账户。

要求：

1. 根据上述经济业务编制会计分录。

2. 开设“丁”字形账户并进行登记。

3. 根据总分类账户编制本期发生额试算平衡表。

第五章 账户的分类

本章学习目的

- ☞ 了解会计账户分类的意义与分类标志
- ☞ 掌握账户按经济内容分类和按用途和结构分类的基本内容
- ☞ 掌握各类账户的特点、用途和结构
- ☞ 熟悉不同类别账户的使用方法

第一节 概 述

一、账户分类的意义

账户是对会计对象的具体内容进行分类核算和监督的一种会计核算方法。账户分类是指为了正确地运用账户，根据一定的标志，把具有共同特征的账户归集在一起，分成若干类别，使为数众多的账户系统化，形成一个完整的账户体系。

对账户进行科学合理的分类具体意义如下：

（1）对账户进行科学合理的分类，有利于从理论上加深对账户的全面认识，了解账户体系的设置和运用在会计核算体系中的地位和作用，有助于正确地运用设置账户这种会计核算的专门方法，能够促进更加完善的会计核算体系的建立。

（2）对账户进行科学合理的分类，有利于正确认识各会计要素的经济内容，进一步了解账户体系中各个账户内容之间的联系与区别，从而研究账户的不同用途和结构，揭示账户在使用中的规律性，不断提高运用账户的技能，有助于做到正确、熟练地使用账户。

（3）对账户进行科学合理的分类，能够揭示全部账户在反映会计对象的具体内容上存在的既分工又协作的关系，能够尽快地适应会计准则随各个时期经济管理不同要求的变动，在统一会计准则许可的范围内，根据企业实际情况增设或合并会计账户。

二、账户分类的标志

依据不同的标志对账户进行分类，便于从不同的角度认识账户。账户分类的标志主要有以下两种：按账户反映和监督的经济内容进行分类和按账户的用途和结构进行分类。

第二节　账户按经济内容的分类

账户的经济内容就是账户所反映和监督的会计对象的具体内容。会计对象即社会再生产过程中的资金运动，其具体内容就是会计要素，即资产、负债、所有者权益、收入、费用和利润。账户之间的本质区别在于其反映的经济内容的不同，因而账户的经济内容是账户分类的基础。账户按经济内容的分类有利于分门别类地提供会计信息，熟练掌握此种分类可以更好地为企业经营管理服务。账户按经济内容具体可以分为资产类、负债类、共同类、所有者权益类、成本类和损益类五大类，每类账户的具体构成如图 5－1 所示。

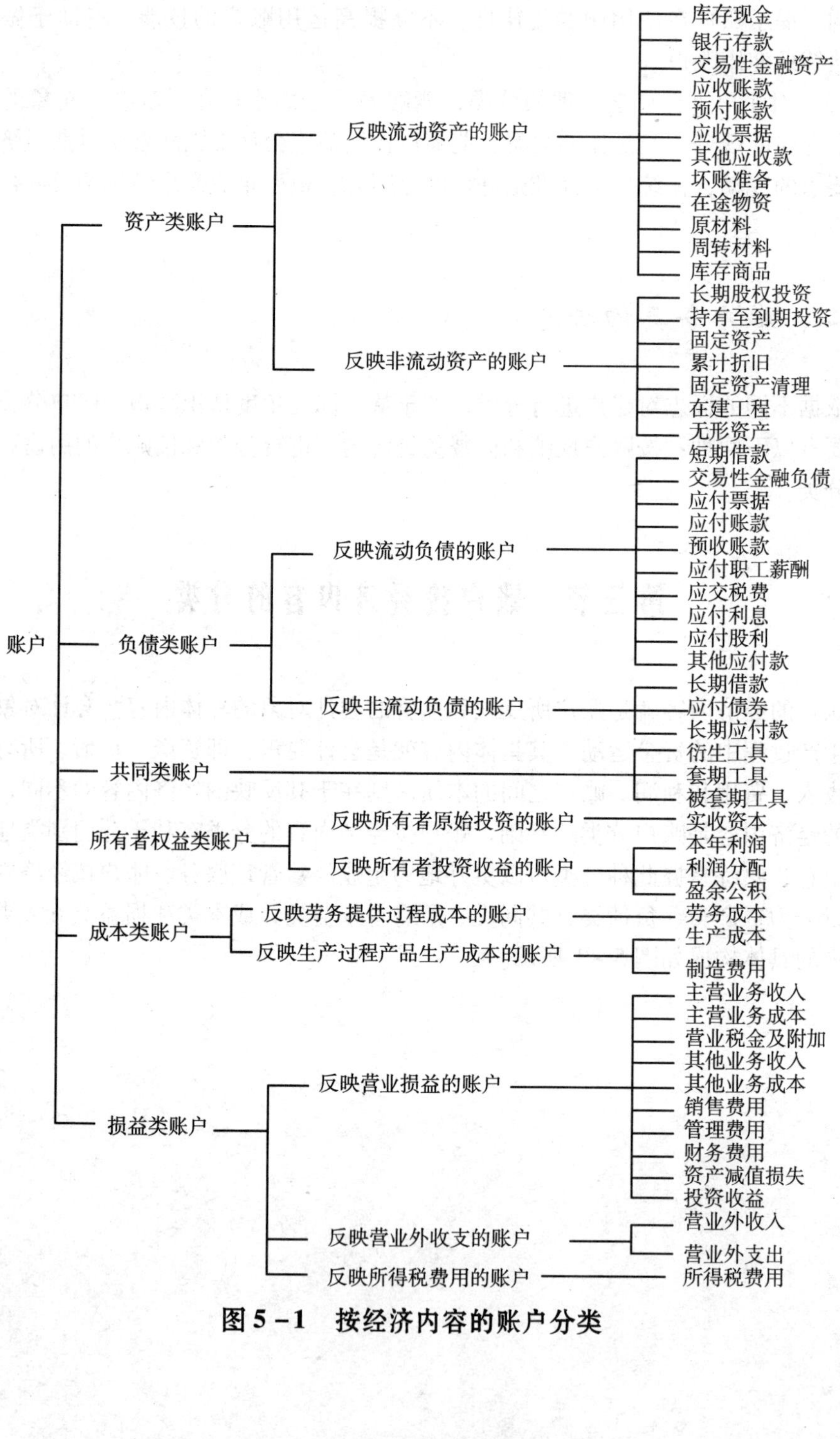

图 5－1　按经济内容的账户分类

第三节　账户按用途和结构分类

账户按经济内容分类，虽然可以帮助我们了解应设置哪些账户来反映和监督会计对象，明确各类账户所反映和监督的会计对象的具体内容，但是，我们还不能详细了解各类账户的作用以及如何利用各类账户提供企业内部经营管理和对外报告所需的各种核算数据。因此有必要将账户在按经济内容分类的基础上，进一步按账户的用途和结构进行分类。

一、账户的用途和结构

（一）账户的用途

账户的用途是指设置和运用账户的目的作用，即通过账户记录能够提供什么核算数据。如“库存现金”账户是用来提供企业库存现金的增减变动情况及其实有数的账户，具体提供企业在某一会计期间库存现金增加了多少，减少了多少，期末还剩余多少，通过这些企业当期的实际数据可以了解其库存现金的总体变化情况。

（二）账户的结构

账户的结构是指账户的借方登记什么，贷方登记什么，余额在哪一方。如“库存商品”账户，其借方登记库存商品的完工入库或购入等情况导致的增加数，贷方登记库存商品出售、毁损等原因导致的减少数，期末借方余额，表示库存商品期末的实有数。

虽然账户的用途和结构受其经济内容的制约，但账户按经济内容的分类并不能代替账户按用途和结构的分类，在按经济内容对账户进行分类的基础上，再按用途和结构对账户作进一步的分类，就能更全面、正确地运用各种账户。

二、账户按其用途和结构的具体分类

下面以工业企业为例对账户按用途和结构分类进行具体说明。工业企业所运用的账户按其用途和结构可分为盘存账户、结算账户、跨期摊配账户、资本账户、调整账户、集合分配账户、成本计算账户、损益计算账户和财务成果账户。其中，结算账户又分为资产结算账户、负债结算账户和资产负债结算账户；调整账户又分为备抵调整账户、附加调整账户和备抵附加调整账户。

（一）盘存账户

盘存账户是用来反映和监督各种货币资金和实物资产增减变动及其实有数额的账户。

盘存账户性质上属于资产类账户，因此，其借方登记各项货币资金和财产物资的增加数，贷方登记各项货币资金和财产物资的减少数，余额在借方，表示各项货币资金和财产物资的结存数。盘存账户的结构，可用图 5 – 2 表示。

盘存账户

期初余额：货币资金或财产物资的期初结存数 本期发生额：货币资金或财产物资的本期增加数	本期发生额：货币资金或财产物资的本期减少数
期末余额：货币资金或财产物资的期末结存数	

图 5 – 2　盘存账户结构

属于盘存账户的有“库存现金”、“银行存款”、“其他货币资金”、“原材料”、“库存商品”、“固定资产”等账户。“在途物资”、“生产成本”和“在建工程”账户有借方余额也属于盘存账户，“在途物资”账户借方余额表示尚未入库的原材料，“生产成本”账户借方余额表示在产品，“在建工程”账户借方余额表示尚未建造完工的固定资产。

盘存账户具有以下特点：

（1）盘存账户所反映的货币资金或实物资产，都可以通过与对方核对账目或实地盘点的方法来确定其实存数。

（2）在各项货币资金或财产物资有结存的情况下，反映各项货币资金或财产物资账户的余额应该在借方，表示各项财产物资或货币资金的结存数。

（3）除货币资金类账户外，其他盘存账户的明细分类账应提供实物和金额两类数据。

（二）结算账户

结算账户是用来反映和监督企业与其他单位或个人以及企业内各部门或人员之间由于业务往来而发生的债权、债务结算情况的账户。

根据所反映的结算业务性质的不同，结算账户可进一步细分为资产结算账户、负债结算账户以及资产负债结算账户三类，各类结算账户具有不同的用途和结构。

1. 资产结算账户

资产结算账户又称债权结算账户或结算债权账户，是用来反映和监督企业与各个债务单位或个人之间在经济往来中发生的各种应收及预付款项的账户。

资产结算账户的借方登记各种应收及预付款项的增加数，表示债权的形成；贷方登记各种应收及预付款项的减少数，表示债权的收回或冲销；余额在借方，表示各种应收及预付款项的实有数额。资产结算账户的结构如图 5－3 所示。

资产结算账户

期初余额：应收、预付款项的期初实有数 本期发生额：应收、预付款项的本期增加数	本期发生额：应收、预付款项的本期减少数
期末余额：应收、预付款项的期末实有数	

图 5－3　资产结算账户结构

属于资产结算账户的有“应收票据”、“应收账款”、“预付账款”、“其他应收款”等账户。

2. 负债结算账户

负债结算账户又称债务结算账户或结算债务账户，是用来反映和监督企业与各个债权单位或个人之间在经济往来中发生的各种应付、预收款项及借入款项的账户。

负债结算账户的贷方登记各种应付、预收款项及借入款项的增加数，表示债务的形成；借方登记各种应付、预收及借入款项的减少数，表示债务的清偿或解除；余额在贷方，表示应付、预收款项及借入款项的实有数，即已经形成但尚未清偿的债务。负债结算账户的结构如图 5－4 所示。

负债结算账户

本期发生额：应付、预收及借入款项的本期减少数	期初余额：应付、预收及借入款项的期初实有数 本期发生额：应付、预收及借入款项的本期增加数
	期末余额：应付、预收及借入款项的期末实有数

图 5－4　负债结算账户结构

属于负债结算账户的有“短期借款”、“应付账款”、“其他应付款”、“预收账款”、“应付职工薪酬”、“应交税费”、“应付股利”、“应付利息”、“长期借款”、“应付债券”等账户。

3. 资产负债结算账户

资产负债结算账户又称债权债务结算账户、结算债权债务账户或往来结算账户，是用来反映和监督企业与其他单位或个人之间在经济往来中结算情况的账户。由于往来结算业务的性质经常发生变动，有时企业是处在债权人的位置，有时又处在债务人的位置，为了集中核算某类往来结算业务，就要求设置资产负债结算账户。

资产负债结算账户的借方登记债权的增加和债务的减少，贷方登记债务的增加和债权的减少，余额可能在借方，也可能在贷方。如果余额在借方，表示尚未收回的债权大于尚未偿付的债务的差额；如果余额在贷方，表示尚未偿付的债务大于尚未收回的债权的差额。资产负债结算账户的结构如图 5 –5 所示。

资产负债结算账户

期初余额：期初债权大于债务的差额 本期发生额：本期债权的增加和债务的减少	期初余额：期初债务大于债权的差额 本期发生额：本期债务的增加和债权的减少
期末余额：期末债权大于债务的差额	期末余额：期末债务大于债权的差额

图 5 –5 资产负债结算账户结构

在企业预付款业务不多的情况下，可不单独设置“预付账款”账户，而是把预付款业务放在“应付账款”账户中一并核算；在企业预收款业务不多的情况下，可不单独设置“预收账款”账户，而是把预收款业务放在“应收账款”账户中一并核算。这种情况下的“应付账款”账户，同时反映和监督企业应付账款和预付账款的增减变动及其结存情况；“应收账款”账户同时反映和监督企业应收账款和预收账款的增减变动及其结存情况。此时的“应付账款”和“应收账款”这两个账户即为资产负债结算账户。此外，债权债务结算账户还包括“预收账款”、“预付账款”等账户。

【例 5 –1】甲公司预收款业务不多，因此不单独设置“预收账款”账户，预收账款业务合并在“应收账款”账户中核算。200 × 年 5 月 31 日该公司“应收账款”账户的借方余额为 50 000 元，全部是应收账款，6 月份发生的相关业务有如下三笔：

（1）收回 H 公司前欠货款 38 000 元，存入银行。

（2）出售 B 产品给 W 公司，价款 20 000 元，增值税 3 400 元，货款尚未支付。

（3）欲出售 A 产品给 G 公司，预收货款 100 000 元，存入银行。

甲公司应进行如下会计处理：

（1）借：银行存款　　38 000

贷：应收账款　　38 000

（2）借：应收账款　　23 400

贷：主营业务收入　　20 000

应交税费——应交增值税（销项税额）　　3 400

（3）借：银行存款　　100 000

贷：应收账款　　100 000

登记“应收账款”的“丁”字形账户如图 5－6 所示：

应收账款

期初余额：	50 000	（1）	38 000
（2）	23 400	（3）	100 000
本期发生额合计：	23 400	本期发生额合计：	138 000
		期末余额：	64 600
		（期末债务大于债权的差额）	

图 5－6　应收账款账户结构

【例 5－2】 乙公司单独设置“预收账款”账户。200×年6月30日该公司“预收账款”账户为贷方余额 2 000 元。7 月份发生的相关业务有如下三笔：

（1）结算上月预收款销售业务销售额 2 000 元，增值税 340 元。

（2）欲出售 A 产品给 G 公司，预收货款 9 000 元，存入银行。

（3）结算发出 A 产品的货款，发票金额为 8 000 元，增值税 1 360 元，多收款项尚未退回。

乙公司应进行如下会计处理：

①借：预收账款　　2 340

贷：主营业务收入　　2 000

应交税费——应交增值税（销项税额）　　340

②借：银行存款　　9 000

贷：预收账款　　9 000

③借：预收账款　　9 360

贷：主营业务收入　　8 000

应交税费——应交增值税（销项税额）　　1 360

登记“预收账款”的“丁”字形账户如图 5－7 所示。

预收账款

(1)	2 340	期初余额：	2 000
(3)	9 360	(2)	9 000
本期发生额合计：	11 700	本期发生额合计：	9 000
期末余额：	700		
（期末债权大于债务的差额）			

图 5－7　预收账款账户结构

使用资产负债结算账户应注意以下问题：由于资产负债（债权债务）结算账户是资产负债双重性质的账户，其借方余额或贷方余额只是表示债权和债务增减变动后的差额，并不表示企业期初、期末债权和债务的实际数额。比如，在“应收账款”账户同时核算企业应收账款和预收账款的情况下，其期末借方余额是应收款项大于预收款项的差额；同理，在“应付账款”账户同时核算企业应付账款和预付账款的情况下，其期末贷方余额表示的并不是企业期末应付账款即债务的实有数，而是应付账款和预付账款的差额。在企业设置“预收账款”账户的情况下，该账户的贷方余额表示企业预收的款项，借方余额表示的则是少收的款项，相当于应收账款；同理，“预付账款”账户的借方余额表示企业预付的款项，贷方余额表示的则是少付的款项，相当于企业的应付账款。因此，在编制资产负债表时，应根据其所属明细分类账余额的方向，来具体分析余额的性质，判断是属于资产还是负债，以便如实反映企业债权和债务的实际情况。

（三）跨期摊配账户

跨期摊配账户是用来反映和监督应由几个会计期间共同负担的费用，并将该类费用摊配到各个会计期间的账户。企业有些费用的发生额比较大，发生于一个会计期间，但收益期为几个会计期间，应归属于几个会计期间共同来负担，这就需要设置跨期摊配账户，通过跨期摊配账户把这些费用分期摊配，以合理确定各期间的费用及成本，以便正确计算各期的损益。

跨期摊配账户的借方登记已经支付应由本期及以后各期负担摊销的费用数额，贷方登记费用的逐期摊销数额，余额在借方，表示已经支付尚未摊销的费用数额。属于跨期摊配类的账户主要有“长期待摊费用”账户。

“长期待摊费用”账户的结构如图 5－8 所示。

跨期摊配账户反映和监督的是费用的支付期和归属期不一致的账户，一方反映实际支付的费用数额，另一方反映分期摊销计入成本费用的数额。一般情况余额在借方，属于资产性质。

长期待摊费用

期初余额：已经支付尚未摊销的费用数额 本期发生额：本期支付，但应由本期及以后各期摊销负担的费用额	本期发生额：应由本期负担摊销的费用数额
期末余额：已经支付尚未摊销的费用额	

图5－8 长期待摊费用账户结构

（四）资本账户

资本账户是用来反映和监督企业投资者投入的资本以及其他资本的增减变动及实有数额的账户。

资本账户在性质上属于所有者权益类，这类账户的贷方登记资本的增加数，借方登记资本的减少数，余额在贷方，表示资本的实有数额。资本账户的结构，可用图5－9表示。

资本账户

本期发生额：资本的本期减少额	期初余额：资本的期初数额 本期发生额：资本的本期增加额
	期末余额：资本的期末数额

图5－9 资本账户结构

属于资本账户的有“实收资本”（或“股本”）、“资本公积”、“盈余公积”等账户。

资本账户是反映和监督企业投资者投入的资本或内部形成的资本积累的账户，因此，反映和监督企业投资者投入资本的账户一定有贷方余额，反映和监督内部形成的资本积累的账户有时可能出现贷方无余额的情况，但无论是反映和监督企业投资者投入的资本还是内部形成的资本积累的账户，都不会出现借方余额。

（五）调整账户

调整账户是用来调整某些账户的余额，借以求得其实际余额而设置的账户。在会计核算中，由于经营管理方面的需要或其他原因，对于某些会计要素需要用两种不同的数据从不同方面进行反映，因此，需要设置两个账户，一个账户反映其原始金额，另一个账户反映对原始金额的调整金额，将两个账户余额相加或相减，即可计算出调整后的实际余额。前一个账户称为被调整账户，后一个账户称为调整账户。调整账户和被调整账户相互结合，能够反映同一会计要素变动的全貌，为企业管理提供各种更有用的信息。

调整账户根据其调整方式的不同，可以分为备抵调整账户、附加调整账户和备抵附加调整账户三类。

1. 备抵调整账户

备抵调整账户又称抵减调整账户或备抵账户，是用来抵减被调整账户的余额，以求得被调整账户实际金额的账户。其调整方式可用下列公式表示：

被调整账户余额－备抵调整账户余额＝被调整账户的实际金额

属于备抵调整账户的有“累计折旧”、“坏账准备”、“存货跌价准备”、“无形资产减值准备”等账户。

“累计折旧”账户是“固定资产”账户的备抵账户；“坏账准备”账户是“应收账款”和“其他应收款”账户的备抵账户；“存货跌价准备”账户是各类存货的备抵账户；“无形资产减值准备”账户是“无形资产”账户的备抵账户。

下面以“累计折旧”账户为例来说明备抵调整账户与被调整账户之间的关系。

【例5－3】甲公司200×年5月31日“固定资产”账户余额为80 000元，“累计折旧”账户余额为20 000元。6月份计提固定资产折旧10 000元。假设无其他固定资产相关业务发生。

甲公司“固定资产”和“累计折旧”账户关系如图5－10所示。

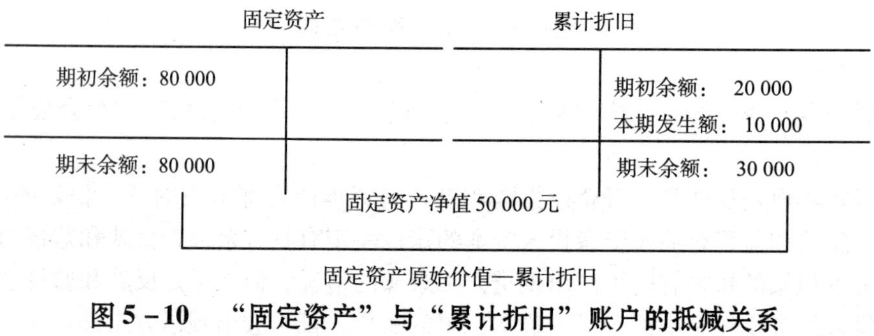

图5－10 “固定资产”与“累计折旧”账户的抵减关系

从图5－10可知：

固定资产净值＝“固定资产”账户余额－“累计折旧”账户余额＝80 000－30 000
＝50 000（元）

备抵调整账户余额的方向与其被调整账户余额的方向正好相反，即被调整账户的余额在借方，备抵账户的余额一定在贷方，反之亦然。

2. 附加调整账户

附加调整账户是用来增加某一被调整账户的余额，以求得被调整账户实际金额的账户。其调整方式可用下列公式表示：

被调整账户余额 + 附加调整账户余额 = 被调整账户的实际余额

附加账户与其被调整账户的性质相同，账户结构相同，账户余额的方向一致，即被调整账户的余额在借方，附加账户的余额也一定在借方。相反，被调整账户的余额在贷方，附加账户的余额也一定在贷方。

3. 备抵附加调整账户

备抵附加调整账户既具有备抵调整账户的特点，又具备附加调整账户的特点，是具有抵减和附加两种调整作用的账户。

备抵附加账户包括的主要账户有“材料成本差异”等账户。下面以“材料成本差异”账户为例，对备抵附加调整账户加以说明。

当库存材料采用计划成本进行日常核算时，为了能提供库存材料的计划成本、成本差异以及实际成本等数据，除了要设置“原材料”账户外，还应设置“材料成本差异”账户来反映计划成本与实际成本的差额。

【例 5－4】 甲公司对原材料采用计划成本进行核算。200×年 5 月 31 日“原材料”账户及“累计折旧”账户均无余额。6 月份购入原材料一批，计划采购成本为 48 000 元，实际采购成本 50 000 元，超支 2 000 元。假设无其他相关业务发生。

甲公司原材料入库时会计处理如下：

借：原材料　　48 000

　　材料成本差异　　2 000

　　贷：材料采购　　50 000

该公司“原材料”和“材料成本差异”账户关系如图 5－11 所示。

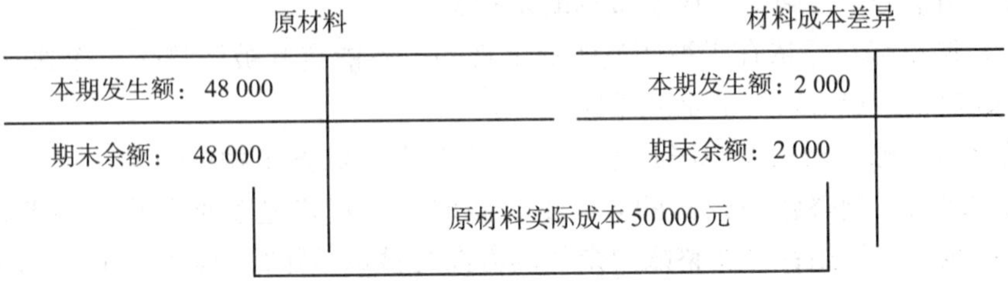

图 5－11　“原材料”和“材料成本差异”账户关系

从图 5－11 可知：

库存原材料实际成本 = 库存原材料计划成本 + 该材料超支差异 = 48 000 + 2 000
= 50 000（元）

【**例5－5**】沿用【例5－4】资料，甲公司计划采购成本为52 000元，实际采购成本50 000元，节约2 000元。其他业务同上例，假设无其他相关业务发生。

甲公司原材料入库时会计处理如下：

借：原材料　　52 000

　　贷：材料采购　　50 000

　　　　材料成本差异　　2 000

该公司“原材料”和“材料成本差异”账户关系如图5－12所示。

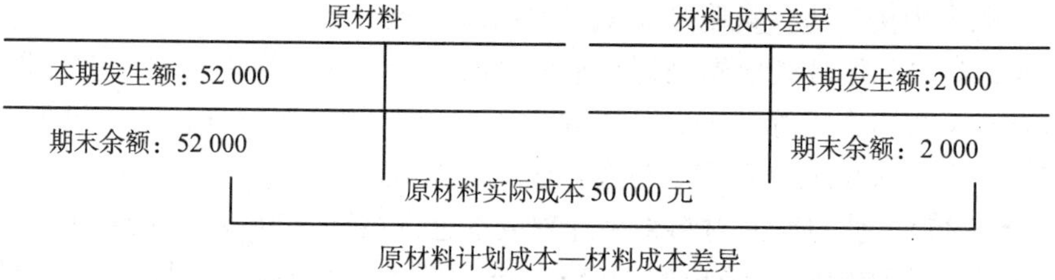

图5－12　“原材料”和“材料成本差异”账户关系

从图5－12可知：

库存原材料实际成本 = 库存原材料计划成本 － 该材料节约差异 = 52 000 － 2 000
= 50 000（元）

综上所述，调整账户具有以下特点：

（1）调整账户与被调整账户所反映的经济内容相同，被调整账户反映的是原始金额，调整账户反映的是原始金额的调整金额。

（2）调整账户是依存于被调整账户出现的，不能离开被调整账户而独立存在，有调整账户就一定有对应的被调整账户。

（3）调整账户对被调整账户的调整方式取决于双方余额的方向，当调整账户余额的方向与被调整账户余额的方向不一致时，该账户是备抵账户，两者余额相减，起抵减调整作用；当调整账户余额的方向与被调整账户余额的方向一致时，该账户是附加账户，两者余额相加，起附加调整作用。

（六）集合分配账户

集合分配账户是用来归集和分配在经营过程中某一阶段发生的某种费用的账

户。企业在生产经营过程中，发生的一些不能直接计入某个成本计算对象中去，而应由几个成本计算对象共同负担的费用，这些费用应先通过集合分配账户进行归集，然后再按照一定标准分配计入各个成本计算对象。

集合分配账户的借方登记本期成本计算对象实际发生的各种间接费用，贷方登记期末按一定标准分配转入各成本计算对象的间接费用，期末分配结转后，本账户一般应无余额。集合分配账户的结构如图 5－13 所示。

集合分配账户

本期发生额：归集本期发生的各种间接费用	本期发生额：分配转入各种成本计算对象中的间接费用

图 5－13　集合分配账户结构

属于集合分配的账户主要有“制造费用”等账户。

该类账户具有集合和分配两种功能，集合功能是指归集费用的功能，分配功能是指将归集的费用在期末全部分配计入到各成本计算对象中去的功能。

（七）成本计算账户

成本计算账户是用来反映和监督生产经营过程中某一阶段所发生的全部费用，并据以确定该阶段特定成本计算对象实际成本的账户。

成本计算账户的借方登记某一阶段所发生的应计入某一成本计算对象的全部费用（包括直接费用和分配转入的间接费用），贷方登记转出已完成阶段的成本计算对象的实际成本，期末如有余额，通常在借方，表示尚未完成某一阶段（如采购或生产阶段）的成本计算对象的实际成本。成本计算账户的结构如图 5－14 所示。

成本计算账户

期末余额：期初尚未完成某一阶段成本计算对象的实际成本 本期发生额：归集某一阶段发生的应计入某一成本计算对象的全部成本	本期发生额：结转已经完成的某一阶段成本计算对象的实际成本
期末余额：期末尚未完成某一阶段成本计算对象的实际成本	

图 5－14　成本计算账户结构

属于成本计算账户的有“在途物资”、“生产成本”、“在建工程”等账户。

（八）损益计算账户

损益计算账户是用来反映和监督各项收益或损失，并据以确定一定期间经营成果的账户。这类账户分为两类：一是反映各种收入的账户；二是反映各种费用、支出的账户。两类账户在结构上是相反的。

1. 收入账户

收入账户是用来反映和监督企业在一定会计期间内各种收入的取得和结转情况的账户。

收入账户的贷方登记企业本期实际取得的收入数额；借方登记收入的减少以及期末转入“本年利润”账户贷方的全部收入数额；期末结转后该账户无余额。收入类账户的结构如图 5 – 15 所示。

收入账户

本期发生额：本期收入的抵减数以及期末转入“本年利润”账户的数额	本期发生额：本期实现的收入数额

图 5 – 15　集合分配账户结构

属于收入账户的有“主营业务收入”、“其他业务收入”、“营业外收入”、“投资收益”、“补贴收入”等账户。

2. 费用账户

费用账户是用来反映和监督企业在一定期间内所发生的应计入当期损益的各项费用、支出及损失的账户。

费用账户的借方登记费用、支出及损失的实际发生额或增加额；贷方登记费用、支出及损失的减少额以及期末转入“本年利润”账户借方的全部费用、支出及损失数额；期末结转后该账户无余额。费用账户的结构如图 5 – 16 所示。

费用账户

本期发生额：本期实际发生的费用、支出及损失数额	本期发生额：本期费用、支出及损失的减少额以及期末转入“本年利润”账户的数额

图 5 – 16　费用账户结构

属于费用账户的有“主营业务成本”、“营业税金及附加”、“销售费用”、“其他业务成本”、“管理费用”、“财务费用”、“营业外支出”、“所得税费用”等账户。

（九）财务成果账户

财务成果账户是用来核算企业在一定期间内全部经营活动实现的最终财务成果的账户。

财务成果账户的贷方登记期末从各收入账户借方转入的各项收入，包括主营业务收入、其他业务收入、营业外收入、投资收益、补贴收入等；借方登记期末从各费用账户贷方转入的各项费用，包括主营业务成本、销售费用、营业税金及附加、管理费用、财务费用、其他业务成本、营业外支出、所得税费用等；贷方发生额大于借方发生额的差额，即贷方余额为净利润，借方发生额大于贷方发生额的差额，即借方余额为净亏损。年终应将本账户的余额结转入“利润分配——未分配利润”账户。若为净利润，转入“利润分配——未分配利润”账户的贷方；若为净亏损，则转入“利润分配——未分配利润”账户的借方，年末结转后该账户无余额。财务成果账户的结构如图5－17所示。

财务成果账户

本年利润

本期发生额：从各费用账户贷方转入的各项费用的数额	本期发生额：从各收入账户借方转入的各项收入数额
期末余额：亏损总额（年末转入“利润分配——未分配利润”账户借方）	期末余额：利润总额（年末转入“利润分配——未分配利润”账户贷方）

图5－17 本年利润结构

财务成果账户主要有“本年利润”账户。

账户按用途和结构分类如图5－18所示。

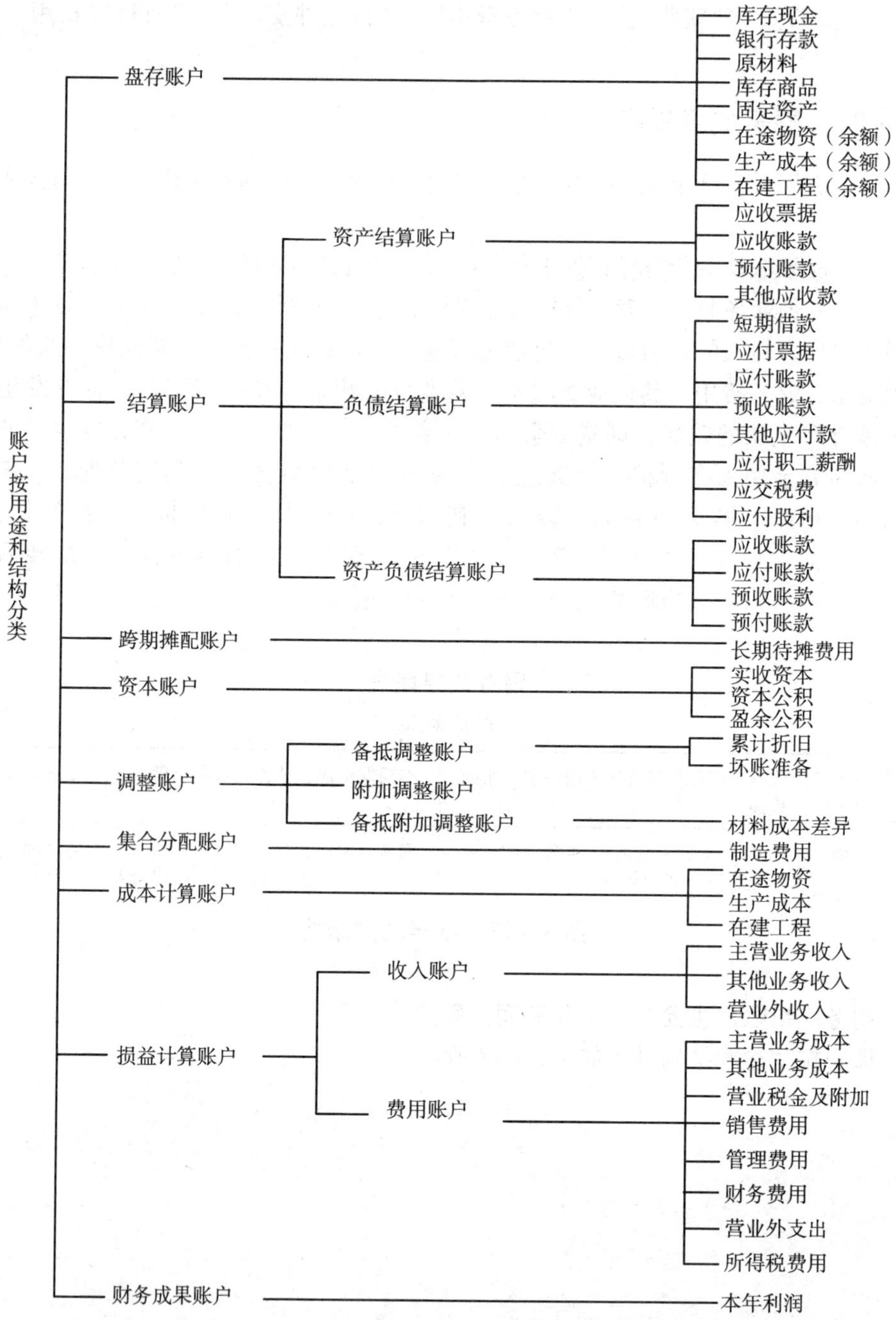

图 5-18　按用途和结构的账户分类

本章小结

为了加深对账户的全面认识，了解账户体系中各个账户内容之间的联系与区别，正确地运用账户，需要对账户进行科学合理的分类。账户分类是指根据一定的标志，把具有共同特征的账户归在一起，分成若干类别，使为数众多的账户系统化，形成一个完整的账户体系。

账户可以按照反映和监督的经济内容以及账户的用途和结构进行分类。

账户按其反映和监督的经济内容分类可以帮助我们了解应设置哪些账户来反映和监督会计对象，明确各类账户所反映和监督的会计对象的具体内容。账户按反映和监督的经济内容可以分为资产类账户、负债类账户、所有者权益类账户、成本类账户和损益类账户等五大类。

账户按用途和结构对账户的分类，能使我们详细了解各类账户的作用以及如何利用各类账户提供企业内部经营管理和对外报告所需的各种核算数据，能帮助我们全面、正确地运用各种账户。

思考题

1. 账户按经济内容可分为哪几类？每一类包括哪些具体账户？
2. 账户按用途和结构可分为哪几类？每一类包括哪些具体账户？
3. 什么是结算账户？可分为哪几类？
4. 使用资产负债账户应注意哪些问题？
5. 什么是调整账户？调整账户可分为哪几类？
6. 调整账户的特点是什么？

练习题

一、单项选择题

1. 按账户的用途和结构分类，“预付账款”账户和（　　）账户属于一类。
   A. 应收账款　　B. 预收账款　　C. 应付账款　　D. 累计折旧
2. 按账户的用途和结构分类，“其他业务成本”账户属于（　　）账户。
   A. 集合分配　　B. 损益计算　　C. 期间费用　　D. 资产结算
3. “长期待摊费用”账户按用途和结构分类，应属于（　　）账户。
   A. 财务成果　　B. 损益计算　　C. 成本计算　　D. 跨期摊配
4. “利润分配”账户按账户所反映的经济内容分类，应属于（　　）账户。
   A. 所有者权益　　B. 财务成果计算　　C. 调整账户　　D. 盘存账户

5. 按账户所反映的经济内容分类，“资本公积”账户属于（　　）账户。

A. 资本　　B. 负债　　C. 盘存　　D. 所有者权益

6. 按用途和结构分类，“在途物资”账户有余额的情况下，应属于（　　）。

A. 盘存账户　　B. 存货账户　　C. 结算账户　　D. 集合分配账户

7. 按用途和结构分类，下列账户中，属于资产结算账户的是（　　）账户。

A. 应收账款　　B. 应付账款　　C. 预收账款　　D. 银行存款

二、多项选择题

1. 下列账户按用途和结构分类，属于盘存账户的有（　　）。

A. 实收资本　　B. 银行存款　　C. 原材料　　D. 周转材料

2. 下列账户按经济内容分类，属于成本类账户的有（　　）。

A. 管理费用　　B. 生产成本　　C. 销售费用　　D. 投资收益

3. 下列账户按用途和结构分类，属于调整账户的有（　　）。

A. 累计折旧　　B. 本年利润　　C. 存货跌价准备　　D. 坏账准备

4. 下列账户按用途和结构分类，属于资产结算账户的有（　　）。

A. 应收票据　　B. 其他应收款　　C. 长期待摊费用　　D. 短期借款

5. 下列账户按经济内容分类，属于损益类账户的有（　　）。

A. 所得税费用　　B. 本年利润　　C. 制造费用　　D. 投资收益

6. 下列账户按用途和结构分类，属于备抵调整账户的有（　　）。

A. 存货跌价准备　　B. 累计折旧　　C. 坏账准备　　D. 材料成本差异

7. 下列账户按用途和结构分类，属于负债结算账户的有（　　）。

A. 应付账款　　B. 预付账款　　C. 应付票据　　D. 预收账款

三、判断题

1. 按用途和结构分类，“在途物资”账户应属于资产结算账户。（　　）

2. 按经济内容分类，“资本公积”账户应属于所有者权益类。（　　）

3. 按用途和结构分类，“固定资产减值准备”应属于附加调整账户。（　　）

4. “长期待摊费用”账户按经济内容分类，应属于负债类。（　　）

5. “生产成本”账户按用途和结构分类，应属于盘存账户或成本计算账户。（　　）

6. 按账户的用途和结构分类，“应付账款”账户属于负债结算账户或资产负债结算账户。（　　）

7. 属于所有者权益的所有账户，按用途和结构分类都属于资本账户。（　　）

8. 按用途和结构分类，“主营业务收入”和“主营业务成本”账户都属于损益计算账户。（　　）

四、业务题

目的：练习账户分类

资料：某企业会计核算使用如下部分账户：

库存现金、衍生工具、在途物资、原材料、生产成本、应收账款、坏账准备、预收账款、固定资产、累计折旧、固定资产减值准备、在建工程、短期借款、应付账款、长期待摊费用、实收资本、本年利润、制造费用、主营业务收入、其他业务收入、利润分配、所得税费用、应交税费、库存商品、材料成本差异。

要求：将上列账户填入表中相应栏目。

账户类别	资产账户	负债账户	共同类	所有者权益账户	成本账户	损益账户
盘存账户						
结算账户						
跨期摊配账户						
资本账户						
调整账户						
集合分配账户						
成本计算账户						
损益计算账户						
财务成果账户						

第六章 会计凭证

本章学习目的

☞ 了解填制和审核会计凭证的意义
☞ 掌握会计凭证的概念与种类
☞ 了解原始凭证和记账凭证的基本内容、填制要求
☞ 熟悉填制原始凭证的方法
☞ 重点掌握记账凭证的填制方法
☞ 掌握原始凭证与记账凭证的审核
☞ 了解会计凭证的传递与保管

第一节 填制和审核会计凭证的意义

一、填制和审核会计凭证的意义

会计凭证是记录经济业务、明确经济责任、并作为记账依据的书面证明。填制和审核会计凭证是会计核算的基本方法之一，也是会计核算工作的开始环节。

为了保证会计记录能如实反映企业的经济活动情况，一切会计凭证都必须经过有关人员的严格审核，只有经过审核无误的会计凭证，才能作为登记账簿的依据。因此，准确填制和严格审核会计凭证，对完成会计目标，充分发挥会计的作用，具有重要意义。

（一）填制和审核会计凭证，可以正确、及时地反映经济业务的发生和完成情况，为记账、算账提供原始依据

各经济单位日常发生的业务，如资金的取得和运用，生产经营过程中活劳动和物化劳动的耗费，销售收入的取得，财务成果的形成和分配等，既有货币资金的收付，又有财产物资的进出，通过会计凭证的填制，可以将日常发生的大量经济业务加以全面的记录；经过分类与汇总的会计凭证，是据以登记各种账簿的重要依据。由于日常发生的大量的经济业务首先是通过会计凭证加以如实反映的，从而使会计凭证成为记录各单位经济活动的业务档案，这就使会计凭证成为单位日后进行经济活动分析和会计检查的重要原始依据。

（二）填制和审核会计凭证，可以更有效地发挥会计的监督作用，促使经济活动合理、合法和有效

会计凭证记录和反映了经济业务活动的发生、进程和完成情况等具体内容，通过对会计凭证的严格审核，可以检查每笔经济业务是否合理、合规和合法。由于一切经济活动都必须认真填制凭证，不论是现金收支、财产增减还是商品进出、款项结算及费用开支都在凭证上进行了记载，对其内容的严格审核，可以查明每笔经济业务活动是否执行了计划、预算，是否符合有关政策、法令、制度的规定，有无违法乱纪和铺张浪费行为，从而可以严肃财经纪律，限制和防止各种违法行为，充分发挥会计的监督作用。

（三）填制和审核会计凭证，可以明确经济责任，加强经济管理中的岗位责任制

每一笔经济业务发生之后，都要由经办单位和有关人员办理凭证手续并签名盖章，明确经济责任，推行经济责任制。以差旅费报销为例，出差人员旅途中发生的交通费、住宿费必须取得合理合法的交通费发票和住宿费发票；出差回来报账时，主管领导必须审核签字；财务人员再根据审核后的单据办理报账手续等。通过填制和审核会计凭证，不仅将经办人员联系在一起，相互监督，而且便于划清责任。

二、会计凭证的种类

会计凭证多种多样，按其填制的程序和用途的不同可以分为原始凭证和记账凭证两大类。

原始凭证是在经济业务发生或完成时取得或填制的，用以证明经济业务的发生

或完成情况，它是进行会计核算的原始资料和重要依据。

记账凭证是会计人员根据审核无误的原始凭证或汇总原始凭证，按照经济业务的内容加以分类，并据以确定会计分录后所填制的会计凭证，它是登记账簿的直接依据。

第二节　原始凭证的填制与审核

一、原始凭证的种类

原始凭证作为经济业务的载体通常是在经济业务发生或完成时直接取得或填制的，是用以提供经济业务的内容、数量、金额和经济业务的发生时间、地点以及经办人、验收人、负责人的经济责任的证明材料。经济业务的多样性决定用来记载经济业务的原始凭证的种类也很多，因此有必要对其进一步分类。

（一）原始凭证按取得的来源不同，可分为自制原始凭证和外来原始凭证

1. 自制原始凭证（自制凭证）

自制原始凭证是指由本单位内部经办业务的部门或人员，在办理某项经济业务时自行填制的凭证，如收料单、领料单、限额领料单、借款单、产品入库单、产品出库单、制造费用分配表、固定资产折旧计算表以及工资结算汇总表等。

自制原始凭证按填制手续不同分为一次凭证、累计凭证、汇总凭证和记账编制凭证。

（1）一次凭证。一次凭证是指凭证填制手续一次完成，只登记一项经济业务或同时登记若干项同类经济业务的原始凭证。如领料单（格式见表 6－1）、入库单、借款单等。

（2）累计凭证。累计凭证是指在一定时期内连续记载若干项不断重复发生的相同经济业务的原始凭证。其所填制的内容仅限于同类经济业务，且是分次登记的，这样做的目的是减少原始凭证的数量，简化核算手续。如限额领料单（格式见表 6－3）等就是累计凭证。累计凭证直到期末方能填制完成，并以其累计数作为记账的依据。实际工作中应注意的是，不同性质的会计事项不能登记在一张累计凭证上。

（3）汇总原始凭证。汇总原始凭证是指在会计核算中，为简化记账凭证的编

制工作，将一定时期内若干份同类经济业务的原始凭证加以汇总而重新填制的一张汇总凭证。如发料凭证汇总表（格式见表6－4）、收料凭证汇总表、差旅费报销单等。

值得注意的是汇总原始凭证只能将同类经济业务汇总编制在一张汇总凭证中，而不能将不同类别的经济业务汇总填制在一张汇总凭证中。

（4）记账编制凭证。记账编制凭证是根据账簿记录把某一项经济业务加以归类、整理而重新填制的一种会计凭证。如制造费用分配表（格式见表6－5）、固定资产折旧计算表等。

2. 外来原始凭证（外来凭证）

外来原始凭证是指在同外单位发生经济往来时，从外单位取得的原始凭证。如银行进账单、销货单位开来的增值税专用发货票（格式见表6－2）、发货票、收据等，外来凭证都是一次凭证。

（二）原始凭证按用途不同，可分为通知凭证、执行凭证、计算凭证

1. 通知凭证

通知凭证亦称命令凭证，是要求或指示完成某项经济业务的凭证，如录用或调出职工通知单、扣款通知单、货物运单和产品订货单等。这种凭证由有关部门签字发出，通知有关部门执行，它不能证明某项经济业务已经完成。

2. 执行凭证

执行凭证是指某项经济业务已经完成的凭证，如固定资产调拨单、固定资产报废单、领料单、产品入库单、收据等。

3. 计算凭证

计算凭证是根据已完成经济业务的资料，通过一定计算而填制的凭证，如工资计算单、产品成本计算单等。制造费用分配表格式如表6－5所示。

（三）原始凭证按适用范围不同，可分为通用凭证和专用凭证

1. 通用凭证

通用凭证是指由企业业务主管部门制定并在一定范围内使用的标准格式的凭证。它可以在国民经济各部门，或某一部门、行业、地区使用。如全国统一的异地结算银行凭证，部门统一规定的收料单、领料单，地区统一规定的发货票等。这种凭证，格式标准，内容规范，便于比较；统一负责印制，可以降低核算费用。

2. 专用凭证

专用凭证是指由企业单位自行制定并使用的凭证。它相对通用凭证而言，只在本单位内部使用。这种凭证一般在凭证名称之前写上企业单位名称，如某单位的收

料单、某单位差旅费报销单、某单位借款单等。

根据上述原始凭证的分类，我们可以作如下归纳，如图 6－1 所示。

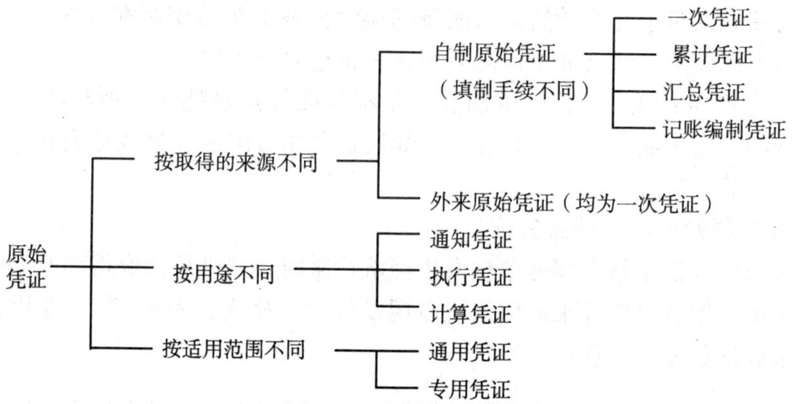

图 6－1　原始凭证的分类

二、原始凭证的基本内容

经济业务是多种多样的，记录经济业务的各种原始凭证其具体内容和格式也不尽相同。但无论何种凭证，都必须做到载明经济业务的发生或完成情况，明确经办单位和有关人员的责任。因此，各种原始凭证之间尽管存在差异，但也具备一些共同的基本内容，原始凭证应具备以下基本内容：

（1）原始凭证的名称。

（2）填制凭证的日期。

（3）填制凭证单位名称或签章。

（4）接受凭证单位名称。

（5）经济业务内容（内容摘要、数量、单价和金额）。

（6）经办人员的签名或签章。

（7）凭证的附件。

另外，根据经营管理和特殊业务的需要，除上述基本内容外，还可以增加必要的内容。对于不同单位经常发生的共同性经济业务有关部门可以制定统一的凭证格式。如人民银行统一制定的银行转账结算凭证，标明了结算双方单位名称、账号等内容；专用凭证除印制本单位名称外，还可以加印单位地址、邮编、开户银行及账号、税务登记号等。

三、原始凭证的填制要求

原始凭证是企业核算工作最原始的资料，用它来记录经济业务内容，作为会计核算的原始依据，它的填制手续必须符合一定的要求，才能保证整个会计核算资料的正确性，为了保证原始凭证能够正确地、及时地、清晰地记录各项经济业务的真实情况，填制原始凭证必须符合以下要求：

（一）记录真实

原始凭证上填制的日期、经济业务内容和数字必须是经济业务发生的实际情况，不得弄虚作假，不得写估计数或匡算数，外来的原始凭证还必须加盖填制单位的公章方为有效。

（二）符合规范

符合党和国家的方针、政策、法律和制度的经济业务，才能填制凭证，并作为会计处理的依据；对于不符合方针、政策、法律和制度的经济业务，不得填制凭证，并要查明原因，提请有关方面处理。

（三）填制及时

原始凭证要在经济业务发生或完成时及时填制，并按规定的程序及时送交财会部门，由财会部门审核，以便及时编制记账凭证，登记账簿。

（四）内容完整，手续齐备

原始凭证中规定的项目必须逐项填写，不得遗漏或简略，经办人员必须在原始凭证上签名或盖章，便于明确责任。

（五）书写清楚规范

书写时要简明、清晰、正确、易于辨认。在填制凭证时除套写的以外，一律用钢笔和蓝黑墨水书写，属于套写的凭证要一次写清，不能涂改、刮擦、挖补，更不能用退色墨水或涂改液改写，填写错误的凭证需要更正时可按规定使用划线更正法更正，对某些重要凭证，如提交银行的各种结算凭证，如有填写错误的不能用上述方法更正，更不得撕毁，只能加盖“作废”戳记，按原顺序与其他存根联等一起保存，另外再填正确凭证。

（六）大小写金额要标准

（1）阿拉伯数字应当一个一个地写，不得连笔写。在印有位数线的凭证上，每一格只能写一个数字，不得几个数字挤在一个格里，也不得在数字中间留有空格。在没有位数线的会计凭证上填写数字时，上下位数要对齐。在会计凭证的合计数栏字前，或在只有一笔数字的前面应填写人民币符号“￥”。凡阿拉伯数字前写有币种符号的，数字后面不再写货币单位。

（2）所有以元为单位（其他货币种类为货币基本单位，下同）的阿拉伯数字，除表示单价等情况外，一律填写到角分；无角分的，角位和分位可写“00”或者符号“—”；有角无分的，分位应当写“0”，不能用符号“—”代替。

（3）阿拉伯金额数字中间有“0”时，汉字大写金额要写“零”字，如￥307.50，汉字大写金额应写为人民币叁佰零柒元伍角整；阿拉伯金额中间连续有几个“0”时，汉字大写金额中可以只写一个“零”字，如￥40 001.36，汉字大写金额应写为人民币肆万零壹元叁角陆分；阿拉伯金额数字元位是“0”或者数字中间连续有几个“0”，元位也是“0”，但角位不是“0”时，汉字大写金额可以只写一个“零”字，也可以不写“零”字，如￥6 000.14，汉字大写金额应写为人民币陆仟元零壹角肆分，或人民币陆仟元壹角肆分。

（4）汉字大写金额数字，一律用正楷或者行书体书写，不得任意自造简化字，不得用0、一、二、三、四、五、六、七、八、九、十等字代替规范的汉字大写金额；大写金额前未印有货币名称的应当加填货币名称，货币名称与金额数字之间不得留有空白。规范的汉字大写金额应为：零、壹、贰、叁、肆、伍、陆、柒、捌、玖、拾、佰、仟、万、亿。

（七）正确使用各种图章

（1）财务专用章必须由专人保管，并建立保管制度。“银行收讫”、“银行付讫”、“现金收讫”、“现金付讫”章由出纳人员专用，“转讫”章指定专人使用。

（2）会计人员每人应该刻制一枚长方形名章，其规格不超过凭证、账表横格的2/3，使用此名章时用红色印油。

（3）在开户银行印鉴卡上备案的印鉴不得由出纳一人管理。

四、原始凭证的填制方法

（一）一次凭证的填制方法

一次凭证的填制手续是在经济业务发生或完成时，由经办人填制的，一般只反映一项经济业务，或者同时反映若干项同类性质的经济业务。在一次凭证中，有外来凭证（外来原始凭证都是一次凭证）也有自制原始凭证，下面以“领料单”和“增值税专用发票”的填制为例，介绍一次凭证的填制方法。

1. 一次凭证（自制）的填制方法

“领料单”的填制手续是在经济业务发生或完成时，由经办人填制的，一般只反映一项经济业务，或者同时反映若干项同类性质的经济业务。如企业、车间或部门从仓库中领用各种材料，都应履行出库手续，由领料经办人根据需要材料的情况填写领料单，并经该单位主管领导批准到仓库领用材料。仓库保管员根据领料单，审核其用途，认真计量发放材料，并在领料单上签章。“领料单”一式三联，一联留领料部门备查，一联留仓库，据以登记材料物资明细账和材料卡片，一联转给会计部门或月末经汇总后转会计部门据以进行总分类核算。如光华公司二车间生产甲产品需领用20m/m圆钢1 500千克，每千克单价14.50元，由经办人填制“领料单”（其格式与内容见表6－1），此“领料单”经车间有关领导批准后到仓库领料，仓库保管员据以发料。“领料单”一般都是一料一单。

表6－1　　领　料　单

领料部门：第二生产车间　　200×年12月15日　　凭证编号：195

用　　途：甲产品耗用　　仓　　库：5号库

材料编号	材料规格与名称	计量单位	数量		价格	
			请　领	实　领	单　价	金　额
2056	20m/m圆钢	千克	1 500	1 500	14.50元	21 750.00
备注					合计	21 750.00

记账：贺明　　发料：刘璐　　审批：王玮　　领料：李新

2. 一次凭证（外来）的填制方法

前已述及，外来原始凭证都是一次凭证，是企业同外单位发生经济往来时，由外单位的经办人员填制的，现以“增值税专用发票”为例说明外来一次凭证的填制方法。

增值税专用发票作为一种“专用”凭证与普通发票不同，不仅具有商事凭证的作用，而且更具有完税凭证的作用。所以，对增值税专用发票的填写除符合一般原始凭证的填写规定外，还要特别注意：增值税专用发票只限于增值税一般纳税人领购使用。纳税人开具专用发票必须预先加盖专用发票销货单位栏戳记。税务机关在发售专用发票时（电脑专用发票除外），必须监督纳税人在专用发票一至四联（即存根联、发票联、抵扣联、记账联）的有关栏目中加盖专用发票销货单位栏戳记，经检验无误后，方可将专用发票交付纳税人使用。“增值税专用发票”格式及内容如表6－2所示。如光华股份有限公司于200×年12月16日从天津橡胶公司购填充剂100吨，每吨单价4 180元，同时购入防老剂5吨，每吨单价86 270元，购入材料时取得天津橡胶公司开具的增值税专用发票。

表6－2

天津市增值税专用发票

No. 0221016

开票日期：200×年12月16日

购货单位	名称：光华股份有限公司 纳税人识别号：120000987654321 地址、电话：上海市岳阳道26号 20060088 开户行及账号：工商行岳阳支行 405987654321	密码区	

货物及应税劳务名称	规格型号	单位	数量	单价	金额	税率	税额
填充剂		吨	100	4 180.00	418 000.00	17%	71 060.00
防老剂		吨	5	86 270.00	431 350.00	17%	73 329.50
合计					849 350.00		144 389.50
价税合计（大写）	玖拾玖万叁仟柒佰叁拾玖元伍角整　（小写）￥993 739.50						

销货单位	名称：天津橡胶公司 纳税人识别号：021234234567567 地址、电话：天津市中山路8号 开户行及账号：工商行中山支行 221345678987	备注	

第二联 发票联 购货方记账凭证

收款人：黎军　　复核：刘娟　　开票人：黎军　　销货单位：

（二）累计凭证的填制方法

累计凭证是在一定时期不断重复地反映同类经济业务的完成情况，它是由经办人在每次经济业务完成后在其上面重复填制而成的，“限额领料单”为典型的累计凭证。"限额领料单"是多次使用的累计领发料凭证。在有效期间内（一般为一个月），只要领用数量不超过限额就可以连续使用。"限额领料单"是由生产、计划部门根据下达的生产任务和材料消耗定额按每种材料用途分别开出，一料一单，一式两联，一联交仓库据以发料，一联交领料部门据以领料。下面举例说明"限额领料单"的填制方法。"限额领料单"的格式和内容如表6－3所示。

【例6－1】光华股份有限公司三车间生产乙产品，200×年度计划生产50台，每台乙产品消耗25m/m圆钢40千克，全月25m/m圆钢的领用限额为2 000千克，每千克25m/m圆钢的单价为15元。该月份生产乙产品，由生产计划部门下达"限额领料单"，车间在该月份之内领用25m/m圆钢情况如表6－3所示。从以上"限额领料单"的记录可知，一车间在当月完成生产任务条件下，于1日、6日、12日、18日、24日和30日6次领用25m/m圆钢，实际累计耗用1 960千克，与领用限额2 000千克对比节约40千克，节约材料费用600元。"限额领料单"不仅起到事先控制领料的作用，而且可以减少原始凭证的数量和简化填制凭证的手续。

表6－3

光华股份有限公司

限额领料单

200×年12月1日　　　　编　　号：105

领料部门：三车间　　　用　　途：乙产品耗用　　　计划产量：50台

材料编号：2059　　　名称规格：25m/m圆钢　　　计量单位：千克

单　　价：15.00　　　消耗定量：40千克/台　　　领用限额：2 000

200×年		请领		实发				
月	日	数量	领料部门负责人	数量	累计	发料人	领料人	限额结余
12	1	400	王立	400	400	李昊	王维	1 600
	6	390	王立	390	790	李昊	马良	1 210
	12	420	王立	420	1 210	李昊	刘华	790
	18	350	王立	350	1 560	李昊	王维	440
	24	300	王立	300	1 860	李昊	马良	140
	30	100	王立	100	1 960	李昊	刘华	40
累计实发金额（大写）贰万玖仟肆佰元整							￥29 400.00	

供应部门负责人：孙尚　　　生产计划部门负责人：李晓　　　仓库负责人：廖晶

（三）汇总原始凭证的填制方法

汇总原始凭证，主要是为了简化记账凭证的填制工作，将一定时期若干份记录同类经济业务的原始凭证汇总编制一张汇总凭证，用以集中反映某项经济业务的完成情况。汇总原始凭证是有关责任者根据经济管理的需要定期编制的。现以“材料耗用汇总表”为例说明汇总原始凭证的编制方法。

“材料耗用汇总表”是由材料会计根据各部门到仓库领用材料时填制的领料单汇总，每月编制一份，送交会计部门作账务处理。

某公司200×年度12月份发出材料所编制的“材料耗用汇总表”如表6－4所示。

表6－4　　材料耗用汇总表

200×年12月　　单位：元

部门 / 金额 / 材料名称	生产车间		辅助生产车间		管理部门	合　计
	产品用	车间用	供水车间	供电车间		
甲	22 000		1 000			23 000
乙	27 000			1 500		28 500
丙	6 500					6 500
丁	18 750					18 750
辅助材料		1 500	2 500	2 250	4 000	10 250
周转材料		3 000	2 000	4 000	2 000	11 000
合　计	74 250	4 500	5 500	7 750	6 000	98 000

（四）记账编制凭证的填制方法

记账编制凭证，是由会计人员根据一定时期内某一账户的记录结果，对某一特定事项进行归类、整理而编制的，以满足会计核算或经济管理的需要。现以“制造费用分配表”的填制为例介绍记账编制凭证的填制方法。

“制造费用分配表”是在月末由会计人员根据制造费用明细账的记录结果，按制造费用在各种产品之间分配结果编制的。如某公司一车间200×年度12月份制造费用明细账登记的当月发生额合计为43 686. 07元，该企业一车间生产山地车架叉和公主车架叉两种产品，在计算产品生产成本时制造费用按二者的实际生产工时进行分配，12月份山地车架叉生产工时为1 278小时，公主车架叉生产工时为2 100小时，合计为3 378小时。填制的记账编制凭证“制造费用分配表”如表6－5所示。

表6－5　　制造费用分配表

组装车间　　200×年12月　　单位：元

产　品	生产工时	分配率	分配金额
山地车架叉	1 278		16 527.82
公主车架叉	2 100		27 158.25
合　计	3 378	12.9325	43 686.07

五、原始凭证的审核

（一）原始凭证的审核内容

各种原始凭证（包括外来原始凭证和自制原始凭证）其大部分是由各单位业务经办人员填制的，为了正确反映经济业务的执行和完成情况，确保会计资料真实、准确、合理、合法，保证会计信息质量，有效发挥会计的监督作用，会计人员在收到原始凭证后，必须做好对原始凭证的审核工作。只有经过审核的原始凭证，才能作为收付财物和记账的依据。在实务中，原始凭证的审核的具体内容包括：

1. 审核原始凭证的真实性

不真实的原始凭证不能作为记账的依据，对于原始凭证的真实性审核应从原始凭证构成的基本要素出发，原始凭证的真实性审核，主要包括以下几方面：(1) 经济业务的内容是否真实。(2) 经济业务发生时间、地点和填制凭证的日期是否真实。(3) 经济业务的数量、单价、金额是否真实。(4) 审核开出或接受原始凭证的单位，填制或取得原始凭证的责任人是否真实，即审核经济业务双方当事单位和经办人员是否真实。(5) 审核原始凭证联次是否相符。(6) 审核原始凭证是否有污染、抹擦、刀刮和挖补等。

2. 审核原始凭证的合法性

原始凭证的内容真实、完整、正确，并不意味着就可以作为记账依据，还要看其所反映的经济业务是否在会计法规、会计制度（包括本单位制定的）允许的范围内。有的凭证内容填写齐全，手续完备，但实际上存在违反财经法纪的现象。对原始凭证合法性的审核应主要从以下几方面入手：(1) 是否多计或少计收入、支出、费用、成本。(2) 是否擅自扩大开支范围，提高开支标准。(3) 是否按国家规定的资金渠道和用途使用资金，是否挪用资金进行计划外基本建设。(4) 是否巧立名目，虚报冒领，违反规定出借公款公物。(5) 是否套取现金，签发空头支票。(6) 是否按国家规定的标准、比例提取费用。(7) 是否私分公共财物和资金。

（8）是否擅自动用公款、公物请客送礼。（9）是否未经批准，购买、自制属于控制的商品。

3. 审核原始凭证的合理性

审核经济业务的发生，根据党和国家的方针、政策、法律和制度，从经营和管理的具体情况出发，按照厉行节约，反对浪费，提高经济效益的原则，看是否合理。如用预算节余购买不需用的物品，对陈旧过时的设备进行大修理等。

4. 审核原始凭证的完整性

确定原始凭证真实、合理、合法之后，还要对其完整性进行审核，主要从两方面进行：（1）审核原始凭证应具备的凭证要素是否有应填而未填的情况存在。审核发票、收据是否有销售、收费单位的公章，是否有税务或者财政部门监制章和编号，是否为“发票联”或者“收执联”。（2）审核原始凭证的手续是否齐全。审核双方经办人是否签名或者盖章，应附的旁证材料是否齐全。需入库的物品，发票与物品是否经过储运部门验收并附有入库单；不需入库物品，发票背面是否有经办人或者使用人签名，需要经批准的凭证是否有单位有关领导的签章。

（二）原始凭证审核后的处理

（1）对于经审核符合要求的原始凭证，应按规定及时办理会计手续，据以编制记账凭证，并作为记账凭证的附件保存，以备核对使用。

（2）对于经审核业务真实但不符合完整性要求的原始凭证应予退回，如果填写内容不全应补填有关内容，经办手续不完备应补办手续，数字计算有错误应更正，文字有遗漏应补写，以便原始凭证符合要求。

（3）对于经审核不合法和不合理的原始凭证，会计人员有权拒绝接受，不予办理会计手续；有严重违法乱纪行为的，如伪造、变造凭证，巧立名目虚报冒领的，应向单位领导或有关部门反映。

第三节　记账凭证的填制与审核

一、记账凭证的种类

记账凭证是会计人员根据审核无误的原始凭证或汇总原始凭证，按照经济业务的内容加以分类，并据以确定会计分录后所填制的会计凭证，它是登记账簿的直接依据。

（一）收款凭证、付款凭证、转账凭证

记账凭证按其所反映的经济内容不同分为收款凭证、付款凭证、转账凭证。

（1）收款凭证是用来记录库存现金和银行存款收款业务的凭证，它是根据库存现金和银行存款收款业务的原始凭证填制的。其格式如表 6－6 所示。

（2）付款凭证是用来记录库存现金和银行存款付款业务的凭证，它是根据库存现金和银行存款付款业务的原始凭证填制的，其格式如表 6－7 所示。

（3）转账凭证是用来记录不涉及库存现金和银行存款的转账业务的凭证，是根据有关转账业务的原始凭证填制的。其格式如表 6－8 所示。

以上按收款业务、付款业务和转账业务分别填制的记账凭证称为专用记账凭证。

在实际工作中，对于那些经济业务较少、凭证数量不多的单位，为简化起见可以统一使用一种凭证，即通用记账凭证，用以记录所发生的经济业务。通用记账凭证格式如表 6－9 所示。

（二）复式记账凭证和单式记账凭证

记账凭证按其填制的方式不同，可分为复式记账凭证和单式记账凭证两种。

（1）复式记账凭证是将每一笔经济业务所涉及的全部会计科目及其发生额都集中填列在一张记账凭证上。它是实际中应用最普遍的记账凭证。上述收款凭证、付款凭证和转账凭证以及通用记账凭证都属于复式记账凭证。复式记账凭证可以全面反映经济业务内容的全貌以及账户之间的对应关系，有利于检查会计分录的正确性，但不便于会计岗位上的分工记账。

（2）单式记账凭证是按照一项经济业务所涉及的每个会计科目，分别填制记账凭证，每张记账凭证只填列一个会计科目，一项经济业务涉及几个会计科目就应分别填制几张记账凭证。单式记账凭证反映内容单一，便于分工记账和按科目汇总，但一张凭证不能反映一笔经济业务的全貌，不便于检查会计分录的正确性，并且编制凭证的工作量较大，实际中较少使用。

记账凭证分类归纳如图 6－2 所示。

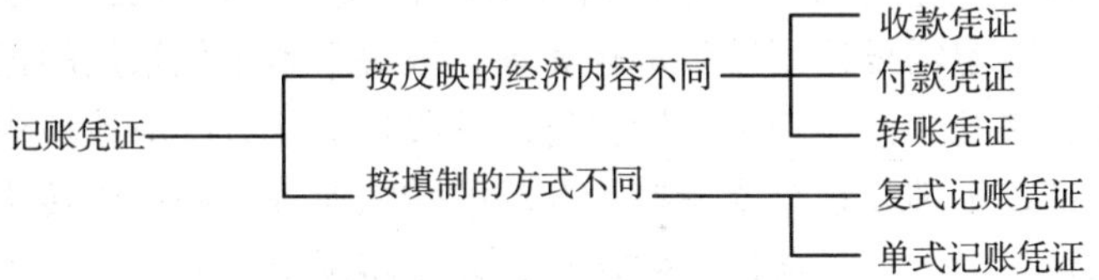

图 6－2

二、记账凭证的基本内容

记账凭证必须具备以下基本内容：

（1）记账凭证的名称。

（2）记账凭证的编号。

（3）填制凭证的日期。

（4）经济业务的内容摘要。

（5）会计科目（包括一级、二级和明细科目）的名称、记账方向和金额。

（6）所附原始凭证的张数。

（7）制证、审核、记账、会计主管等有关人员的签章，收款凭证和付款凭证还应由出纳人员签名或盖章。

三、记账凭证的填制要求

记账凭证是按照复式记账的要求对经济业务所作的进一步归纳。由于原始凭证种类繁多，数量庞大，不能清楚地表明应记入的会计科目的名称和方向。为了便于登记账簿，需要对原始凭证加以归类和整理，填制具有统一格式的记账凭证，并将相关的原始凭证附在记账凭证的后面。这样不仅可以简化记账工作，减少差错，而且有利于原始凭证的保管，便于对账和查账，提高会计工作的质量。因此，任何单位都必然根据审核无误的原始凭证填制记账凭证。填制记账凭证一般应遵循以下要求：

（一）记账凭证必须根据审核无误的原始凭证填制

记账凭证可以根据每一张原始凭证填制，也可以根据若干张同类原始凭证汇总后填制，还可以根据原始凭证汇总表填制。但不能将不同内容和类别的原始凭证汇总填制在一张记账凭证上。

（二）正确使用记账凭证

在填制记账凭证之前，应根据经济业务的性质，确定所使用的记账凭证的种类。在实务中，确定需要使用哪种记账凭证，取决于本单位采用的记账凭证的种类是哪些。具体说来凡是涉及现金或者银行存款收付款业务，应该使用相应的收款凭证或者付款凭证；不涉及现金或者银行存款的转账业务，则使用转账凭证。涉及资金之间收付的业务，无论是从银行取现金，还是将现金存入银行，为避免造成重复记账，一律填制付款凭证。

（三）正确填写记账凭证的日期

记账凭证上的日期一般是填制记账凭证的当天日期，也可以根据管理的需要填写经济业务发生的日期或月末日期，记账凭证的填写日期一般要求为：

（1）报销差旅费的记账凭证应填写报销当日的日期。

（2）现金收付款的记账凭证应填写实际收付现金的日期。

（3）银行存款收款业务的记账凭证，应按照财会部门收到的银行进账单或回执的戳记日期填写。

（4）银行存款付款业务的记账凭证，应按照财会部门收到的银行付款单据的日期或承付的日期填写。

（5）属于企业月末调整的记账凭证，应按照当月最后的日期填写。

（四）正确填写记账凭证的编号

记账凭证在一个月内应当连续编号，以便查核。在使用通用凭证时，可按经济业务发生的顺序编号。采用收款凭证、付款凭证和转账凭证的可采用“字号编号法”。也可采用“双重编号法”。一笔经济业务，需要编制多张记账凭证时，可采用“分数编号法”，例如，一笔经济业务需要编制两张转账凭证，凭证的顺序号为10号时，可编转字$10\frac{1}{2}$和$10\frac{2}{2}$。

（五）正确填写记账凭证的内容摘要

记账凭证的摘要栏是用以填写经济业务简要内容的，填写时要用简明扼要的文字记载经济业务的概况。记账凭证的内容摘要填写要求为：

（1）收付款业务的内容摘要，应写明收付款对象的名称、款项内容，如果使用银行支票的，还应写明支票号码。

（2）购买材料物资业务的内容摘要，应写明供货单位名称和所购物资的主要品种、数量等内容。

（3）预收预付款项、应收应付款项以及分期发出商品业务的内容摘要应写明对方单位名称、业务经手人和发生时间等内容。

（4）对于冲销或者补充的调整业务，在填写摘要内容时，应写明被冲销或被补充记账凭证的日期及编号。

（六）正确填写记账凭证的会计分录

正确填写记账凭证的会计分录，必须按照统一规定的会计科目，根据经济业务的性质，编制会计分录，以保证核算的口径一致，便于综合汇总。记账凭证的会计分录是记账凭证的核心内容，在填制过程中应注意以下几点：

（1）编写会计分录应填写会计科目的全称和编号，不得简写或者只写编号而不写会计科目的名称。

（2）编写会计分录应写明一级会计科目和明细科目，以便于登记总分类账和明细分类账。

（3）编写会计分录应将会计科目的对应关系填写清楚。

（4）编写会计分录不能将不同内容、不同类型的经济业务合并编制一组会计分录而填制在一张记账凭证上。

（七）正确填写记账凭证的金额数字

（1）记账凭证上的金额数字必须与原始凭证上的金额相符。

（2）在填写金额数字时，应平行对准借贷栏和科目栏，如果角位与分位没有数字金额要写“00”字样。

（3）每笔经济业务填入金额数字后，要在记账凭证的合计栏填写合计金额，合计金额数字前应填写人民币符号“￥”。

（4）记账凭证填制完经济业务事项后，应在金额栏最后一笔数字与合计数之间的空行处，从右上角向左下角划斜线注销。

（八）正确填写记账凭证所附原始凭证的张数

记账凭证必须附有原始凭证，并注明所附原始凭证的张数，填写记账凭证所附原始凭证张数的具体要求如下：

（1）凡属于收付款业务的记账凭证必须有所附原始凭证，转账业务中属于摊提性质的应有附件。

（2）记账凭证附件张数的计算方法有两种：一种是按构成记账凭证金额的原始凭证张数；另一种是以所附原始凭证的自然张数为准。

（3）当一张或几张原始凭证涉及几张记账凭证时，可以将原始凭证附在一张主要的记账凭证后面，在摘要栏注明“本凭证附件包括××号记账凭证业务”字样，在其他记账凭证上注明“原始凭证附在××号记账凭证后面”的字样。

（九）记账凭证要签字盖章

当记账凭证由会计人员填制完毕后，填制人员应签名或盖章；并经稽核人员复核签名盖章之后交由会计主管人员签名或盖章；最后，由记账人员根据审核无误的记账凭证登记账簿，并在记账凭证上签名或盖章，以证明有关人员的经济责任，有利于相互牵制。

（十）记账凭证错误的更正

凡在登记账簿之前，发现记账凭证的错误，一般应由制证人员重新填制；如果该错误是由原始凭证错误造成的，还应责成经办人退回原始凭证填制单位或填制人更正或填补。已经登记账簿的，应采用红字更正法或补充更正法对记账凭证和账簿进行更正。

四、记账凭证的填制方法

（一）收款凭证的填制方法

收款凭证是由出纳人员根据现金和银行存款收入业务的原始凭证填制的，在收款凭证左上方所填列的借方科目只可能是“库存现金”或“银行存款”，摘要栏简明扼要地说明经济业务的内容，贷方科目栏填入与借方科目对应的总账科目和明细科目，金额栏要求根据原始凭证中的实际金额填列，合计数则表示借贷双方的记账金额，账页栏要求列明经济业务登记在总账或明细账的第几页，附单据栏要求填写所附原始凭证的张数，并在出纳及制单处签名或盖章。

【例 6－2】光华公司 200×年 6 月 15 日销售 A 产品一批，售价为 30 000 元，增值税销项税额为 5 100 元，全部款项已收存银行。这笔经济业务应编制的会计分录为：

借：银行存款　　35 100

　　贷：主营业务收入　　30 000

　　　　应交税费——应交增值税　　5 100

收款凭证的格式及内容如表 6－6 所示。

表 6－6　　收款凭证

借方科目：银行存款　　200×年6月15日　　银收字第10号

摘要	贷方科目		记账	金额									
	总账科目	明细科目		千	百	十	万	千	百	十	元	角	分
售出A产品15件	主营业务收入	甲产品					3	0	0	0	0	0	0
并已收款。	应交税费	应交增值税						5	1	0	0	0	0
合计						¥	3	5	1	0	0	0	0

附单据 3 张

会计主管：王强　　记账：李娜　　稽核：王铁　　出纳：李强　　制单：李强

（二）付款凭证的填制方法

付款凭证是由出纳人员根据现金和银行存款付款业务的原始凭证填制的，在付款凭证左上方所填列的贷方科目只可能是“库存现金”或“银行存款”，摘要栏简明扼要地说明经济业务的内容，借方科目栏填入与贷方科目对应的总账科目和明细科目，至于其他内容与收款凭证的填制要求是相同的。

【例 6-3】 200×年6月20日采购员李明借支差旅费2 000元，财务部门以现金支付。这笔经济业务应编制的会计分录如下：

借：其他应收款——李明　　　　2 000

　　贷：库存现金　　　　　　　　2 000

付款凭证的格式及内容如表6-7所示。

表6-7　　　　**付 款 凭 证**

贷方科目：库存现金　　　　200×年6月20日　　　　现付字第6号

摘　要	借方科目		记账	金　额									
	总账科目	明细科目		千	百	十	万	千	百	十	元	角	分
采购员李明借差	其他应收款	李明						2	0	0	0	0	0
旅费，付现金。													
合　计							¥	2	0	0	0	0	0

附单据1张

会计主管：王强　　记账：李娜　　稽核：王铁　　出纳：李强　　制单：李强

（三）转账凭证的填制方法

转账凭证是由会计人员根据与现金、银行存款无关的转账业务的原始凭证填制的。它的格式与收、付款凭证的主要区别是某项经济业务涉及的会计科目全部登记在会计科目栏内，用借方金额和贷方金额来确定科目的借贷关系。在填写金额时，注意借方科目的金额填入借方金额栏，贷方科目的金额填入贷方科目栏，其他项目的填写与收、付款凭证相同。

【例 6-4】 光明公司200×年6月30日计提当月固定资产折旧6 000元，其中生产车间的折旧为3 500元，行政管理部门的折旧为2 500元。该项经济业务编制的会计分录如下：

借：制造费用　　3 500

　　管理费用　　2 500

　　贷：累计折旧　　6 000

转账凭证的格式及内容如表 6 – 8 所示。

表 6 – 8　　**转 账 凭 证**

200×年 6 月 30 日　　转字第 56 号

摘要	总账科目	明细科目	记账	借方金额										贷方金额									
				千	百	十	万	千	百	十	元	角	分	千	百	十	万	千	百	十	元	角	分
计提本月	制造费用	折旧费						3	5	0	0	0	0										
固定资产	管理费用	折旧费						2	5	0	0	0	0										
折旧	累计折旧																	6	0	0	0	0	0
合　计							¥	6	0	0	0	0	0				¥	6	0	0	0	0	0

附单据 1 张

会计主管：王强　　记账：李娜　　稽核：王铁　　制单：张林

（四）通用记账凭证的填制方法

通用记账凭证是根据各种经济业务的原始凭证填制的，具体来说，涉及现金和银行存款收、付款业务的记账凭证，是由出纳人员根据有关的原始凭证填制的，涉及转账业务的记账凭证，是由有关会计人员根据有关的原始凭证填制的。填制方法与转账凭证相同，所不同的是记录的是全部经济业务的内容。

【例 6 – 5】 光明公司 200×年 6 月 10 日购入甲材料一批，买价 50 000 元，增值税进项税额 8 500 元，开出转账支票一张支付全部货款 58 500 元，该批材料已验收入库。该项经济业务应编制的会计分录如下：

借：原材料——甲材料　　50 000

　　应交税费——应交增值税　　8 500

　　贷：银行存款　　58 500

通用记账凭证的格式及内容如表 6 – 9 所示。

五、记账凭证的审核

记账凭证是登记账簿的依据，为了保证账簿记录的真实准确，记账前必须由专人对记账凭证进行审核。要做好会计凭证的审核工作、正确发挥会计的监督作用，会计人员应当做到：既要熟悉和掌握国家政策、法令、规章制度和计划、预算的有

表6-9

记账凭证

200×年6月10日　　　　转字第96号

摘要	总账科目	明细科目	记账	借方金额										贷方金额									
				千	百	十	万	千	百	十	元	角	分	千	百	十	万	千	百	十	元	角	分
购入甲材	原材料	甲材料					5	0	0	0	0	0	0										
料，入库并	应交税费	应交增值税						8	5	0	0	0	0										
付款。	银行存款																5	8	5	0	0	0	0
合　计						¥	5	8	5	0	0	0	0			¥	5	8	5	0	0	0	0

附单据3张

会计主管：王强　　记账：李娜　　稽核：王铁　　出纳：李强　　制单：李强

关规定，又要熟悉和了解本单位的经营情况。这样，才能明辨是非，确定经济业务的合理、合法性，正确处理各种经济关系。审核记账凭证应包括的主要内容有：

（1）记账凭证是否附有原始凭证，所附原始凭证与记账凭证所记录的经济业务是否相符，原始凭证的手续是否健全，所附原始凭证张数与记账凭证所填列附件张数、内容是否一致，是否合法。

（2）记账凭证所使用的会计科目是否正确。账户对应关系是否清晰，总账科目与明细科目是否填写准确，会计科目的使用前后是否一致。

（3）记账凭证的金额计算是否正确。审核记账凭证所反映的经济业务内容的数量、单价及据以计算的金额是否正确，合计金额计算是否正确。

（4）记账凭证的摘要是否填写清楚，项目填写是否齐全，如日期、编号、明细科目、附件张数及有关人员的签章。

在审核过程中，如发现差错，应查明原因，按规定办法更正或处理，只有经过审核无误的记账凭证，才能据以登记账簿。

第四节　会计凭证的传递与保管

一、会计凭证的传递

会计凭证的传递，是指会计凭证从取得和填制到归档保管的整个过程中，在本单位内部各有关部门和人员之间的传递程序、传递时间和传递手续。

由于每个单位所发生的经济业务是多种多样的，每种业务的经办部门和人员也各不相同，而且办理凭证手续所需要的时间也不一样。因此，每个单位对于经常发生的、需要由有关部门和人员协同办理的主要经济业务，应明确规定凭证的传递程序、传递时间和传递过程中的衔接手续。合理组织会计凭证的传递，便于有关部门和人员及时了解经济业务发生和完成情况，搞好分工协作，加速业务处理过程。并且，合理组织凭证传递，还可使经办业务的有关部门和人员之间形成一种相互牵制、相互督促的关系，便于加强会计监督。

各单位应根据经济业务的特点、机构设置和人员分工情况，明确会计凭证填制的联数和传递程序。既要保证会计凭证经过必要的环节进行处理和审核，又要避免会计凭证在不必要的环节停留。使有关部门和人员及时了解情况，掌握资料又按规定手续进行工作。

关于凭证的传递时间，应考虑各部门和有关人员的工作内容和工作量在正常情况下完成的时间。明确规定各种凭证在各个环节上停留的最长时间，不能拖延和积压会计凭证，以免影响会计工作的正常秩序。一切会计凭证的传递和处理，都应在报告期内完成，不允许跨期，否则，将影响会计核算的准确性和及时性。

会计凭证传递过程中的衔接手续，应该做到既完备严密，又简便易行。凭证的收发、交接都应按一定的手续制度办理，以保证会计凭证的安全和完整。

会计凭证的传递程序、传递时间和衔接手续明确后，可制成凭证流转图，制定凭证传递程序，规定凭证传递的路线、环节，在各环节上的时间、处理内容及交接手续，使凭证传递工作有条不紊、迅速有效地进行。

二、会计凭证的保管

各种会计凭证在办理好各项业务手续，并据以记账后，最后应由会计部门加以整理、归类、编号，并妥为保管。会计凭证是企业的重要经济档案和历史资料，为了防止散乱丢失，保证会计凭证的安全和完整，必须认真负责地加以整理，妥善保管，以备日后查阅，并便于上级或其他有关部门检查。其保管方法和要求是：

（1）会计凭证应及时传递，不得积压。记账凭证在未装订成册以前，应将所附原始凭证固定在记账凭证后面。凡使用记账凭证的会计人员都有责任保管好记账凭证及所附原始凭证，保证会计凭证在传递过程中的安全完整。

（2）各种记账凭证，连同所附原始凭证和原始凭证汇总表，要分类按顺序编号，定期（每天、每五天、每旬或每月）装订成册，并加具封面、封底，注明单位名称、凭证种类，所属年月和起讫日期、起讫号码、凭证张数等。为防止任意拆装，应在装订处贴上封签，并由经办人员在封签处加盖骑缝章。

（3）对一些性质相同、数量很多或各种随时需要查阅的原始凭证，可以单独装订保管，在封面上写明记账凭证的日期、编号、种类，同时在记账凭证上注明“附件另订”和原始凭证名称和编号，以便查考。各种经济合同和重要的涉外文件等凭证，应另编目录，单独登记保管，并在有关原始凭证和记账凭证上注明。

（4）原始凭证不得外借，其他单位如因特殊原因需要使用原始凭证时，经本单位会计机构负责人、会计主管人员批准，可以复制。向外单位提供的原始凭证复制件，应当在专设的登记簿上登记，并由提供人员和收取人员共同签名或者盖章。

（5）从外单位取得的原始凭证，如有遗失，应取得原签发单位盖有公章的证明，并注明原来该凭证的号码、金额和内容等，由经办单位负责人批准后，才能作为原始凭证。如确实无法取得证明（如火车票、飞机票等），应由当事人写明情况，由经办单位负责人批准后，代作原始凭证。

（6）会计凭证在归档后，应按年分月顺序排列，以便查阅。对已归档凭证的查阅、调用和复制，都应得到批准，并办理一定的手续。会计凭证在保管中应防止受损、污染，以确保其安全和完整。

（7）企业的原始凭证、记账凭证和汇总原始凭证应保管15年，会计凭证保管期满需要销毁时，必须开列清单，按规定手续，报经批准后才能销毁。

本章小结

会计凭证是记录经济业务、明确经济责任、并作为记账依据的书面证明。填制和审核会计凭证是会计核算的基本方法之一，也是会计核算工作的开始环节。

会计凭证分为原始凭证和记账凭证两类。原始凭证作为经济业务的载体，是进行会计核算的原始资料和重要依据；而记账凭证作为会计分录的载体，是据以登记会计账簿的依据。

原始凭证是在经济业务发生或完成时取得或填制的，用以证明经济业务的发生或完成情况，它是进行会计核算的原始资料和重要依据。

原始凭证按取得的来源不同，可分为自制原始凭证和外来原始凭证；按用途不同，可分为通知凭证、执行凭证、计算凭证；按适用范围不同，可分为通用凭证和专用凭证。

填制各种原始凭证应做到经济业务真实、填写数字准确、内容不能有错误和遗漏；同时应定期审核原始凭证的真实性、合法性、合理性、完整性。

记账凭证是会计人员根据审核无误的原始凭证或汇总原始凭证，按照经济业务的内容加以分类，并据以确定会计分录后所填制的会计凭证，它是登记账簿的直接依据。

记账凭证按其所反映的经济内容不同分为收款凭证、付款凭证、转账凭证；按其填制的方式不同，可分为复式记账凭证和单式记账凭证

企业应按要求填制各种记账凭证，并定期审核记账凭证的原始凭证有无问题、会计科目使用是否正确、应填项目是否齐全。

会计凭证的传递，是指会计凭证从取得和填制到归档保管的整个过程中，在本单位内部各有关部门和人员之间的传递程序、传递时间和传递手续。

会计凭证是企业的重要经济档案和历史资料，为了防止散乱丢失，保证会计凭证的安全和完整，必须认真负责地加以整理，妥善保管，以备日后查阅，并便于上级或其他有关部门检查。

思考题

1. 什么是会计凭证，会计凭证在会计核算中有什么重要意义？
2. 什么是原始凭证，其基本内容有哪些？
3. 原始凭证的填制应满足哪些要求？
4. 如何审核原始凭证？
5. 什么是记账凭证，其基本内容有哪些？
6. 记账凭证的填制应遵循哪些要求？
7. 收款凭证、付款凭证和转账凭证的填制方法是怎样的？
8. 记账凭证审核的主要内容有哪些？
9. 合理组织会计凭证的传递有何意义？

练习题

一、单项选择题

1. 会计凭证按其填制的程序和用途不同可以分为（　　）。
   A. 自制凭证和外来凭证　　B. 一次凭证和累计凭证
   C. 原始凭证和记账凭证　　D. 收款凭证、付款凭证和转账凭证
2. 限额领料单属于（　　）。
   A. 外来凭证　　B. 计算凭证　　C. 汇总凭证　　D. 累计凭证
3. 在下列单据中，不能作为原始凭证的有（　　）。
   A. 发货票　　B. 领料单　　C. 工资结算汇总表　　D. 银行存款余额调节表
4. 经济业务发生时，取得或填制的凭证是（　　）。
   A. 协议合同　　B. 收付款凭证　　C. 原始凭证　　D. 记账凭证
5. 经济业务发生的时间和原始凭证填制的时间应该是（　　）。
   A. 完全一致　　B. 肯定不一致　　C. 不可能一致　　D. 尽可能一致

6. 对于现金和银行存款之间相互划转的业务，为了避免重复记账，一般只编制（　　）。

A. 收款凭证　　B. 付款凭证　　C. 结算凭证　　D. 转账凭证

7. 企业购进一批材料，当即以银行存款支付一部分货款，余款暂欠，这笔经济业务发生后，应填制的记账凭证是（　　）。

A. 付款凭证一张　　B. 付款凭证两张

C. 转账凭证两张　　D. 付款凭证和转账凭证各一张

8. 在调整本期应付利息支出时，应编制的记账凭证是（　　）。

A. 收款凭证　　B. 付款凭证　　C. 转账凭证　　D. 外来凭证

9. 原始凭证和记账凭证的相同点是（　　）。

A. 编制时间相同　　B. 反映经济业务的内容相同

C. 具体作用相同　　D. 具体要素相同

10. 在下列科目中，收款凭证的贷方科目可能是（　　）。

A. 制造费用　　B. 长期待摊费用　　C. 应收账款　　D. 坏账准备

11. 下列业务应编制转账凭证的是（　　）。

A. 支付材料价款　　B. 支付材料运杂费

C. 收回出售材料款　　D. 领用材料

12. 付款凭证适用于（　　）。

A. 转账业务　　B. 现金和银行存款付出业务

C. 应收应付款业务　　D. 成本费用结转业务

13. 在同一张凭证中，连续记载一定时期内许多同类重复的经济业务，期末求出总数后，才能作为记账依据的自制原始凭证称为（　　）。

A. 原始凭证汇总表　　B. 累计凭证

C. 汇总记账凭证　　D. 复式凭证

二、多项选择题

1. 会计凭证是（　　）。

A. 会计核算的依据　　B. 记录经济业务的书面证明．

C. 明确经济责任的书面文件　　D. 登记账簿的依据

E. 具有法律效力

2. 下列选项中，属于原始凭证的有（　　）。

A. 发票　　B. 材料入库单　　C. 限额领料单　　D. 银行对账单

E. 借款单

3. 下列选项中，属于记账凭证的有（　　）。

A. 支票存根　　B. 收款凭证　　C. 付款凭证　　D. 转账凭证

E. 银行进账单

4. 自制原始凭证按填制手续的不同可以分为（　　）。

A. 外来原始凭证　　B. 自制原始凭证　　C. 一次凭证　　D. 累计凭证

E. 汇总原始凭证

5. 原始凭证按其取得的来源不同，可以分为（　　）。

A. 自制原始凭证　　B. 汇总原始凭证　　C. 外来原始凭证　　D 一次凭证

E. 累计凭证

6. 下列项目中属于原始凭证基本内容的有（　　）。

A. 凭证的名称　　B. 原始凭证的日期　　C. 接受单位或个人名称

D. 会计分录　　E. 业务内容

7. 付款凭证左上角的贷方科目可能是（　　）。

A. "应付账款"　　B. "应收账款"　　C. "原材料"　　D. "银行存款"

E. "库存现金"

三、判断题

1. 记账凭证是用来确定会计分录的凭证，也是登记账簿的直接依据。　（　　）

2. 对记账凭证的审核，应重点审查其合法性、合理性。　（　　）

3. 各种记账凭证可以根据每一原始凭证单独编制，但不能将若干张同类的原始凭证汇总编制。　（　　）

4. 从银行提取现金，一般应填制现金收款凭证。　（　　）

5. 各种原始凭证，都应由会计部门审核。　（　　）

6. 为节省凭证量，企业可以将经济业务合并填列在一张记账凭证中。　（　　）

四、业务题

目的：练习编制记账凭证

资料：某企业 2008 年 6 月份发生下列有关经济业务：

1. 6 月 1 日，购入 A 材料 2 500 千克，买价 50 000 元，增值税进项税额 8 500 元，款项通过银行付讫，材料已验收入库。

2. 6 月 2 日，收到投资者追加投资 100 000 元，存入银行。

3. 6 月 5 日，仓库发出材料，其中生产甲产品耗料 50 000 元，车间一般耗料 4 000 元，行政管理部门耗料 600 元。

4. 6 月 6 日，采购员李力预借差旅费 1 000 元，以现金付讫。

5. 6 月 10 日，从银行提取现金 40 000 元，备发工资。

6. 6 月 10 日，以现金 40 000 元发放本月工资。

7. 6 月 19 日，售出甲产品 275 件，售价 200 000 元，增值税销项税额 34 000 元，货款已存入银行。

8. 6 月 25 日，李力出差回来，报销差旅费 800 元，余款收回现金。

要求：根据以上业务编制记账凭证。

第七章 会计账簿

本章学习目的

- ☞ 了解会计账簿的意义
- ☞ 掌握账簿的概念与种类
- ☞ 了解各种账簿的格式、内容
- ☞ 掌握账簿的设置、登记依据和登记方法
- ☞ 理解账簿的启用及登记规则
- ☞ 掌握更正错账的规则
- ☞ 了解账簿的更换与保管

第一节　会计账簿的意义与种类

在会计核算中，可以通过填制和审核会计凭证反映与监督经济业务。但会计凭证存在着数量多、较分散、只能反映个别经济业务的内容等缺点。因此，为了系统地反映与监督经济业务，以便提供综合性指标，就需要把会计凭证中的大量、分散的具体资料，加以集中和归类，按一定的要求登记到账簿中去，为企业的经营管理提供所需的会计信息。

一、账簿的意义

账簿是由具有一定格式的账页组成的，以会计凭证为依据，全面、连续、系统地记录经济业务的簿册，它是会计账户的具体存在形式。设置和登记账簿是会计核算方法之一，也是会计核算的中间环节，对于全面、系统地反映与监督经济业务，加强会计核算具有重要的意义。

（一）账簿可以为企业的经济管理提供系统、完整的会计信息

通过设置和登记账簿，可以对经济业务进行序时或分类的核算，将分散的核算资料加以系统化，全面、系统地提供有关企业成本费用、财务状况和经营成果的总括和明细的核算资料，以正确地计算费用、成本和收入、成果，为经营管理提供系统、完整的核算资料。

（二）账簿记录是编制会计报表的重要依据

会计报表的主要内容是由各种财务数据组成的，通过账簿记录，将经济业务进行归纳、整理和汇总，转化为概括性的各种财务数据，成为编制会计报表的重要依据。账簿记录作为编制会计报表的主要来源，全面反映了一个会计主体的财务状况和经营成果及现金流量情况。

（三）通过账簿记录，便于检查分析经济活动

由于账簿提供的核算资料比较系统、全面，这就便于采用不同的方法，对企业的财务状况和经营成果及现金流量进行检查分析。了解各项责任制度的执行情况和预定目标的实现情况，以便采取必要的调整和控制措施。

二、账簿的种类

在会计核算实务中，会计账簿形式多样，为了正确地设置和使用账簿，充分发挥账簿在会计核算中的作用，通常要对会计账簿按照一定标准进行分类，具体内容如下：

（一）序时账簿、分类账簿和备查账簿

账簿按用途不同可分为序时账簿、分类账簿和备查账簿。

1. 序时账簿

序时账簿亦称日记账，是按照经济业务发生或完成的时间先后顺序，逐日逐笔、顺序登记经济业务的簿籍。按其记录内容的不同又分为普通日记账和特种日记账两种。

普通日记账也称通用日记账，是用来登记各单位全部经济业务的账簿。

特种日记账，是专门用来记录某一特定项目经济业务发生情况的账簿。如各经济单位为了对现金和银行存款加强管理而设置的现金日记账和银行存款日记账。

2. 分类账簿

分类账簿就是对全部经济业务按经济性质不同分门别类登记的账簿。分类账按其所记录的会计对象具体内容的详细程度不同分为总分类账和明细分类账。

总分类账，简称总账，是根据总分类账户设置的账簿，是用来登记全部经济业务，提供总括核算指标的账簿。

明细分类账，简称明细账，是根据明细分类账户设置的账簿，是用来登记某一类经济业务，提供详细核算指标的账簿。

按每一总分类账户及所属的各个明细分类账户开设账页并登记相关内容，将使整个企业的生产经营过程和财务状况在分类账簿中得以反映。这样可以为编制会计报表提供依据，因此，分类账在会计核算中占有十分重要的地位。

3. 备查账簿

备查账簿是指对某些在序时账簿和分类账簿中未能记载或记载不全的经济业务进行补充登记的账簿。该种账簿可以对某些经济业务的内容提供必要的参考资料。如租入固定资产登记簿、代销商品登记簿、受托加工材料登记簿、代管商品物资登记簿等。各个单位是否要设置备查账簿，应根据实际需要来确定。

（二）订本式账簿、活页式账簿和卡片式账簿

账簿按外表形式不同可分为订本式账簿、活页式账簿和卡片式账簿。

1. 订本式账簿

订本式账簿简称订本账，是把许多印有一定格式的账页装订成册的账簿。其优点是在使用中账页不会散失，并能防止抽换账页等舞弊行为的发生，有利于保证会计资料和会计档案的完整性和严肃性。其缺点是使用订本账时，由于账页固定，不能增减，容易出现账页的余缺，从而造成浪费或影响连续记账。不便于同时分工记账，也不便于用电子计算机记账。因此，采用订本式账簿必须预先估计账页的需用总数。按规定，库存现金日记账、银行存款日记账和总账均应采用订本账。

2. 活页式账簿

活页式账簿简称活页账，是由若干零散的，具有专门格式的账页组成的账簿。这种账簿可以根据需要随时添加抽减账页，同时有利于分工记账，提高记账工作效率。活页账的优点是在启用之前不固定装订在一起，期末时才装订成册。其缺点是账页容易散失和被抽换，因此必须注意保存。为了防止这些舞弊，账页必须编号并由有关人员在账页上签章，平时可装置在账夹中保管使用；年度终了，装订成固定本、册并归档保管。明细分类账可以采用订本式账簿，但大部分采用活页式账簿。

3. 卡片式账簿

卡片式账簿也称卡片账，是由若干零散的、具有专门格式的卡片组成的账簿，

存放在卡片箱中可随时取用的账簿。在使用中为要防止散失及非法抽换。对启用的卡片要逐张盖章编号。卡片可以长期使用，不需逐年更换，如固定资产卡片等。其优缺点同活页式账簿。活页式账簿和卡片式账簿在使用结束时，必须装订成册，编定页数妥善保管。一般，固定资产的明细账适宜采用卡片式账簿，某些记录三级会计科目的明细分类账户宜采用卡片账。

账簿的分类如图 7－1 所示。

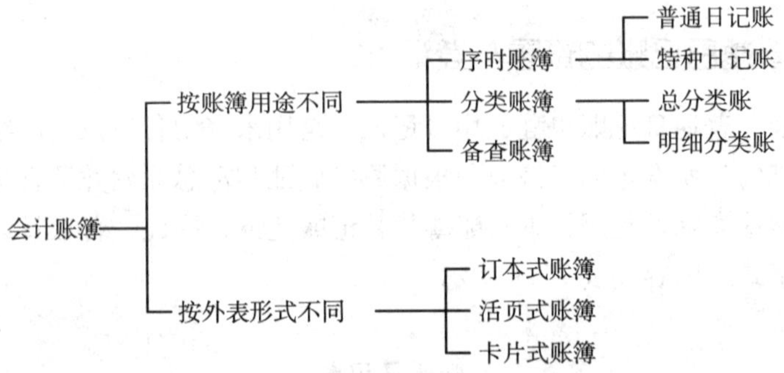

图 7－1

三、账簿的基本结构

由于各种账簿所记录的经济业务不同，账簿格式多种多样，但各种不同的账簿一般应具备下列基本内容：

（1）封面。账簿的封面注明账簿的名称、记账单位的名称和所记录的会计年度。

（2）扉页。账簿的扉页一般印有“账簿启用及经管人员一览表”。表中应注明账簿启用的日期和截止日期，账簿的页数、册次，经管人员和交接记录，会计主管人员签章等。

（3）账页。账簿主要是由账页组成的，不同账簿的账页格式有所不同，账簿按账页格式不同可分为三栏式、数量金额式、多栏式和专用式（具体内容将在本章后续内容中详述）。

尽管不同账簿的账页格式有所不同，但基本内容均应包括：①账户名称，填写总分类账户和明细分类账户名称。②登账日期栏。③凭证种类和号数栏。④摘要栏，填写经济业务的简要内容。⑤金额栏，记录经济业务的发生额和余额。⑥页次，填写总页次和分户页次。

第二节　会计账簿的设置与登记

一、日记账的设置与登记

（一）普通日记账的设置与登记

前已述及，普通日记账也称通用日记账，是用来登记各单位全部经济业务的账簿。通常是把每日所发生的经济业务根据原始凭证和汇总原始凭证直接登记通用日记账，这种做法实际上是用订本式账簿代替记账凭证，因此，普通日记账又称会计分录簿。其格式及内容如表 7－1 所示。

表 7－1　　普通日记账

200×年		原始凭证	摘　　要	会计科目	记账	借方	贷方
12	1						
	1	现支	从银行提取现金	现金		2 000	
				银行存款			2 000
	1	借款单	王立出差借款付现金 3 000 元	其他应收款		3 000	
				现金			3 000
	2	领料单	领用材料用于甲产品 7 800 元	生产成本		7 800	
				原材料			7 800
			……				

经济业务发生后，根据原始凭证或汇总原始凭证登记普通日记账。将经济业务发生的时间登记在“日期栏”内，在摘要栏内填写经济业务内容；将应借应贷的会计科目记入“会计科目”栏内，先填写借方科目，后填写贷方科目；将应借金额记入“借方”栏内，将应贷金额记入“贷方”栏内。每天根据日记账中应借、应贷的会计科目和金额登记总分类账，并将总分类账的页数记入“记账”栏内，或者写明“√”符号，表示已经过账。普通日记账的优点是可以全面反映经济业务的发生情况，账户对应关系清楚，便于了解经济业务的来龙去脉。其缺点是只有一本日记账，不便于分工记账，也不能反映各类经济业务的发生或完成情况。此外，逐日逐笔根据日记账登记总账，工作量较重且相同经济业务不能归类进行反

映。所以该种日记账主要适应于经济业务发生情况较少或采用电子计算机进行账务处理的企业单位。

（二）特种日记账的设置与登记

为了序时核算库存现金和银行存款的收入、付出和结存情况，借以加强对货币资金的管理，一切经济单位都应设置库存现金日记账和银行存款日记账。

1. 库存现金日记账的设置与登记

库存现金日记账，是出纳人员根据库存现金收款凭证、库存现金付款凭证和银行付款凭证（记录从银行提取现金业务），按经济业务发生的先后顺序，逐日逐笔顺序登记的。其账页格式有三栏式和多栏式两种，但一般多采用三栏式账页格式。

（1）三栏式库存现金日记账。

日期栏，是指记账凭证的日期，应与现金实际收付日期一致。

凭证栏，是指登记入账的收、付款凭证的种类（字）和编号（号）。其中：种类（字）如："库存现金收款凭证"、"库存现金付款凭证"，简写为"现收"、"现付"；"银行存款收款凭证"、"银行存款付款凭证"，简写为"银收"、"银付"。凭证栏中的编号即库存现金的收、付款凭证和银行存款收、付款凭证的编号，应在账簿中进行登记，以便于查核。

摘要栏，摘要说明登记入账的经济业务的内容，根据记账凭证的摘要填写，文字要简练，但要能说明问题。

对方科目栏，是指库存现金收入的来源科目或支出的用途科目。是根据记账凭证所列的对方科目登记，它可以说明每笔收入的来源和付出的去向。如从银行提取现金，其来源科目（即对方科目）为"银行存款"。其作用在于了解经济业务的来龙去脉。应注意的是，对于从银行提取现金的业务，由于只填制了银行存款付款凭证，而没填制库存现金收款凭证，因此登记库存现金收入时，就以银行存款付款凭证为依据进行登记。

借方、贷方栏，是指库存现金实际收付的金额。每日终了，应分别计算库存现金收入和付出的合计数，结出余额，并与实际存有的现金进行核对，即通常说的"日清"，如账款不符，应查明原因，并记录备案。月终同样要计算库存现金收入、付出的合计数及结存数，通常称为"月结"。

三栏式库存现金日记账可以按时间顺序反映每笔库存现金的收、支和结余情况。但由于只设一个"对方科目"栏，所以不能反映对应科目经济业务的全貌，也不便于登记总账。但这种账页格式由于登记方法简单，因而被人们广泛采用。三栏式库存现金日记账的格式及内容如表7－2所示。

表 7－2　　库存现金日记账（三栏式）

200×年 月	日	凭证 字	号	摘　　要	对方科目	借方	贷方	余额
1	1			上年结余				2 000
	4	现付	1	付购入材料运费	在途物资		600	
		银付	1	提取现金备发工资	银行存款	112 000		
		现付	2	发放工资	应付职工薪酬		112 000	
		现付	3	汪涛预借差旅费	其他应收款		800	
		现收	1	贺华报销差旅费收余款	其他应收款	120		
				本日合计		112 120	113 400	720
				……				
	3			本月合计		336 320	336 150	2 170
				……				
				本年累计		5 035 670	5 035 785	1 885
				上年结余		2 000		
				结转下年			1 885	
				合　　计		5 037 670	5 037 670	

（2）多栏式库存现金日记账。

为了反映每一笔收支业务的来龙去脉，以便分析和汇总对应科目的发生额，库存现金日记账也可采用多栏式日记账。这种账簿分别按与库存现金收入和支出发生对应关系的对应账户设置专栏，从而形成多栏式。库存现金收入的对应账户均为贷方账户，库存现金支出的对应账户均为借方账户，据此按每一账户名称设置专栏进行登记，到月末结账时，分栏加计发生额，可以详细地反映库存现金收入和付出的情况。这样，可以把经济业务产生的原因或结果全部反映出来，可以为财务收支分析提供更详细的资料。

多栏式库存现金日记账格式如表 7－3 所示。

表 7－3　　库存现金日记账（多栏式）

200×年		凭证		摘要	借方（对应的贷方账户）				贷方（对应的借方账户）				余额
月	日	字	号		主营业务收入	应交税费	…	收入合计	管理费用	其他应收款	…	支出合计	
				期初余额									2 000
3	2	现付	1	购办公用品					378			378	1 622
	3	现收	1	销售产品	800	136		936					2 558
	5	现付	2	预借差旅费						900		900	1 658
				……									

在实际工作中，使用多栏式库存现金日记账和银行存款日记账时，由于涉及的对应科目较多，这样就需要在日记账中设置较多专栏，造成账页篇幅过宽，登记不便，甚至发生错栏、串行的错误。因此，为解决“库存现金”对应科目较多的问题，也可以分设库存现金收入日记账和库存现金支出日记账。

多栏式库存现金收入日记账、多栏式库存现金支出日记账的格式和内容如表7－4、7－5所示。

表7－4　库存现金收入日记账（多栏式）

200×年		凭证		摘要	贷方科目				支出合计	余额
月	日	字	号		银行存款	其他业务收入	…	收入合计		
2	1			期初余额						2 170
	3	银付	5	从银行提取现金备用	2 000			2 000		
	3	现收	1	收红星厂仓库租金		900		900		
				本日合计	2 000	900		2 900	2 913	2 157
	4			本日合计					435	1 722

表7－5　库存现金支出日记账（多栏式）

200×年		凭证		摘要	借方科目					
月	日	字	号		管理费用	其他应收款	应付福利费	销售费用	…	支出合计
2	3	现付	1	职工出差借款		1 000				1 000
		现付	2	厂部购办公用品	650				100	750
		现付	3	职工报销医药费			463			463
		现付	4	支付展品运费				700		700
				本日合计	650	1 000	463	700	100	2 913
	4	现付	5	职工报销医药费			232			232
		现付	6	付市内材料运费	153					153
		现付	7	付交通费	50					55
				本日合计	203		232			435

2. 银行存款日记账的设置与登记

银行存款日记账是用来反映银行存款的增加、减少和结存情况的账簿。是由出纳人员根据银行存款收款凭证、银行存款付款凭证和库存现金付款凭证（将现金存入银行的业务）按经济业务发生时间的先后顺序，逐日逐笔进行登记的账簿。其账页格式有三栏式和多栏式两种，但一般多采用三栏式账页格式。

三栏式银行存款日记账的登记方法与三栏式库存现金日记账基本相同，只是在结构上多了现金支票号数和转账支票号数栏。在银行存款的收付业务中，如果所记录的经济业务是以支票结算的，应在这两栏内填写相应的支票号数，以便定期与开户银行转来的对账单核对，通过编制银行存款余额调节表，查明账实是否相符。三栏式银行存款日记账的格式与内容如表 7－6 所示。

表 7－6　　银行存款日记账（三栏式）

200×年		凭证		摘　要	对方科目	现金支票号数	转账支票号数	借方	贷方	余额
月	日	字	号							
3	1			期初余额						567 890
	1	银付	1	支付上月税金	应交税费		0602		23 456	
	1	银收	1	出售产品收货款	主营业务收入			100 000		
	1	银收	1	出售产品收税金	应交税费			17 000		
	1	银付	2	支付上月电费	应付账款				2 356	659 078
	2	银付	3	偿还光明公司购料款	应付账款				234 000	
	2	银收	2	出售产品收货款	主营业务收入			400 000		
	2	银收	2	出售产品收税金	应交税费			68 000		
	2	银付	4	购甲材料支付货款	在途物资				60 000	
	2	银付	4	购甲材料支付税金	应交税费				10 200	
	2	银收	3	收大华厂前欠货款	应收账款			351 000		1 173 878
	3			……						

此外，银行存款日记账也可采用多栏式日记账，多栏式银行存款日记账的结构与多栏式库存现金日记账的结构基本相同，除在银行存款支出日记账中增设"结算凭证"一栏外，其他内容与多栏式库存现金日记账基本相同，登记方法也基本相同，其内容不再赘述。

二、分类账的设置与登记

（一）总分类账的设置与登记

总分类账简称总账，是根据总分类科目设置的，记录全部经济业务的账簿。通过设置使用总分类账，将单位的全部经济业务集中登记在该账簿内，以全面、总括地反映单位的经济活动情况，并为编制财务会计报告提供资料；又可根据账簿勾稽关系，借以统驭其他账簿，保证账簿记录的正确无误，因而任何单位都必须设置总分类账。

总分类账一般采用订本账，总分类账的登记依据和登记方法，因采用的会计核算组织程序不同而有别，主要有两种形式：一是逐笔登记，即根据记账凭证逐笔登记；二是汇总登记，即先根据记账凭证编制科目汇总表或汇总记账凭证，然后再定期汇总登记总账。有关内容将在第十章中详细阐述。

总分类账的格式因采用的记账方法和会计核算形式不同，一般有三栏式、多栏式等，不同单位可根据自身实际选择使用，其中以三栏式总分类账应用较为普遍。

1. 三栏式总分类账的设置与登记

由于会计核算形式的不同，三栏式总分类账又可分为反映对应科目的三栏式总分类账和不反映对应科目的三栏式总分类账。

（1）反映对应科目的三栏式总分类账。这种格式的总分类账适用在记账凭证核算形式和汇总记账凭证核算形式下，以便反映账户之间的对应关系，了解经济活动的具体内容，为经济管理提供详尽而具体的资料，其格式如表 7－7 所示。

（2）不反映对应科目的三栏式总分类账。这种格式的总分类账主要适用在采用科目汇总表核算形式的企业。由于科目汇总表是根据一定时期内的全部记账凭证，按科目进行归类编制的，在科目汇总表中，只是分别计算出每一个总账科目的借方发生额合计数、贷方发生额合计数，作为登记总账和试算平衡的依据，但不能反映每个科目借贷方所对应的内容是什么，因而，在总账中也无需设置对方科目。不反映对应科目的三栏式总分类账的格式及内容如表 7－8 所示。

2. 多栏式总分类账的设置与登记

多栏式总分类账是按会计科目分设专栏，将所有的总分类科目集中在一张账页上进行核算，其格式及内容如表 7－9 所示。

多栏式总分类账具有序时账簿和总分类账簿的双重作用。采用这种总分类账簿，可以减少记账的工作量，提高工作效率，并能较全面地反映资金运动的状况，便于分析经济活动情况。由于多栏式总分类账篇幅较大，不便于登记和保管，它适

表 7－7 **总分类账（三栏式）**

会计科目：银行存款　　　　第 3 页

2006 年		凭证		摘　要	对方科目	借方	贷方	借或贷	余额
月	日	字	号						
3	1			期初余额				借	567 890
	1～10	汇记	1	汇总 1～10 日业务	主营业务收入	300 000			
	1～10	汇记	1	汇总 1～10 日业务	应交税费	51 000	34 000		
	1～10	汇记	1	汇总 1～10 日业务	应收账款	200 000			
	1～10	汇记	1	汇总 1～10 日业务	在途物资		200 000		
	1～10	汇记	1	汇总 1～10 日业务	应付账款		230 500	借	654 390
	11～20	汇记	2	汇总 11～20 日业务	主营业务收入	400 000			
	11～20	汇记	2	汇总 11～20 日业务	应交税费	68 000	85 000		
	11～20	汇记	2	汇总 11～20 日业务	应付职工薪酬		253 421		
	11～20	汇记	2	汇总 11～20 日业务	在途物资		500 000		
	11～20	汇记	2	汇总 11～20 日业务	管理费用		45 678	借	238 291
	21～31	汇记	3	汇总 21～31 日业务	其他应付款	25 600			
	21～31	汇记	3	汇总 21～31 日业务	主营业务收入	520 000			
	21～31	汇记	3	汇总 21～31 日业务	应交税费	88 400			
	21～31	汇记	3	汇总 21～31 日业务	长期待摊费用		45 000		
	21～31	汇记	3	汇总 21～31 日业务	应付职工薪酬		3 798		
	21～31	汇记	3	汇总 21～31 日业务	营业外支出		6 902	借	816 591
				本月合计		1 653 000	1 404 299	借	816 591

表 7－8 **总分类账**

会计科目：银行存款　　　　第 1 页

2006 年		凭证		摘　要	借方	贷方	借或贷	余额
月	日	字	号					
3	1			期初余额			借	567 890
	1～10	科汇	1	汇总 1～10 日业务	551 000	464 500		654 390
	11～20	科汇	2	汇总 11～20 日业务	468 000	884 099		238 291
	21～31	科汇	3	汇总 21～31 日业务	634 000	55 700		816 591
				本月合计	1 653 000	1 404 299		816 591

表 7－9 **总分类账（多栏式）**

200×年		凭证		摘　要	库存现金		银行存款		应收账款		……	
月	日	字	号		借方	贷方	借方	贷方	借方	贷方	借方	贷方

用于经济业务简单、科目运用不多的经济单位。不过采用电子计算机进行会计核算的单位，采用这种格式却有很多优点。

（二）明细分类账的设置与登记

明细分类账简称明细账，是根据明细分类科目设置的，用来分类、连续地记录有关资产、负债和所有者权益及收入、费用和利润（或亏损）的详细资料。它所提供的有关经济活动的详细资料，也是编制会计报表的依据。因此，各个经济单位在设置总分类账的基础上，还应根据会计制度的有关规定、考虑到本单位经营管理的需要，除现金、银行存款等账户外，为各种材料物资、应收应付款项、费用、成本、收入、利润等总分类账户设置明细分类账，进行明细分类核算。由于各种明细分类账所反映的经济业务不尽相同，决定其使用账簿的账页格式也有所不同。一般有三栏式、数量金额式、多栏式和专用格式等。

1. 三栏式明细分类账的设置与登记

三栏式明细分类账设有借方、贷方和余额三个金额栏，这种账页格式不设实物数量部分，只反映货币指标。适用于只需要进行金额核算而不需要进行数量核算的债权、债务结算账户，如“应收账款”、“应付账款”、“其他应收款”等账户。三栏式明细分类账的格式和内容如表 7－10 所示。

表 7－10 **应付账款明细分类账**

明细账户：光明公司　　　　第 2 页

200×年		凭证		摘　要	对方科目	借方	贷方	借或贷	余额
月	日	字	号						
3	1			期初余额				贷	963 256
	6	银付	10	偿还前欠货款	银行存款	151 056		贷	812 200
	15	转	16	购乙材料，款未付	原材料等		351 000	贷	1 163 200
	30	银付	10	偿还前欠货款	银行存款	234 000		贷	929 200
				本月合计		385 056	351 000	贷	929 200
				……					

三栏式明细分类账是由会计人员根据审核无误的记账凭证或原始凭证，按经济业务发生时间的先后顺序逐日逐笔进行登记的。

2. 数量金额式明细分类账的设置与登记

数量金额式明细分类账是对具有实物形态的财产物资进行明细分类核算的账簿。这种账簿要求在账页上对借方（收入）、贷方（发出）、余额（结存）各栏内分别设置数量、单价和金额栏。既反映经济业务的实物数量变化，同时又反映金额变动情况。这样可以提供相关财产物资收、发、存的详细资料，便于加强对这些财产物资的使用和监督。适用于既要进行金额核算，又要进行实物数量核算的各种财产物资账户，如“原材料”、“库存商品”等。其格式及内容如表 7－11 所示。

表 7－11　　原材料明细分类账

200×年		凭证		摘要	收入			发出			结存		
月	日	字	号		数量	单价	金额	数量	单价	金额	数量	单价	金额
5	1			期初余额							200	100	20 000
	5	转	12	购入	200	104	20 800				400	102	40 800
	6	转	15	领用				300	102	30 600	100	102	10 200
	15	转	39	购入	400	105	42 000				500	104.40	52 200
	20	转	53	领用				200	104.40	20 880	300	104.40	31 320
				本月合计	600		62 800	500		51 480	300	104.40	31 320
				……									

数量金额式明细账是由会计人员根据审核无误的记账凭证或原始凭证，按经济业务发生时间的先后顺序逐日逐笔进行登记的。

3. 多栏式明细分类账的设置与登记

多栏式明细分类账是按照某一总分类账户所包括的经济内容，分项目设置专栏，将该账户所包括的所有明细项目都集中反映在一张账页上。使该类业务的发生情况和构成情况可以一目了然地显示出来，便于对该类经济业务进行检查分析。多栏式明细分类账的账页格式因其所登记的经济业务的不同进一步划分为借方多栏、贷方多栏、借贷均多栏三种格式，分述如下：

（1）借方多栏式明细分类账的设置与登记。借方多栏式明细分类账适用于借方需要设多个明细科目或明细项目的账户，主要有“材料采购”、“生产成本”、“制造费用”、“管理费用”、“财务费用”等科目的明细核算。其格式及内容如表 7－12所示。

表 7-12 管理费用明细分类账

200×年		凭证		摘要	合计	借方金额分析				
月	日	字	号			工资	折旧费	修理费	…	其他
4	1	银付	1	厂部购办公用品	632					632
	5	银付	5	付培训费	1 200					1 200
	23	转	35	计提折旧	12 654		12 654			
	25	转	40	摊销修理费	2 600			2 600		
	30	转	65	分配工资费用	1 566	1 566				
	30	转	66	批准处理原材料盘盈	195					195
				本月合计	18 457	1 566	12 654	2 600		1 637
				结转	18 457	1 566	12 654	2 600		1 637

（2）贷方多栏式明细分类账。贷方多栏式明细分类账适用于贷方需要设多个明细科目或明细项目的账户，主要有“主营业务收入”等科目的明细分类核算。其格式及内容如表 7-13 所示。

表 7-13 主营业务收入明细分类账

200×年		凭证		摘要	合计	贷方金额分析			
月	日	字	号			产品销售	加工收入	…	其他
6	2	银收	1	出售产品	356 000	356 000			
	10	银收	10	收加工费	56 000		56 000		
	15	转	32	出售产品未收款	263 300	263 300			
	25	转	40	销货退回	15 750	15 750			
				本月合计	659 550	603 550	56 000		
				转出	659 550	603 550	56 000		

（3）借贷均多栏的明细账。借贷均多栏的明细账适用于借方、贷方均需要设置多个明细科目或明细项目的账户，代表性账户“本年利润”“应交税费——应交增值税”的明细核算。其格式及内容如表 7-14、7-15 所示。

多栏式明细分类账是由会计人员根据审核无误的记账凭证或原始凭证逐笔登记的。

表 7－14　　本年利润明细分类账

200×年		凭证		摘要	借方			贷方			借或贷	余额
月	日	字	号		主营业务成本	…	合计	主营业务收入	…	合计		
1	31	转	78	结转各项收入				90 000		135 600		
		转	79	结转各项支出	52 000		79 000				贷	56 600
				……								
12	31			累计	795 320		976 233	111 257		1 593 950	贷	617 717
				年终结转			617 717				平	0

表 7－15　　应交税费——应交增值税

200×年		凭证		摘要	借方			贷方			借或贷	余额
月	日	字	号		合计	进项税额	…	合计	销项税额	…		
3	5	银收	3	出售产品并收款					85 000			
	6	银付		购料		68 000						
				……								

应该注意的是，对于借方多栏式明细账，由于只在借方设多栏，平时在借方登记费用、支出的实际耗用或支出数，若平时发生贷方发生额，应该用红字在借方相关栏内登记。如经批准处理，盘盈的 195 元的原材料冲减管理费用。对这项经济业务所编制的会计分录为：

借：待处理财产损溢　　195

　　贷：管理费用　　195

根据这笔会计分录，总账登在“管理费用”账户贷方，在登记“管理费用”借方多栏式明细账时，应该用红字在借方费用项目进行登记，表示抵减管理费用的发生数。其登记结果如表 7－12 所示。

由于贷方多栏式明细账，只在贷方设多栏，如“主营业务收入”账户，平时贷方登记收入的发生额，借方登记退货金额和月末将贷方发生额一次转入“本年利润”账户贷方的数额。如企业销售产品，由于质量不合格退回，售价 15 750 元，增值税销项税额 2 677.50 元，以银行存款支付退货款。对这项经济业务所编制的会计分录为：

借：主营业务收入　　15 750

应交税费——应交增值税　　　　　　　　　　2 677.50

贷：银行存款　　　　　　　　　　　　　　　　18 427.50

根据这笔会计分录，总账登在“主营业务收入”账户的借方，而在登记“主营业务收入”贷方多栏式明细账时，则应该用红字在贷方明细栏“产品销售”栏中登记，表示抵减主营业务收入数。其登记结果如表 7－13 所示。

总之，各种明细账的登记方法，应结合本单位的特点根据原始凭证、汇总原始凭证以及记账凭证逐笔或定期汇总登记。

第三节　会计账簿登记与使用规则

一、账簿启用的规则

（1）会计账簿是企业重要的经济档案。为了保证账簿记录的合法性、合理性，保证账簿资料的完整性，防止舞弊行为，明确记账责任，会计人员启用新的会计账簿时，应在账簿的扉页上填制“账簿启用和经管人员一览表”（有的合称“账簿启用及交接表”），详细载明：企业名称、账簿名称、账簿编号、账簿页数（如为活页账，应在装订成册后写明页数）和启用日期等。并填明会计主管人员、记账人员姓名、加盖公章，由会计主管人员和记账人员签章。

（2）如记账人员更换时，应在主管会计监督下办理交接手续，并在表内注明交接日期，移交人和接管人双方都应签章，以明确责任。账簿启用和经管人员一览表格式及内容如表 7－16 所示。

表 7－16　　　　账簿启用和经管人员一览表

<table>
<tr><td>使用单位</td><td colspan="9">光华橡胶公司</td><td colspan="3">单位盖章</td></tr>
<tr><td>账簿名称</td><td colspan="9">银行存款日记账</td><td colspan="3" rowspan="6">
</td></tr>
<tr><td>账簿编号</td><td colspan="9">总 2 册　　第 2 册</td></tr>
<tr><td>启用日期</td><td colspan="9">2005年7月1日至2005年12月31日</td></tr>
<tr><td rowspan="3">经办人员</td><td colspan="4">主　管</td><td colspan="5">记　账</td></tr>
<tr><td colspan="2">姓名</td><td colspan="2">盖章</td><td colspan="3">姓名</td><td colspan="2">盖章</td></tr>
<tr><td colspan="2">张良</td><td colspan="2"></td><td colspan="3">李伟</td><td colspan="2"></td></tr>
<tr><td rowspan="3">交接记录</td><td colspan="3">日期</td><td colspan="3">监交</td><td colspan="3">移交</td><td colspan="3">接管</td></tr>
<tr><td>年</td><td>月</td><td>日</td><td>职务</td><td>姓名</td><td>盖章</td><td>职务</td><td>姓名</td><td>盖章</td><td>职务</td><td>姓名</td><td>盖章</td></tr>
<tr><td></td><td></td><td></td><td></td><td></td><td></td><td></td><td></td><td></td><td></td><td></td><td></td></tr>
</table>

（3）按企业使用的一级会计科目、明细会计科目设立账户，在账簿第一页设置账户目录，包括账户名称、各账户所在的页次。

（4）启用订本式账簿时，应当从第一页到最后一页顺序填写页码，不得跳页、缺号；使用活页式账簿，应当按账户顺序编号，并须定期装订成册；装订后再按实际使用的账页顺序编写页码，另加目录，记明每个账户的名称和页次。

（5）根据不同的账簿选择粘贴不同金额的印花税票。

二、登记账簿的规则

（1）为了保证账簿记录的准确性，必须根据经过审核无误的会计凭证及时登记各种账簿。

（2）记账必须用蓝黑墨水钢笔书写，不许用铅笔或圆珠笔记账。这是因为，各种账簿归档保管年限，国家规定一般都在 10 年以上，有些重要账簿，则要长期保管，因此要求账簿记录保持清晰、耐久，以便长期查核使用，防止涂改。

（3）记账除结账划线、改错、冲销账簿记录外，不能用红色墨水。因为在会计核算工作中，红色数字表示对蓝色数字的冲销、冲减或表示负数。

（4）记账时，每一笔账都要记明日期、凭证号数、摘要和金额。记账后，要在记账凭证上注明所记账簿的页数，或划“√”，表示已经登记入账，避免重记、漏记。

（5）记账时应按账户页次顺序逐页登记，不得跳行、隔页。如果不慎发生跳行、隔页时，应在空行、空页处用红色墨水划对角线注销，注明“此行空白”或“此页空白”字样，并由记账人员签章。

（6）登记账簿的借贷方向必须正确。登记账簿必须按记账凭证的分录所指明的借贷方向登记，不得记错方向。凡需结出余额的账户，结出余额后，应在“借或贷”栏内写明“借”或“贷”字样。没有余额的账户，应在该栏内写“平”字，并在余额栏“元”位上用“0”表示。库存现金日记账或银行存款日记账必须每日结出余额。

（7）各账户在一张账页记满时，要在该账页的最末一行加计发生额合计数和结出余额，并在该行“摘要”栏注明“转次页”字样；然后，再把这个发生额合计数和余额填列下一页的第一行内，并在“摘要”栏内注明“承前页”，以保证账户记录的连续性。需要说明的是，对需要结计本月发生额合计数的账户，结计“过次页”的本页合计数应当为自本月初至本页末止的发生额合计数；对需要结计本年累计发生额的账户，结计“过次页”的本页合计数应当为自年初至本页末止的累计数。

(8) 订本式的账簿，都编有账页的顺序号，不得任意撕毁。活页式账簿也不得随便抽换账页。

(9) 为了使账簿记录清晰，易于使用，记账时，书写的文字和数字必须规范、清楚，书写时文字应紧贴底线，不要写满格，一般应为格宽的1/2～2/3，以便日后发生错账时更正。账簿记录发生错误时，严禁刮擦、挖补、涂改或用药水消除字迹，应根据错误的情况，按既定的方法进行更正。

(10) 期末各种账簿均应结账。各单位应按规定定期结账，各种账簿期末都应计算出每个账户的本期发生额和期末余额。

三、更正错账的方法

（一）错账查找的方法

为了及时、准确地查明账簿记录的错误，首先必须辨明产生记账错误的原因，常见的记账错误有记录错误和计算错误。记录错误是在账簿的登记环节产生的记账错误，主要有：重记、漏记、数字错位、数码颠倒、方向记错、科目记串、数字记错等；计算错误是由于计算过程中产生的错误而导致的记账错误，主要有：余额算错、合计数加错等。

1. 检查账簿错误的程序

记账错误通常产生于账簿记录过程中的某些特定环节，如发生额记录环节、余额的计算环节等，当总账试算不平衡时，要按照一定的程序，分别检查每个环节是否存在记录或计算错误。检查记账错误通常按以下步骤进行：首先，检查试算表的编制是否正确；其次，检查期末余额的计算是否正确；第三，检查本期发生额的记录和计算是否正确；第四，检查期初余额是否正确。记账错误的检查，可以根据以上程序逐步进行，也可以根据具体情况有针对性地检查某一特定环节。

2. 检查账簿错误的方法

检查记账错误的方法，一般有全面检查和个别检查两种。

(1) 全面检查。将一定时期的全部账目进行检查。在错账较多或记账错误不易查出时，一般要进行全面检查。全面检查在实际运用中又有正查法和逆查法两种做法。正查法也称顺查法，是按照记账顺序，从记账凭证的填制到试算平衡表的编制，依次进行检查的一种检查记账错误的方法。逆查法，又叫反查法，即与记账的顺序相反，从账户余额试算表到原始凭证，从尾到头进行普遍检查的方法。其检查程序是：检查试算平衡表中账户余额的合计是否正确；检查各账户的余额计算是否正确。将总分类账与所属明细分类账进行核对，以检查其记录是否正确、相符；逐笔核对账簿记录是否与记账凭证相符；逐笔核对记账凭证是否与原始凭证相符，以及凭证中的数字计算是否正确。在实际工作中，采用该种方法通常能较快、准确地查出错误所在之处，所以实际工作中人们多采用逆查法。

（2）个别检查。根据错账的具体情况有针对性地检查账簿，在错账较少，或错账有一定规律易于查出时，一般采用个别检查法。个别检查法有以下几种具体方法：

①差数法。是指按照错账的差数查找错账的方法。例如，在记账过程中只登记了会计分录的借方或贷方，漏记了另一方，重复记载了某数据，从而形成试算平衡中借方合计与贷方合计不等。查错时，算出借贷双方发生额合计数的差数，重点检查与该差数相同的发生额是否有重记或漏记错误。

②二除法。是用于查找因数字记反方向而发生的错账。如将应记入借方的数字误记入了贷方，或者相反。这样便导致一方的合计数加大，而另一方的合计数减少，并且其差异数字恰好是记错了方向数字的一倍。如果将这个差异数除以 2，则商数就可能是记错的数字，然后在账簿中查找与这个商数相同的数字，看其是否记错了方向，即可找到错账的所在之处。

③九除法。是指以差数除以 9 来查找错数的方法，适用于以下三种情况：

一是将数字写小。如将 800 写为 80，错误数字小于正确数字 9 倍。查找的方法是：以差数除以 9 后得出的商即为写错的数字，商乘以 10 即为正确的数字。上例差数 720（即 800 - 80）除以 9，商 80 即为错数，扩大 10 倍后即可得出正确的数字 800。

二是将数字写大。如将 60 写为 600，错误数字大于正确数字 9 倍。查找的方法是：以差数除以 9 后得出的商为正确的数字，商乘以 10 后所得的数为错误数字。上例差数 540（即 600 - 60）除以 9 后，所得的商 60 为正确数字，商乘以 10（即 600）为错误数字。

三是邻数颠倒。如将 72 写为 27，将 23 写为 32 等。其差数除以 9 的商最小为 1，最大为 8（9 ~ 1）。查找的方法是：将差数除以 9，得出的商连续加 11，直到找出颠倒的数字为止。如 23 与 32 的差数为 9，除 9 得 1，连加 11 为 12、23、34、45、56、67、78、89，如有 23 数字的业务，即有可能是颠倒的数字。另外，采用这种方法计算所得的商还表明颠倒数字之间的差。如 27 与 72 之差除以 9，得商为 5，恰好是 2 和 7 之间的差，两位数之差为 5 的还有 1 和 6、3 和 8、4 和 9，这样也可以把查错的范围缩小以便重点检查。

（二）更正错账的方法

对于账簿记录中所发生的错误，应采用正确的方法予以纠正。常用的方法有划线更正法、红字更正法、补充登记法三种。

1. 划线更正法

记账凭证正确，在记账或结账过程中发现账簿记录中文字或数字有错误，应采用划线更正法。更正时，先在错误的文字或数字（整个数字）上划一红线注销，并使原来的字迹仍可辨认，然后在红线上方空白处用蓝字填上正确的文字或数字，并在更正处由更正人员盖章。对改正错误的数字一定要用红线全部划去，不能只改个别数字。如将 6 987 错写成 9 687，应将 9 687 整个数字全部用红线划去，再在红线上面空白处用蓝字写 6 987，予以更正。

2. 红字更正法

红字更正法一般适用于下列两种情况：

（1）记账以后，发现记账凭证中应借、应贷会计科目的记账符号记错或会计科目用错，可采用红字更正法更正。更正时，先用红字填制一张内容与错误记账凭证完全相同的记账凭证，并在摘要中写明“更正第××号凭证错误”，并据以用红字金额登记入账，冲销原有的错误记录；然后，再用蓝字重填一张正确的记账凭证并登记入账。现举例说明。

【例 7－1】生产车间一般耗用 A 材料 1 000 元，编制记账凭证时，借方科目误写成“管理费用”并已登记入账。

①原错误的记账凭证为

借：管理费用　　1 000

　　贷：原材料——A 材料　　1 000

②要更正上述错误，应用红字金额填制一张内容与原来一样的记账凭证

借：管理费用　　[1 000]

　　贷：原材料——A 材料　　[1 000]

（注：[ ]表示红字，下同）

③重新填制正确的记账凭证

借：制造费用　　1 000

　　贷：原材料——A 材料　　1 000

将上述记账凭证登记入账，经过更正后的有关账簿记录如图 7－2 所示。

（2）记账以后发现记账凭证中应借、应贷的账户没有错，只是所记金额大于应记金额，可将多记的金额部分，填制一张红字金额记账凭证，在“金额”中用红字填列多记的数额，在“摘要”栏内注明“冲转第××号凭证多记数”，并据以入账，以冲销原来多记的金额。

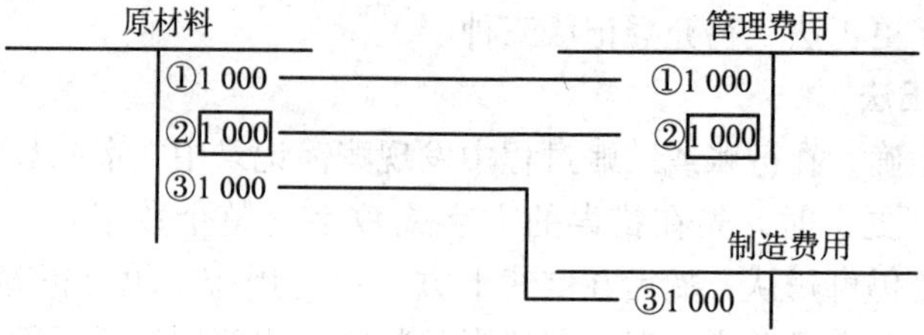

图 7-2

【例 7-2】仍用【例 7-1】，生产车间一般耗用 A 材料 1 000 元。

①填制记账凭证时，将金额误记为 10 000 元，其错误的记账凭证为：

借：制造费用　　10 000

　　贷：原材料——A 材料　　10 000

②为了更正上述账户中多记的 9 000 元，应用红字金额填制一张记账凭证，其分录为：

借：制造费用　　9 000

　　贷：原材料——A 材料　　9 000

根据这张记账凭证，用红字金额登记入账。

经过上述更正后的有关账簿记录如图 7-3 所示。

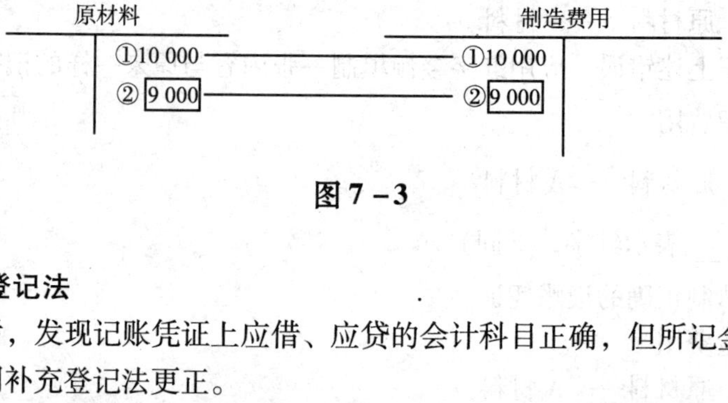

图 7-3

3. 补充登记法

记账以后，发现记账凭证上应借、应贷的会计科目正确，但所记金额小于应记金额，可采用补充登记法更正。

更正时，将少记的金额（即正确金额与错误金额之间的差额）用蓝字填制一张记账凭证，在"摘要"栏内注明"补记第××号凭证少计数"，并据以补充入账。

【例 7-3】企业收到某购货单位前欠货款 75 000 元，已存入银行。填制记账凭证时，将金额误记为 25 000 元，并已登记入账。

①其错误的分录为：

借：银行存款　　25 000

贷：应收账款　　25 000

②为了更正错误，可将少记的 50 000 元，用蓝字填制一张记账凭证，其分录为：

借：银行存款　　50 000

贷：应收账款　　50 000

将上述记账凭证记入有关账户，经过更正后的有关账簿记录如图 7－4 所示。

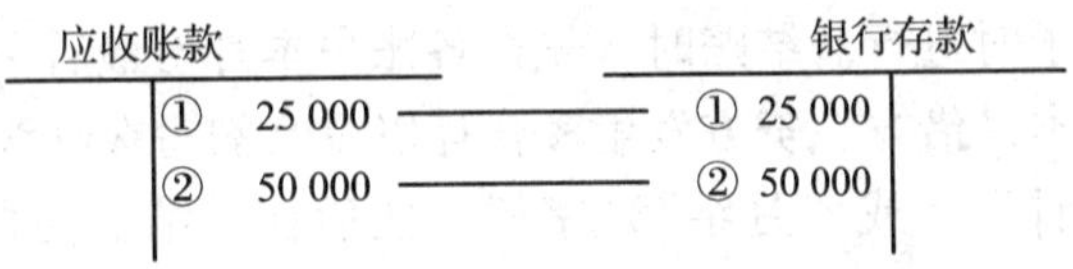

图 7－4

第四节　结账与对账

为了总结一定时期（月份、季度、半年度和年度）账簿记录的经济业务，考核企业的经营成果，必须定期地对所记账目进行结转和核对，以保证账簿记录的正确性和完整性，从而为编制财务会计报告提供可靠的依据。

一、结账

结账是指在把一定时期内所发生的全部经济业务都登记入账的基础上，结算出各种账户的本期发生额和期末余额的一项会计核算工作。按期做好结账工作，可以总结一定时期内的经济活动情况，为编制财务会计报告提供资料。结账工作的内容和程序，主要包括以下几个方面。

（1）检查本期内日常发生的经济业务是否已经登记入账。不能为赶编会计报表而提前结账，也不能把本期发生的经济业务延至下期登账，更不能先编会计报表而后结账。

（2）按照权责发生制会计核算基础调整和结转有关账项。例如：由本期负担的长期待摊费用，应按规定的标准予以摊配；由本期负担的财务费用，应按标准予以提取；将属于本期的预收收益和应收收益予以确认，计入本期的收入等。

（3）将本期所有的转账业务，编成记账凭证，记入有关账簿，以调整账簿记录。对于需要在月末办理的其他有关转账业务，例如，本期制造费用的分配与结转、本期完工产品成本的结转、本期已售产品的成本结转等，均应该编制转账凭证，并据以登记入账。

（4）将本期实现的各项收入、成本费用支出，编制记账凭证，分别从各有关账户转入“本年利润”账户的贷方和借方，以便计算确定本期的财务成果。

（5）在本期全部业务登记入账的基础上，结算出所有账户的本期发生额和期末余额。

在完成上述工作的基础上，可进行结账。结账按时间可分为月结、季结和年结。

月结在每月终了时进行。结账时，先在各账户本月份最后一笔记录下面划一通栏单红线，然后将本月借方、贷方发生额合计以及余额写在红线下面一行，并在摘要栏注明“本月合计”（或“月结”）字样，然后在月结下面再划一通栏单红线，以示本月到此结束，与下月发生额分开。

季结在每季终了时进行。结账时，将本季度的借方、贷方发生额合计以及余额写在本季最后一个月的月结下一行内，并在摘要栏注明“本季合计”（或“季结”）字样，然后在季结下面再划一通栏单红线。

年结在每年年度终了、第四季度季结完成后进行。年终结账时为求各账户借方、贷方平衡起见，应将各账户上年结转的借方（或贷方）金额，按照原来相同的方向，填列在全年发生额合计数下一行的借方（或贷方）栏内，并在摘要栏内注明“上年结转”字样；同时将本年余款按相反方向填列在全年发生额合计下一行（借方余额应填列贷方栏），并在摘要栏内注明“结转下年”字样。然后分别将借方和贷方加总填列在一行，并在摘要栏内注明“合计”字样（借方、贷方金额应相符），最后在合计数下端划两条通栏红线，表示借方、贷方平衡和年度记录结束。具体方法如“现金”账户所示（见表7－2）。

年终结账后，总账和日记账应当更换新账，明细账一般也应更换。但有些明细账，如固定资产明细账等可以连续使用，不必每年更换。

二、对账

为了保证各种账簿记录的完整和正确，如实地反映和监督经济活动，为编制会计报表提供真实可靠的数据资料，必须做好对账工作。对账，简单地说就是对账簿记录进行的核对工作。包括账证核对、账账核对和账实核对。

（一）账证核对

账证核对，是根据各种账簿记录与记账凭证及其所附的原始凭证进行核对。这种核对除在日常制证、记账过程中进行以外，每月终了，如果发现账证不符时，尚须溯本追源，进行账簿与会计凭证的检查核对，以确保账证相符。

（二）账账核对

账账核对是指将各种账簿之间的有关数字进行核对。账账核对是利用各种账簿之间的勾稽关系，通过账簿间的相互核对，做到账账相符。具体核对内容包括：

（1）总分类账余额的核对。总分类账全部账户的期末借方余额合计数应与贷方余额合计数核对相符，通过编制试算平衡表完成。

（2）总分类账与所属明细分类账的核对。总分类账各账户的期末余额应与其所属明细账的期末余额之和核对相符。

（3）总账与日记账的核对。“库存现金”和“银行存款”总账的期末余额应与其相应的日记账期末余额核对相符。

（4）明细分类账簿之间的核对。会计部门有关财产物资明细账的期末余额应与财产物资保管部门和使用部门相应的明细账的期末余额核对相符。

（三）账实核对

是指各种财产物资的账面余额与实存数额相核对，具体内容包括：

（1）库存现金日记账账面余额与现金实际库存数应核对相符。

（2）银行存款日记账账面余额与开户银行账目应核对相符。

（3）各种材料、物资明细分类账账面余额与材料、物资实存数应核对相符。

（4）各种应收、应付款明细分类账账面余额与有关债务、债权单位的账目应核对相符。

在实际工作中，账实核对一般是通过财产清查进行的。财产清查是会计核算的一种专门方法，详细内容见第八章。

三、账簿的更换与保管

（一）账簿的更换

为了保持会计账簿资料的连续性，在每一会计年度结束，新的会计年度开始时，应按会计制度规定，进行账簿的更换。

1. 总账、日记账（库存现金日记账和银行存款日记账）和大部分的明细账，要每年更换一次。年初，将旧账簿中各账户的余额直接记入新账簿中有关账户新账页的第一行“余额”栏内。同时，在“摘要”栏内加盖“上年结转”戳记，并在旧账页最后一行“摘要”栏内加盖“结转下年”戳记。在新旧账户之间转记余额，可不必填制凭证。

在年度内，订本账记满更换新账时，办理与年初更换新账相似的手续。

2. 部分明细账，如固定资产明细账等，因年度内变动不多，年初可不必更换账簿。但在“摘要”栏内，要加盖“结转下年”戳记，以划分新旧年度之间的金额。

（二）账簿的保管

按照新《会计法》的规定，会计账簿、会计凭证和会计报表等都属于企业重要的经济档案和历史资料，必须按照国家统一规定的保存年限妥善保管，不得丢失和任意销毁。各种账簿的保管年限和销毁的审批程序，应按会计制度的规定严格执行，否则要承担相应的法律责任。

会计档案的保管，既要保证其安全、完整，又要保证在需要时能迅速查到。为此，会计人员在年度结束后，应将各种账簿包括活页账、卡片账认真加以整理，活页账要填写连续号，加上封面，统一编号，所有账簿都要造册登记，归入会计档案。

本章小结

账簿是由具有一定格式的账页组成、以会计凭证为依据、全面、连续、系统地记录经济业务的簿册，它是会计账户的具体存在形式。设置和登记账簿是会计核算方法之一，也是会计核算的中心环节。

账簿按用途不同，分为日记账、分类账和备查簿；按外表形式不同，分为订本账、活页账和卡片账。

登记账簿要以会计凭证为依据登记日记账、明细账和总账。现金日记账、银行存款日记账和涉及单位债权债务的明细账，要于发生业务的当天顺序逐笔登记；其他明细账可以定期逐笔或汇总登记。总账的登记方法，视记账单位规模大小和业务量的繁简，可采用逐笔登记和汇总登记两种方法。

对于记账中发生的错误，记账人员应根据错账的原因，采用正确的方法（主要包括划线更正法、红字更正法和补充登记法）予以更正。

结账是指把一定时期内所发生的全部经济业务都登记入账的基础上，结算出各账户的本期发生额和期末余额的一项会计核算工作。各单位应按结账工作的内容和程序进行结账。

对账，简单地说就是对账簿记录进行的核对工作。包括账证核对、账账核对和账实核对。

账簿记录是编制财务会计报告的重要依据，应按照规定的要求定期更换、按规定年限妥善保管。

思考题

1. 什么是会计账簿，设置账簿有什么意义？
2. 账簿按用途分为哪几类？单位一般应设置哪些账簿？
3. 试述库存现金日记账与银行存款日记账的内容和登记方法。
4. 总分类账和明细分类账有哪几种格式？各应怎样登记？
5. 试述账簿启用和登记规则是什么？
6. 更正错账的方法有哪几种？各自适用条件是什么？
7. 什么是对账，对账包括哪些内容？
8. 什么是结账，如何结账？
9. 如何进行账簿的更换与保管？

练习题

一、单项选择题

1. 会计核算的中心环节是（　　）。

A. 编制会计报表　B. 填制和审核凭证　C. 设置和登记账簿　D. 进行成本核算

2. 账簿按用途分为（　　）。

A. 序时账簿、分类账簿和日记账簿　B. 订本账、活页账和卡片账

C. 序时账簿、分类账簿和备查账簿　D. 总分类账簿、明细分类账簿和日记账簿

3. 备查账簿又称为辅助账簿，主要是对（　　）中未能记载的经济业务进行补充登记的账簿。

A. 总分类账　B. 明细分类账

C. 分类账簿与序时账簿　D. 明细分类账与总分类账

4. 登记明细账的依据（　　）。

A. 一定是记账凭证　B. 一定是原始凭证

C. 一定是科目汇总表　D. 可能是记账凭证也可能是原始凭证

5. 某会计人员根据记账凭证登记入账时，误将 2 000 元填写为 20 000 元，而记账凭证中所列会计科目、金额及其对应关系无误，应采用（　　）进行更正。

A. 红字更正法　B. 补充登记法　C. 划线更正法　D. 分录更正法

6. 记账后发现所依据的记账凭证中应借应贷会计科目有错误，并且记账凭证中所列金额小于应记金额，应采用的更正方法是（　　）。

A. 划线更正法　B. 红字更正法　C. 补充登记法　D. 分录更正法

7. 账簿分为订本账、活页账和卡片账是按（　　）进行分类。

A. 外表形式　B. 用途　C. 账簿的基本结构　D. 账簿与账户的关系

8. 记账以后，如果发现记账错误是由记账凭证所列金额小于应记金额所引起的，但记账凭证中所列会计科目及其对应关系均正确，一般采用的错账更正方法是（　　）。

A. 补充更正法　　B. 划线更正法　　C. 红字更正法　　D. A、C 均可

9. 原材料、库存商品明细账的格式一般采用（　　）。

A. 三栏式　　B. 多栏式　　C. 数量金额式　　D. 双三栏式

10. 生产成本明细账的格式一般采用（　　）。

A. 三栏式　　B. 多栏式　　C. 数量金额式　　D. 横线登记式

11. 对于企业经营租入的固定资产应在（　　）中进行登记。

A. 分类账簿　　B. 备查账簿　　C. 明细账簿　　D. 日记账簿

12. 结账前发现编制的记账凭证无误，但账簿记录有文字或数字错误，可能采用的更正方法有（　　）。

A. 划线更正法　　B. 红字更正法　　C. 补充更正法　　D. 重新抄写

二、多项选择题

1. 错账更正的方法主要有（　　）。

A. 划线更正法　　B. 挖补法　　C. 红字更正法

D. 涂抹法　　E. 补充登记法

2. 红字更正法适用于（　　）。

A. 记账前发现记账凭证上的文字或数字有误

B. 记账后，发现原记账凭证上应借应贷科目填错

C. 记账后，发现原记账凭证所填金额小于应填金额

D. 记账后，发现原记账凭证所填金额大于应填金额

E. 记账后，发现原记账凭证上应借应贷科目方向记错

3. 明细分类账的格式主要有（　　）。

A. 三栏式　　B. 数量金额式　　C. 多栏式

D. 卡片式　　E. 活页式

4. 多栏式明细账适合于（　　）账户。

A. 生产成本　　B. 应收账款　　C. 库存商品

D. 管理费用　　E. 财务费用

5. 数量金额式明细账适合于（　　）。

A. 主营业务收入　　B. 原材料　　C. 库存商品

D. 主营业务成本　　E. 销售费用

6. 登记银行存款日记账的记账依据为（　　）。

A. 银行存款收款凭证　　B. 银行存款付款凭证　　C. 银行存款转账凭证

D. 部分现金收款凭证　　E. 部分库存现金付款凭证

7. 会计账簿按用途分类可分为（　　）。

A. 序时账簿　　B. 备查账簿　　C. 分类账簿

D. 总分类账簿　　E. 明细分类账簿

8. 对账的主要内容包括（　　）。

A. 账证核对　　B. 账账核对　　C. 账实核对

D. 账表核对　　E. 表实核对

9. 应采用订本式账簿的有（　　）。

A. 材料明细账　　B. 库存现金日记账　　C. 银行存款日记账

D. 应付账款明细账　　E. 总分类账

10. 企业登记账簿的凭证有（　　）。

A. 转账凭证　　B. 原始凭证　　C. 收款凭证

D. 付款凭证　　E. 盘存单

11. 下列项目中，一般采用三栏式的明细分类账的有（　　）。

A. “应付账款”　　B. “应收账款”　　C. “实收资本”

D. “资本公积”　　E. “盈余公积”

三、判断题

1. 库存现金日记账的账页格式可以是三栏式也可以是多栏式，但必须是订本账。（　　）

2. 检查记账错误的全面检查方法的具体检查程序分为正查法和逆查法，实际工作中大多采用“正查法”。（　　）

3. 现金日记账应该序时地逐日逐笔进行登记，每天记账后应结算现金金额并与库存现金进行核对。（　　）

4. 现金日记账和银行存款日记账都是特种日记账。（　　）

5. 对记账过程中发生的错误都可用划线更正法更正。（　　）

6. 会计上的定期结账工作是对划分会计期间的具体体现。（　　）

7. 序时账又称为日记账，是按经济业务发生的时间先后顺序或完成时间的先后顺序汇总登记的账簿。（　　）

8. 记账凭证是登记各种账簿的唯一依据。（　　）

9. 如果发现记账凭证中的会计分录有错误，使账簿记录也发生同样错误，适用补充登记法。（　　）

四、业务题

目的：练习错账更正的方法。

资料：某工业企业将账簿记录与记账凭证进行核对时，发现下列经济业务内容的账簿记录有误：

1. 开出现金支票600元，支付企业管理部门日常零星开支。原编记账凭证的会计分录为：

借：管理费用　　600

　　贷：库存现金　　600

2. 结转本月实际完工产品的生产成本49 000元。原编记账凭证的会计分录为：

借：库存商品　　94 000

　　贷：生产成本　　94 000

3. 收到购货单位偿还上月所欠货款7 600元，原编记账凭证的会计分录为：

借：银行存款　　6 700

　　贷：应收账款　　6 700

4. 车间计提本月固定资产折旧费 4 100 元。原编记账凭证的会计分录为：

借：累计折旧　　1 400

　　贷：制造费用　　1 400

5. 结算本月应付职工工资，其中生产工人工资为 14 000 元，车间管理人员工资为 3 400 元，原编记账凭证的会计分录为：

借：生产成本　　14 000

　　制造费用　　3 400

　　贷：应付职工薪酬　　17 400

登记该转账凭证时，其“制造费用”借方金额误记 4 300 元。

6. 以现金支付采购人员差旅费 2 000 元，原编记账凭证的会计分录为：

借：其他应付款　　2 000

　　贷：库存现金　　2 000

要求：按正确的方法更正以上错账。

第八章 财产清查

本章学习目的

- 了解财产清查的意义和必要性
- 熟悉财产清查前的各项准备工作
- 理解财产物资的两种盘存制度
- 掌握财产清查的种类和各项财产物资的清查方法
- 掌握财产清查工作的基本技能

第一节 财产清查概述

一、财产清查的概念和意义

（一）财产清查的概念

财产清查是通过对实物、现金的实地盘点和对银行存款、往来款项的核对，来确定各项财产物资和往来款项的实际存量，查明账存与实存是否相符的一种专门方法。财产清查是会计核算方法之一，可以起到反映和监督财产物资的保管和使用情况、保护企业财产物资的安全完整和提高各项财产物资的使用效果的作用。

由于在管理财产物资和业务经营过程中检验计量不准或保管、运输过程中的自然损耗以及企业管理不善等原因，有时会发生账实不符的现象，这不仅会影响会计资料的准确性，也会给单位带来不应有的损失。因此，必须在账簿记录的基础上，运用财产清查这一方法，对本单位的各项财产物资和货币资金等进行定期或不定期的清查，使账簿记录和实存数额相一致，以保证会计核算资料的真实性、完整性。

（二）造成账实不符的原因

造成企业财产物资账实不符主要有两类原因：正常原因和非正常原因。

正常原因主要包括实物财产物资在保管过程中发生的自然损耗和因未达账项引起的银行存款日记账数额与银行对账单数额的不符两种情况。

非正常原因引起的账实不符主要包括以下几种情况：

（1）在收发财产过程中，由于计量、查验不准确而造成的品种、数量或质量上的误差。

（2）因企业规章制度不严、管理不善或管理人员失职而发生的财产毁损、变质或短缺，如财产保管不善导致霉烂、变质或财产被盗窃、贪污等。

（3）在财产物资发生增减变动时没有及时填制凭证并登记入账，发生了漏账，或者在填制财产收发凭证和登记账目时，发生了计算上或登记上的错误等。

（三）财产清查的意义

财产清查是发挥会计监督职能的必要手段。财产清查的作用具体如下：

1. 保证各项财产的安全完整

通过财产清查，可以加强财产物资保管人员的责任心，保证各项财产的安全完整。企业所拥有的财产物资是企业正常生产经营必备的物质基础，对财产物资的正确使用可以提高企业资产的利用效率与效益。通过财产清查工作，可以及时发现问题，查明原因，及时处理。比如，对由于企业管理制度方面存在问题而引起的财产损失或短缺，应采取建立和健全管理制度的措施加以解决；对由于管理人员失职而造成的损失，应当追究当事人的经济责任、法律责任，严重的甚至要追究其刑事责任。

2. 保证账实相符和会计信息的真实可靠

通过财产清查，可以查清账存与实存的情况，提高会计资料的质量，保证会计资料的真实、完整。会计对企业入库的每一笔财产物资都必须及时进行登记，并经常与财产物资保管人员的记录进行核对，以保证会计账簿记录的真实性。由于客观存在着引起企业财产物资账实不符的多种原因，会计账簿记录与实际结存的财产物资数量与金额经常会发生差异，通过财产清查可以及时发现这些差异以及差异产生的原因，根据清查结果调整财产物资账面记录，并根据不同情况进行账务处理，从而保证会计记录能够真实地反映企业的实际情况。

3. 挖掘各项财产的潜力，加速资金周转

通过财产清查，可以揭示财产物资的储备和使用情况，对超储、积压、长期闲置的财产物资及时进行处理，对储存不足的财产物资及时予以补充，确保生产经营的需要。通过对各项财产物资的清查，可以促进企业改善经营管理，加强财产管理制度，挖掘各项财产的潜力，加速资金周转。

4. 维护财经纪律，保证财经纪律和结算制度的执行

通过对财产物资、货币资金以及往来款项的清查，可以查清单位有关人员财经纪律和结算制度的执行情况，查明有无贪污盗窃、挪用公款、营私舞弊等现象的发生；通过财产清查，可以查明各项资金使用是否合理，是否符合单位的计划，是否符合财经纪律及有关财务法规，促使财务人员加强自律，保证财经纪律和结算制度的执行。

二、财产清查的种类

由于企业进行财产清查的对象与范围不同，目的、时间不同，因此，从不同角度出发，可将财产清查分为以下不同的种类。

（一）按财产清查的对象和范围划分

按财产清查的对象和范围，可将其分为全面清查和局部清查。

1. 全面清查

全面清查是指对企业全部货币资金、债权债务以及实物财产所进行的全面、彻底的盘点和核对。一般来说，全面清查包括：

（1）库存现金、银行存款、各种有价证券、其他货币资金等。

（2）所有的固定资产、在建工程、原材料、在产品、产成品及其他财产物资。

（3）各项在途物资。

（4）各项债权、债务等结算资金。

（5）租入使用、受托加工保管或代销的财产物资。

（6）出租使用、委托其他单位加工保管或代销的财产物资等。

全面清查的特点是：清查范围广，参加的人员多，清查时间长，清查成本高。因此，一般来说，企业通常只在以下几种情况下，才进行全面清查。

（1）年终决算前，为了确保年终决算会计资料的真实、正确，需进行全面清查。

（2）单位撤销、合并或改变隶属关系时。

（3）中外合资、国内联营时。

（4）开展清产核资时。

（5）单位负责人调离工作时。

2. 局部清查

局部清查是指根据需要，仅对一部分财产物资进行的清查。局部清查的主要对象是流动性较强的财产物资，如货币资金、原材料、在产品、产成品和往来结算款项等。

局部清查的特点是：清查范围小，内容少，涉及的人员也少，但专业性较强。企业局部清查一般包括以下几种情况：

（1）对库存现金的清查。应由出纳员在每日业务终了时进行清点，做到日清月结。

（2）对于银行存款和银行借款，应由出纳员每月同开户银行进行核对。

（3）对于各种材料、在产品和产成品，除年度清查外，应有计划地每月重点抽查。对于贵重的财产物资，应每月清查盘点一次。

（4）对于债权债务，应在年度内至少核对一次，有问题应及时核对，及时解决。

（二）按财产清查的时间划分

按财产清查的时间划分，可将其分为定期清查和不定期清查。

1. 定期清查

定期清查是指根据管理制度的规定或预先计划安排的时间对财产物资所进行的清查。这种清查的对象不定，可以是全面清查，也可以是局部清查。清查的目的在于保证会计核算资料的真实正确。一般是在年末、季末或月末结账时进行。如，出纳人员每天进行的现金盘点和每月进行与银行的对账工作，以及年终决算时进行的清查都属于定期清查。

2. 不定期清查

不定期清查也称为临时清查，是指根据实际需要临时进行清查，其目的在于分清责任，查明情况。不定期清查的对象可以是企业的全部财产物资，也可以是企业的某个局部。一般来说，不定期清查通常在以下情况下进行：

（1）更换出纳员时对库存现金、银行存款所进行的清查。

（2）更换保管员时对其所保管的财产物资所进行的清查。

（3）上级机关、审计部门和金融部门根据工作需要对企业进行的会计检查。

（4）清产核资时进行的财产清查。

（5）兼并、重组、清算、迁移以及改变隶属关系时进行的清查等。

定期清查和不定期清查的范围应视具体情况而定，可以是全面清查也可以是局部清查。

三、财产清查前的准备工作

财产清查是一项复杂细致的工作，其工作内容涉及面广、涉及的人员多，工作量大。清查时本着先清查数量、核对有关账簿记录等，后认定质量的原则进行。为了有计划地开展这项工作，在财产清查之前，应该充分做好组织上和物质上的准备工作。

1. 组织上的准备

应在财务总监或总会计师及有关主管厂长（经理）的领导下，成立由财务部门牵头、有设备、技术、生产、行政及各有关部门人员参加的财产清查领导小组，具体负责财产清查的领导和组织工作。财产清查领导小组的主要任务是：根据财产清查的目的和管理制度或有关部门的要求，拟定财产清查工作的详细计划，确定财产清查对象和范围，安排清查工作的详细步骤，配备财产清查的具体人员等；在财产清查过程中，及时掌握工作进度；检查和督促财产清查工作、研究财产清查工作中出现的问题；在财产清查工作结束后，写出财产清查工作的书面报告，对发生的盘盈和盘亏提出处理意见等。

2. 物质和业务上的准备

物质和业务上的准备是进行财产清查的前提条件，各业务部门特别是会计部门和会计人员应主动配合，做好准备工作。各相关部门人员应做的准备工作主要有以下内容：

（1）财会人员应做的准备工作。财会人员应在财产清查之前，将企业所有的经济业务全部登记入账，将有关账簿登记齐全，并结出余额。将有关账簿与凭证核对相符，总分类账中反映货币资金、财产物资和债权债务的有关数据应与日记账或相关明细分类账核对清楚，做到账账相符，为财产清查提供可靠的依据。

（2）财产物资保管人员应做的准备工作。财产物资保管人员应将截止到财产清查时点之前的各项财产物资的入库、出库办好相关手续，全部登记入账，结出各科目余额，并与会计部门的有关明细分类账核对相符。同时，财产物资保管人员应将其所保管的各种财产物资堆放整齐，挂上标签，标明品种、规格和结存数量，以备查对。

（3）财产清查小组人员应做的准备工作。财产清查小组人员应组织有关部门准备好计量器具，并进行严格的检查校正，以保证计量的准确性。同时，还应事先将各种登记表册印制准备妥当，以备清查盘点时使用。

四、财产清查的一般程序

财产清查工作需要按照规定的程序有序进行，财产清查的一般程序如下：

（1）建立财产清查组织。

（2）组织清查人员学习有关政策规定，掌握有关法律、法规和相关业务知识，以提高财产清查工作的质量。

（3）确定清查对象、范围，明确清查任务。

（4）制定清查方案，具体安排清查内容、时间、步骤、方法，以及必要的清查前准备。

（5）填制盘存清单。

（6）根据盘存清单，填制实物、往来账项清查结果报告表。

第二节　财产清查的方法

一、实物资产的清查方法

（一）财产物资的盘存制度

财产清查的重要环节是盘点财产物资的实存数量，将实存数量与账存数量相比较，就可以得出清查结果。为了使盘点工作顺利进行，应建立一定的财产物资的盘存制度。一般来说，财产物资的盘存制度有两种：永续盘存制和实地盘存制。这是企业用来确定财产物资账面结存数量的两种方法。单位可以根据经营管理的需要和财产物资品种的不同，分别采用不同的方法，以达到查清账存与实存，分析出现问题的原因，提高经营管理水平的目的。

1. 永续盘存制

永续盘存制也称“账面盘存制”，是指对各种财产物资按其品种规格等设置明细分类账，平时对财产物资的收入与发出业务，根据会计凭证连续登记其增减变化，并随时结出账面结存数的一种管理制度。

在永续盘存制下，账面余额是根据下述公式计算的：

期末账面余额＝期初账面余额＋本期增加额－本期减少额

永续盘存制要求对财产物资的管理有严格的进出手续，它的优点是：能够随时掌握财产物资的使用情况及其增减变动，便于加强会计监督，有利于加强对财产物资的管理；还可以将明细账上的结存数与预定的最高和最低库存限额进行比较，以便取得库存积压或不足的详细资料，及时组织库存财产物资的采购、销售或进行其他处理，加速资金周转。它的缺点是：账簿记录的财产物资的增减变动及结存情况都是根据有关会计凭证登记的，可能会发生账实不符的情况。另外，在财产物资收发频繁的情况下，对于企业来说登记财产物资明细账的工作量会比较大。

采用这种方法进行账面结存的计算时，必须经常对各项财产物资进行定期清查，以查明账实是否相符，如出现账实不符，应查明原因，及时进行处理。在实际工作中，除少数特殊情况外，一般都采用永续盘存制。

2. 实地盘存制

实地盘存制是指对各种财产物资设置明细分类账，平时根据有关会计凭证，只登记财产物资的增加业务，不登记减少业务，月末根据企业实际盘点的财产物资数额来确定期末财产物资账面结存数额，并据以倒挤计算确定当月各项财产物资的减少数额的一种盘存制度。即实际盘点的数量或金额就是期末账面结存的数量或金额。

在实地盘存制下，本期减少额是根据下述公式计算的：

本期减少数额 = 期初账面余额 + 本期增加数额 − 期末实地盘点确定的实存数额

实地盘存制的优点是：可以根据期末实地盘点得出的财产物资期末实存数额作为账面期末结存数，倒挤出财产物资的本期减少（发出）数，并登记有关账簿，因期末结存数是根据实地盘点得到，所以不会出现账实不符的情况；财产物资的发出只需在月末一次或定期进行，不必逐笔登记，可以简化会计核算工作。它的缺点是：在这种盘存制度下，账存数实际上也就是实存数，二者之间无法进行控制与核对；由于对财产物资的减少（或发出）不进行逐笔登记，所以不能随时反映库存财产物资的收入、发出与结存的动态情况；由于是采取以存计耗或以存计销的方式倒算耗用成本或销售成本，这就容易将非耗用或非销售的存货损耗全部计入耗用或销售成本中，从而削弱了对存货的控制作用，影响了成本计算的正确性。综上所述，实地盘存制一般只用于核算那些价值低、品种杂、进出频繁的材料物资和数量不稳定、损耗大的鲜活商品等。

（二）实物资产的清查方法

实物资产的清查主要包括存货（如原材料、在产品、库存商品、半成品、低值易耗品等）和固定资产的清查，清查时主要从数量上进行，保证账实相符。不同品种的财产物资，由于其具有的实物形态、数量、计量单位不同，储存情况复杂等特点，在清查时往往需要结合实际情况，合理选择清查范围，针对不同的清查对象，选用不同的清查方法。实物资产的清查方法通常有以下几种：

1. 实地盘点法

实地盘点法是对原材料、库存商品、固定资产等实物形态的财产，按其实物特点，如体积、形态、数量、重量等不同，在财产物资堆放的现场进行逐一清点或量尺、过称，来确定实物资产的实存数量。在清查中，对于包装完整的大件物资可按大件清点，必要时进行抽查。实地盘点方法数字准确可靠，清查质量高，但工作量大，需要在清查之前做好充分准备，以提高清查速度。这种方法适用范围广，多数财产物资的清点都可以采用这种方法进行。

2. 技术推算法

技术推算法是通过计量、计算等方法来推算实物结存数量的方法，比如量方、计尺等。采用这种方法时，需事先对库存财产物资进行科学堆放，以便采用器具或利用技术方法进行测量。这种方法技术性强，适用于那些量大、成堆、难以逐一清点的财产物资，如大量成堆的煤、矿石、生铁等。

3. 评估确认法

评估确认法是由专门的评估机构，根据资产的特点，依据资产评估方法对有关的财产物资进行评估，以评估的价值作为财产物资的实存金额的方法。适用于企业隶属关系发生变更，如联营、改组、撤销、合并等需要清产核资的情况。

4. 查询核实法

查询核实法是依据本企业的账簿记录，与对方单位的账证进行核对，清查，并根据查询结果来确定财产物资的数量或价值的方法。该方法适用于出租出借的财产物资的查询核实。

为了明确责任，实物资产盘点时，实物资产的保管人员必须到场，盘点结束，根据盘点结果填制“盘存表”，并由盘点人员和实物保管人员签字或盖章。“盘存表”一般一式三份，一份交由实物保管人员保存，一份交财务部门与账面记录核对，并作为账务处理的原始凭证，一份交盘点人员保存备查。

不论采用哪种方法，为了明确经济责任，进行财产物资盘点时，有关财产物资的保管人员都必须在场，并参加盘点工作。对各项财产物资的盘点结果，应逐一如实地登记在“盘存表”上，并由盘点人和实物保管人员签字或盖章。“盘存表”的格式如表 8 - 1 所示。

“盘存表”是记录实物盘点结果的书面文件，也是反映资产实存数的原始凭证。

表 8－1　　　　　盘　存　表

单位名称：　　　　　　财产类别：　　　　　　日期：

存放地点：　　　　　　盘点时间：　　　　　　编号：

实物编号	品种规格	计量单位	数量	单价	金额	备注

盘点人签章：　　　　　　　　保管人签章：

为了进一步查明盘点结果同账簿余额是否一致，在填制了“盘存表”后，还应根据“盘存表”和账簿记录编制“实物清查结果报告表”，也称“实存账存对比表”，以便对账实不一致的情况进行分析，确定经济责任。同时，据此进行账务调整。“实物清查结果报告表”的格式如表 8－2 所示。

表 8－2　　　　　实物清查结果报告表

财产类别：　　　　　　年　月　日　　　　　　编号：

编号	类别名称	计量单位	单价	实存		账存		盘盈		盘亏		备注
				数量	金额	数量	金额	数量	金额	数量	金额	

制表：

二、货币资金的清查方法

货币资金清查包括库存现金、银行存款、其他货币资金等款项的清查。

（一）库存现金的清查

库存现金的清查，是通过实地盘点的方法，确定库存现金的实存数，再与库存现金日记账的账面余额核对，以查明盈亏情况。

库存现金的保管责任在于出纳，因此在清查小组清查库存现金时，出纳人员必须在场。清查人员应认真审核现金收付凭证和有关账簿，检查账务处理是否合理合法，账簿记录有无错误。具体要求是：逐日逐笔地及时登记库存现金日记账，每日结出现金余额并与库存现金实际数进行核对，不能用白条抵库，也就是不能用不具有法律效力的借条、收据等抵充现金。通过现金清查，既要检查账证是否客观、真实，是否符合各项有关规定，又要检查账实是否相符。

现金盘点后，应根据盘点的结果及与库存现金日记账核对的情况，认真填写“现金盘点报告表”，并由出纳人员和盘点人员签字或盖章。“现金盘点报告表”的格式如表8－3所示。

表8－3　　现金盘点报告表

年　月　日　　（日表）

<table>
<tr><th></th><th>面值</th><th>数量</th><th>金额</th><th>盘点异常及建议事项</th></tr>
<tr><td rowspan="11">现金及周转零用金</td><td>100</td><td></td><td></td><td rowspan="11">盘点结果及要点报告</td></tr>
<tr><td>50</td><td></td><td></td></tr>
<tr><td>10</td><td></td><td></td></tr>
<tr><td>5</td><td></td><td></td></tr>
<tr><td>1</td><td></td><td></td></tr>
<tr><td>0.5</td><td></td><td></td></tr>
<tr><td>0.2</td><td></td><td></td></tr>
<tr><td>0.1</td><td></td><td></td></tr>
<tr><td>0.05</td><td></td><td></td></tr>
<tr><td>0.02</td><td></td><td></td></tr>
<tr><td>0.01</td><td></td><td></td></tr>
<tr><td colspan="2">小计</td><td></td><td></td><td rowspan="4"></td></tr>
<tr><td colspan="2">其他项目：未核销费用</td><td></td><td></td></tr>
<tr><td colspan="2">员工借支</td><td></td><td></td></tr>
<tr><td colspan="2">总计</td><td></td><td></td></tr>
<tr><td colspan="2">账面数</td><td></td><td></td><td rowspan="2">左列款项及票据于　年　月　日　时盘点时本人在场，并如数归还无误。</td></tr>
<tr><td colspan="2">盘盈或（盘亏）</td><td></td><td></td></tr>
</table>

<table>
<tr><th>项　目</th><th>张　数</th><th>金　额</th><th>盘点数</th><th>盘盈（亏）</th><th rowspan="5">保管人：
盘点人：</th></tr>
<tr><td>应收票据：代收</td><td></td><td></td><td></td><td></td></tr>
<tr><td>库存</td><td></td><td></td><td></td><td></td></tr>
<tr><td>应收保证票据</td><td></td><td></td><td></td><td></td></tr>
<tr><td>合　计</td><td></td><td></td><td></td><td></td></tr>
</table>

盘点人：　　　　复核人：　　　　核准人：

“现金盘点报告表”是会计工作中重要的原始凭证，具有“盘存表”和“实存账存对比表”的双重作用。

对库存现金清查的方法也适用于国库券、其他金融债券、公司债券、股票等有价证券的清查。

（二）银行存款的清查

银行存款的清查采取与开户银行核对账目的方式进行，即将本单位的银行存款日记账与开户银行转来的对账单逐笔进行核对，每月至少核对一次。但即使双方记账都没有错误，银行存款日记账的余额和银行对账单的余额也往往不一致。这种不一致的原因，主要是因为存在未达账项。未达账项是指由于企业与银行之间对于同一项业务，由于取得凭证的时间不同，导致记账时间不一致而发生一方已登记入账，而另一方由于尚未取得结算凭证，尚未入账的款项。

单位与银行之间发生的未达账项有以下四种情况：

第一，单位已收，银行未收。例如，企业销售产品收到支票，送到银行后即可根据银行盖章后退回的“进账单”回联登记银行存款的增加，而银行则不能马上记增加，要等款项收到后才能记增加。如果此时对账，则形成了企业已收，银行未收账的款项。

第二，单位已付，银行未付。例如，企业开出一张支票支付购买材料款，企业可根据支票存根、发货票及收料单等凭证，在银行存款日记账中登记银行存款的减少，而此时银行尚未接到支付款项的凭证，尚未登记减少。如果此时对账，则形成企业已付，银行未付的款项。

第三，银行已收，单位未收。例如，外地某单位通过银行给企业汇来货款，银行收到汇款后，马上登记银行存款增加，若到对账时企业仍未收到汇款凭证，则不能在银行存款日记账中登记银行存款的增加。如果此时对账，则形成了银行已收，企业未收的款项。

第四，银行已付，单位未付。例如，银行代企业支付电费，银行已经将电费支付给电力企业，并取得支付款项的凭证，登记了银行存款减少，若到对账时企业尚未接到银行付款通知凭证，则不能在银行存款日记账中登记银行存款的减少。如果此时对账，则形成银行已付，企业未付的款项。

上述任何一种未达账项的存在，都会使企业银行存款日记账的余额与开户银行对账单的余额不符。在与银行核对账目之前，应该首先检查本单位银行存款日记账，保证银行存款日记账中经济业务的正确与完整。具体清查程序是：单位每月定期从银行取得银行对账单，将银行对账单与单位银行存款日记账所记录的每笔业务逐笔核对。若出现仅在银行对账单中出现或仅在单位银行存款日记账中出现的业务，则为未达账项。若无未达账项，对账单与日记账余额应当相符。若存在未达账项，则需编制银行存款余额调节表进行调整，调整后对账单与日记账余额应相符。如果出现了左右两侧金额不同的情况，表明企业或者银行记账有误，这时应及时查明原因并加以处理。

【例 8－1】2008 年 6 月，联合公司银行对账单与企业银行存款日记账记录如下：

银行对账单记录：

6 月 30 日余额为 585 000 元。

（1）25 日，收到上海风华公司购货款 75 000 元。

（2）26 日，收到联合公司交来转账支票一张，支票号为 5500，金额为 12 800 元。

（3）27 日，代联合公司支付水费 1 000 元。

（4）27 日，收到现金支票一张，支票号为 3 300，金额为 3 000 元。

（5）28 日，收到委托代收的江苏公司销货款 29 500 元。

（6）29 日，代联合公司支付电费 15 000 元。

（7）30 日，结转银行存款利息 5 350 元。

银行存款日记账记录：

6 月 30 日余额为 751 650 元。

（1）25 日，收到 5500 号转账支票一张，金额为 12 800 元。

（2）26 日，开出现金支票支付购料款 3 000 元，支票号为 3300。

（3）27 日，收到银行转来付款通知，支付水费 1 000 元。

（4）29 日，收到银行转来收账通知，江苏销货款 29 500 元已收到。

（5）30 日，开出转账支票一张用于购买包装物，支票号为 5501，金额为 2 000 元。

（6）30 日，向大华公司销售产品，收到对方交来转账支票一张，支票号为 2801，金额为 23 400 元。

要求：找出联合公司所有未达账项，并编制银行存款余额调节表。

分析：上述记录中，银行对账单及企业银行存款日记账中均已记录的为已达账项，一方有记录，另一方未记录的经济业务为未达账项。如企业银行存款日记账中记录，25 日收到 5500 号转账支票一张，金额 12 800 元。银行对账单上也记录了 26 日收到联合公司交来 5500 号转账支票一张，金额为 12 800 元。因此该笔业务为已达账项，不需要调整。经过上述分析查明，银行已记账，单位未记账的有：（1）25 日，收到上海风华公司购货款 75 000 元。（2）29 日，代联合公司支付电费 1 500 元。（3）30 日，结转银行存款利息 5 350 元。单位已记账，银行未记账的有：（1）30 日，开出转账支票一张用于购买包装物，支票号为 5501，金额为

2 000元。(2) 30 日，向大华公司销售产品，收到对方交来转账支票一张，支票号为2801，金额为23 400 元。

根据上述资料，编制“银行存款余额调节表”如表8－4所示。

表8－4 银行存款余额调节表

2008 年6月30日 单位：元

项 目	金 额	项 目	金 额
企业银行存款账面余额	751 650	银行对账单余额	585 000
加：银行已收企业未收的款项	75 000 5 350	加：企业已收银行未收的款项	234 000
减：银行已付企业未付的款项	15 000	减：企业已付银行未付的款项	2 000
调节后的余额	817 000	调节后的余额	817 000

在进行银行存款核对时需要注意：首先，银行存款余额调节表左右两侧调节后的金额是企业银行存款的真正数额，应该相等。其次，在对银行存款的清查中，要特别注意长期存在的未达账项，这样的款项很有可能是错账，因此单位应对时间较长的未达账项进行分析，查明原因，及时处理。另外，“银行存款余额调节表”只起到对账的作用，不能作为调节会计账目余额的凭证，银行存款日记账的登记，还应待收到有关原始凭证后再进行。

这种对银行存款清查的方法也适用于对银行借款的清查。

三、往来账项的清查

往来账项主要包括各种应收、应付款、暂收暂付款等。企业与其他单位的各种结算往来款项的清查应采用同对方核对账目的方法进行。一般采取“函证核对法”进行清查，即通过对账单同往来单位核对账目。单位首先应将本单位的往来账目核对清楚，确认无误后，按每一个经济往来单位编制“往来账项对账单”，“往来账项对账单”应按明细分类账逐笔抄录，一式两联，其中一联作为回单，对方单位核对后，如账目相符，应在回单上盖章表示已核对后退回，如发现账目不符，则另抄对账单退回，作为进一步查明原因，再次核对的依据。对于查出的错账，应予以更正。通过往来账项的清查，要及时催收该收回的账款，并偿还该偿还的欠款，对呆账和坏账要也应及时处理。

“往来款项对账单”格式如图8－1所示。

往来款项对账单

××单位：

贵单位于××年×月×日到我公司购A产品2 000件，款项585 000元未付，请核对后将回单联寄回。

清查单位：（盖章）

××年×月×日

往来款项对账单（回单）

××单位：

你单位寄来的"往来款项对账单"已收到，经核对相等。

××单位：（盖章）

××年×月×日

图8－1　往来款项对账单

如果企业与某一单位的往来账项不止一笔，也可以编制"往来款项对账表"。"往来款项对账表"的格式如表8－5所示。

表8－5　往来款项对账表

贵单位欠本单位款项					本单位欠贵单位款项					备注
日期	发票或凭证号	金额	对账结果		日期	发票或凭证号	金额	对账结果		
			一致	不一致（加说明）				一致	不一致（加说明）	

在对往来款项进行清查后，应根据结果及时填写"结算资金清查结果报告单"或"往来款项清查报告表"，格式如表8－6所示。表内除所列各项应收或应付款项的余额外，对于未达账项、双方有争议的款项以及没有希望收回的款项、无须支付的款项也应在备注中加以说明，并报请单位主管人员进行处理。

表8－6　结算资金清查结果报告表

清查日期：　　年　月　日　　制表日期：　　年　月　日

总分类账户名称：　　总分类账户结余金额：　　第　页

明细账户名称	清查结果		差异额及原因分析	
	本单位账面金额	对方账面金额	差异额	原因分析

第三节 财产清查结果的处理

一、财产清查结果的处理程序

企业的财产清查工作结束后，对于财产物资的盘盈与盘亏，都必须根据国家的有关政策法规和财务管理制度，按规定的程序进行处理。财产清查结果的处理程序如下：

（一）查明差异，分析原因

对于财产清查中所确定的各项财产的账实之间出现的数量与金额上的不同和质量上的问题，要认真进行调查与分析，查明其性质和具体原因，明确经济责任，并且要提出具体的处理意见，呈报有关领导审批处理。

（二）积极处理清查过程中发现的多余积压物资和长期不清的债权债务

长期积压或闲置不用的物资会妨碍企业资金的正常周转，因此，对于在财产清查中发现的此类物资，应及时报请有关部门和人员后，采取切实可行的办法进行处理；对于清查中发现的长期不清或有争议的债权债务，应当指定专门人员负责清查，限期清理。

（三）认真总结经验教训，提出改进工作的措施，建立健全财产管理责任制度

企业应在每次进行财产清查之后，及时总结在财产管理方面存在的问题，并据以制定改进工作的具体措施，建立健全岗位责任制度，保护企业财产的安全完整。

（四）进行账务调整，做到账实相符

对于财产清查中发现的各种账实之间的差异，要查明原因，及时进行账务调整，保证账实相符。

二、财产清查结果的处理方法

财产清查结果的处理分两步进行：

借：原材料　950

　　贷：待处理财产损溢——待处理流动资产损溢　950

报经批准时，红字冲减管理费用：

借：管理费用　950

　　贷：待处理财产损溢——待处理流动资产损溢　950

（2）盘盈固定资产。

【例8-3】新华公司在财产清查过程中，发现账外机器一台，按同类或类似固定资产的市场价格，减去按该项机器的新旧程度估计的价值损耗后，其余额为20 000元，假设该公司适用的所得税税率为25%，按净利润的10%计提法定盈余公积金。新华公司应作如下会计处理：

盘盈固定资产时：

借：固定资产　20 000

　　贷：以前年度损益调整　20 000

确定应交纳的所得税时：

借：以前年度损益调整　5 000

　　贷：应交税费——应交所得税　5 000

结转为留存收益时：

借：以前年度损益调整　15 000

　　贷：盈余公积——法定盈余公积　1 500

　　　　利润分配——未分配利润　13 500

2. 财产物资盘亏的账务处理

（1）盘亏存货。

【例8-4】旭日文具公司2008年3月31日对库存商品进行盘点，盘点结果为复印纸1 900包，每包20元，中性笔950盒，每盒5元。库存商品明细账中复印纸2 000包，中性笔1 000盒。经查，商品短缺系管理员张成失职造成的丢失，主管领导批准，损失由张成赔偿。旭日公司应作如下会计处理：

盘亏存货时：

借：待处理财产损溢——待处理流动资产损溢　2 250

　　贷：库存商品　2 250

报经批准时：

借：其他应收款——张成　2 250

　　贷：待处理财产损溢——待处理流动资产损溢　2 250

收到张成交来现金赔偿款时：

借：库存现金 2 250

　　贷：其他应收款——张成 2 250

【例 8-5】 丰丰公司在财产清查中发现 W1 型材料短缺 50 公斤，账面价值 6 000 元。经查，上述短缺材料中 2 000 元属自然损耗，其余 4 000 元属于自然灾害造成的非常损失，保险公司负责赔偿非常损失的 50%。按管理权限报经批准，自然损耗全部列为管理费用核销，非常损失中得不到赔偿部分列作营业外支出。丰丰公司应作如下会计处理：

盘亏原材料时：

借：待处理财产损溢——待处理流动资产损溢 6 000

　　贷：原材料——W1 型材料 6 000

报经批准时：

借：管理费用 2 000

　　其他应收款——××保险公司 2 000

　　营业外支出 2 000

　　贷：待处理财产损溢——待处理流动资产损溢 6 000

根据增值税相关会计处理的规定，企业购进的材料、商品等发生非正常损失以及因改变用途等原因发生损失的，其进项税额应转入有关科目，借记“待处理财产损溢”科目，贷记“应交税费——应交增值税（进项税额转出）”科目，属于转作待处理财产损失的部分，应与损失的资产成本一并处理。

【例 8-6】 丰丰公司在财产清查中发现 W2 型材料短缺 20 公斤，账面价值 2 000 元。经查明，上述短缺材料是由于台风造成的损失，经批准列作营业外支出。该公司增值税税率为 17%。丰丰公司应作如下会计处理：

盘亏原材料时：

借：待处理财产损溢——待处理流动资产损溢 2 340

　　贷：原材料——W1 型材料 2 000

　　　　应交税费——应交增值税（进项税额转出） 340

报经批准时：

借：营业外支出 2 340

　　贷：待处理财产损溢——待处理流动资产损溢 2 340

（2）盘亏固定资产。

【例 8-7】 新华公司在财产清查过程中，发现短缺一台电脑，账面原价为 5 000 元，已计提折旧 2 000 元。报经批准后作营业外支出处理。新华公司应作如下会计处理：

盘亏固定资产时：

7. 在盘点财产物资时，各项财产物资的盘点结果应登记在（　　）。

A. 盘存单　B. 账存实存对比表　C. 银行对账单　D. 现金盘点报告表

8. 为了及时掌握各项财产物资的增减变动和结存情况，一般应采用的财产物资盘存制度是（　　）。

A. 权责发生制　B. 永续盘存制　C. 收付实现制　D. 实地盘存制

9. 企业因自然灾害所造成的生产用材料毁损，报经批准后，应将扣除保险公司等单位的赔款和残料价值后的净损失记入（　　）账户。

A. 管理费用　B. 其他业务支出　C. 营业外支出　D. 制造费用

10. 企业盘亏的产成品，在批准处理前，应记入（　　）账户。

A. 待处理财产损溢　B. 管理费用　C. 其他应收款　D. 营业外支出

11. “实物清查结果报告表”是调整账面记录的（　　）。

A. 累计凭证　B. 汇总凭证　C. 记账凭证　D. 原始凭证

二、多项选择题

1. 财产清查，按清查的时间可分为（　　）。

A. 固定资产　B. 局部清查　C. 定期清查　D. 不定期清查

2. 企业进行全面清查的情况一般是（　　）时。

A. 年终决算　B. 开展清产核算

C. 月末　D. 单位撤销，改变隶属关系

3. 不定期清查适用于（　　）。

A. 更换现金保管员　B. 季末结账

C. 发生自然灾害损失　D. 单位撤销、合并

4. 下列属于未达账项的有（　　）。

A. 企业收到支票存入银行，并已记银行存款增加，银行尚未记账

B. 银行代企业付水电费，企业尚未入账

C. 企业开出一张支票支付购料款，并记银行存款减少，银行未收到支票

D. 银行收到某单位给企业的汇款，并记银行存款增加，企业尚未收到通知

5. 导致企业银行存款日记账账面余额小于银行对账单余额的未达账项是（　　）。

A. 企业已收款入账，银行尚未收款入账

B. 企业已付款入账，银行尚未付款入账

C. 银行已收款入账，企业尚未收款入账

D. 银行已付款入账，企业尚未付款入账

6. 关于“待处理财产损溢”账户，下列说法正确的是（　　）。

A. 借方登记各项财产物资的盘亏或毁损金额

B. 借方登记已批准处理财产物资盘盈转销数

C. 贷方登记各项财产物资的盘盈金额及各项财产物资盘亏和毁损报经批准后的转销数

D. 期末余额在借方，反映尚未处理的各项财产物资的净损失和净溢余

7. 财产物资的盘存制度有（　　）。

A. 权责发生制　B. 收付实现制　C. 永续盘存制　D. 实地盘存制

8. 下列属于不定期全面清查的情况有（　）。

A. 年终决算前进行的清查

B. 每日对现金的盘点

C. 单位撤销、合并或改变隶属关系进行的清查

D. 单位主要领导调离工作前进行的清查

9. 在财产清查过程中，可以作为调整账面记录原始依据的有（　）

A. 应收、应付款项对账单　B. 库存现金盘点报告表

C. 银行存款余额调节表　D. 实物清查结果报告表

10. 对于盘亏及毁损的存货，在报经批准后，分别不同情况进行财务处理时，可能记入借方账户的有（　）。

A. 管理费用　B. 其他应收款　C. 待处理财产损溢　D. 营业外支出

11. 造成账实不符的原因主要有（　）。

A. 在账簿记录中发生重记、漏记或错记　B. 财产物资在收发过程中计量或检验不准

C. 财产物资在保管过程中发生自然损耗　D. 因意外灾害造成的损失

12. 不需要通过"待处理财产损溢"科目进行财产清查结果处理的项目是（　）。

A. 原材料盘盈　B. 应收账款损失　C. 应付账款盘盈　D. 固定资产盘亏

三、判断题

1. 进行财产清查时，如发现实存数小于账存数，即为盘亏。（　）

2. 对于库存现金的清查，一般采取实地盘点法。（　）

3. "银行存款余额节表"只是为了核对账目，并不能作为调节银行存款余额的原始凭证。（　）

4. 造成账实不符的原因，是会计人员工作上的差错。（　）

5. 定期清查可以是局部清查也可以是全面清查。（　）

6. 实地盘存制下，财产清查的目的在于做到账实相符。（　）

7. 单位已付款入账，银行尚未付款入账的未达账项会造成单位银行存款日记账余额高于银行对账单余额。（　）

8. 财产清查结果的账务处理都必须通过"待处理财产损溢"账户进行。（　）

9. 对于盘亏的存货，在报经批准后，一般借记"管理费用"账户。（　）

10. 经批准后，按盘亏固定资产价值扣除过失人及保险公司赔偿金额后的差额（即净值），借记"营业外支出"账户。（　）

四、业务题

习题一

目的：练习银行存款余额调节表的编制

资料：某企业 200×年 12 月 31 日银行存款日记账的余额为 56 000 元，银行转来的对账单的余额为 74 000 元，经过逐笔核对，有如下未达账项：

1. 企业已收到销货款 2 000 元，已记银行存款增加，银行尚未记增加。

2. 企业已付购材料款 18 600 元，已记银行存款减少，银行尚未记减少。

3. 银行接到上海某企业汇来的购货款 10 000 元，已记了银行存款的增加，企业尚未记增加。

4. 银行代企业支付购材料款 8 000 元，银行已登记减少，企业尚未记减少。

要求：

1. 根据以上资料编制“银行存款余额调节表”，调节双方余额。

2. 假设银行对账单及未达账项均无错误，请问企业银行存款日记账错记金额是多少？

习题二

目的：练习财产物资清查结果的会计处理

资料：常青工厂 200×年 12 月底对其财产进行全面清查，结果如下：

该厂在年终财产清查中发现以下问题：

1. 库存现金盘点短缺 100 元，经查，是由于出纳人员保管不善造成的，经批准，责令保管员赔偿。

2. 盘亏 A 材料一批，A 材料明细账存量为 1 000 公斤，单价 10 元，盘点实存量为 900 公斤。经批准，列作管理费用处理。

3. 盘亏 B 产品 10 件（单位成本 200 元），经批准，其中 800 元属于物资保管人员责任，由其赔偿；另外部分转作管理费用。

4. 盘盈 B 材料 450 公斤，单位成本 2 元；A 产品 20 件，每件 300 元，计 6 000 元。经批准盘盈材料作冲减管理费用处理，盘盈产品作营业外收入处理。

5. 盘亏一台小型设备，原值为 20 000 元，该设备已提折旧 5 000 元，经批准，作为营业外支出处理。

6. 甲材料盘点溢余 20 千克，每千克 46 元。经查明，溢余属自然升溢引起，经批准，作冲减管理费用处理。

7. 原材料乙盘点短缺 40 千克，每千克 120 元。经查明，属于定额内损耗 5 千克；属于过失人造成的，有责任人赔偿的 10 千克；属于自然灾害造成的损失 25 千克，但由保险公司赔偿1 800 元。

8. 盘盈 A 设备一台，估计其价值为 30 000 元，企业所得税税率为 25%，按净利润的 10% 计提法定盈余公积。

要求：根据上列资料，进行报批前和报批后的会计处理。（不考虑增值税）

习题三

目的：练习应收、应付款清查结果的会计处理

资料：常青工厂 200×年 12 月清查往来账项时，发现以下往来业务问题：

1. 应付沧海公司的购货款 5 280 元，由于对方单位撤销无法支付，经批准转作营业外收入。

2. 由于对方单位破产，应收而无法收回的销货款 850 元，经批准作为坏账损失处理。

要求：根据上述资料，进行相应会计处理。

第九章 财务会计报告

本章学习目的

☞ 了解财务报告的概念、目标及作用

☞ 明确财务报表的内容、分类和编制要求

☞ 掌握资产负债表、利润表、现金流量表的结构、内容及基本编制方法

☞ 了解所有者权益变动表的结构和财务报表附注的内容

第一节 财务会计报告概述

一、财务会计报告的作用

财务会计报告（又称财务报告），是指企业对外提供的反映企业某一特定日期的财务状况和某一会计期间的经营成果、现金流量等会计信息的文件。财务会计报告是企业正式对外揭示或表述财务信息的书面文件。它是对企业日常会计核算资料进行加工、整理、归类、汇总后编制而成的。

财务会计报告作为提供信息的载体，其具有重要作用，主要表现在以下几个方面。

（一）为投资者、债权人的投资决策和信贷决策提供信息

企业的生产和发展需要投资者、债权人的投资、信贷支持。投资者、债权人不可能在对企业的经营情况和财务状况毫不了解的情况下向企业提供投资资金和信贷资金，只有了解企业各方面的信息，进行分析对比后，他们才会决定自己的投资方向。企业的责任就是向投资人、债权人提供真实、及时、可靠的会计信息，为投资

者、债权人作出合理决策提供信息支持。

随着企业产权多元化，投资者数量不断增加，对会计信息的要求也越来越高。投资者主要关心投资的风险和报酬及企业支付股利的能力，以便帮助其作出是否持股的决策。随着资本市场的快速发展，债权人的风险在逐渐加大，企业贷款人和供应商等债权人关心企业的偿债能力和财务风险，关心贷款和货款的安全程度，即企业是否有能力在债务到期时足额偿付本金和利息，清偿所欠货款。这都要求企业的财务报告如实反映其资产、负债和所有者权益的情况；如实反映企业的各项收入、费用、利得和损失的金额及其变动情况以及利润情况；如实反映企业现金流入和流出情况，进而判断投资风险、投资报酬以及偿债能力等，财务会计报告的真实列报有助于投资者和债权人评价企业的资产质量、偿债能力、盈利能力和资产的营运效率，有助于投资者和债权人对企业未来产生现金的能力进行评估，帮助其作出正确、理性的投资决策和信贷决策等。

（二）为管理当局提供有关信息

通过财务会计报告，管理当局可以了解和掌握企业当前的财务状况、经营成果和现金流量变动情况，以便不断改善经营管理。如通过财务报告，可以提供本期企业的利润是上升还是下降，成本是超支还是节约，资金周转速度是快还是慢，经费运用是否合理等信息，这些信息对于管理当局来说，都是十分重要的。企业内部管理人员可以通过财务会计报告全面、系统地了解企业的财务状况和经营成果，分析财务计划和有关方针政策的执行情况，以便及时发现经营管理中存在的问题及不足，及时制定切实可行的措施加以改进，加强内部控制，改善经营管理，提高经济效益，并运用会计报告信息，适时地进行经济预测和决策。

（三）满足上级主管部门、专业公司和国家经济管理部门的需要

上级主管部门、专业公司需对所属企业、单位上报的财务会计报告进行审阅，并汇总上报。利用财务会计报告提供的资料，可以使企业或单位的上级主管、专业公司和国家管理部门，了解和掌握企业或单位一定期间的财务状况和经营成果，以便加强领导，进行宏观调控。国家宏观经济管理部门通过对各单位提供的财务会计报告资料进行汇总和分析，了解和掌握各部门、各地区经济计划、预算的完成情况，各种财经法律制度的执行情况，并针对存在的问题，及时调控经济活动，优化资源配置。

（四）便于财政、税务部门、银行进行了解和监督

财务会计报告所反映的企业在一定时期的资金使用情况、上交税金情况、贷款使用情况、利润实现情况等，都会在报表中得到充分的反映。财政、税务、银行等

机构需要了解企业、单位的这些情况并进行监督。

二、财务会计报告的组成和分类

财务会计报告包括财务报表和其他应当在财务报告中披露的相关信息和资料。财务报表是对企业财务状况、经营成果和现金流量的结构性表述。一套完整的财务报表至少应当包括"四表一注"，即资产负债表、利润表、现金流量表（小企业可以不包括现金流量表）、所有者权益（或股东权益）变动表及附注。

会计报表可以按照不同标准进行分类。

（一）按财务报表反映的经济内容分类

（1）反映某一特定日期财务状况的报表。指用来反映在一定会计报告期末企业资产、负债及所有者权益等财务状况的报表，如资产负债表。

（2）反映某一特定期间经营成果的会计报表。指用来反映企业在一定会计报告期收入、费用和最终经营成果的报表，如利润表。

（3）反映某一会计期间现金及现金等价物变动情况的会计报表。指反映企业在一定会计报告期内现金及现金等价物流入量、流出量和净流量情况的会计报表，如现金流量表。

（4）反映某一会计期间所有者权益变动情况的会计报表。指反映企业在一定会计报告期内所有者权益增减变动及期末结存情况的会计报表，如所有者权益变动表。

（二）按财务报表编报的期间分类

（1）年度财务报表是以一个完整会计年度的报告期间为基础编制的财务报表，是每年年末编制的报表。年度财务报表至少应当包括资产负债表、利润表、现金流量表、所有者权益变动表和附注。

（2）中期财务报表是以短于一个完整会计年度的报告期间为基础编制的财务报表，包括月报、季报和半年报等。月报指每月月末编制的报表；季报指每季季末编制的报表；半年报，指每半年末编制的报表。中期报表的格式和内容应当与年度财务报表相一致。与年度财务报表相比，中期财务报表中的附注披露可以适当简略。

（三）按反映资金运动的状态分类

（1）静态报表，指反映资金运动处于相对静止状态时的会计报表，它用来反映企业经营中资产和负债的分布与来源的状况。资产负债表是典型的静态报表。

（2）动态报表，指反映资金运动显著变动状态的会计报表，它用来反映资金的投入与退出，以及资金在企业内部周转运动的情况。利润表、现金流量表等都是动态报表。

（四）按财务报表编报的主体分类

（1）个别财务报表。个别财务报表是指企业在自身会计核算基础上对账簿记录进行加工而编制的财务报表，它主要用以反映企业自身的财务状况、经营成果和现金流量等情况。

（2）合并财务报表。合并财务报表是以母公司和子公司组成的企业集团为会计主体，根据母公司和所属子公司的财务报表，由母公司编制的综合反映企业集团财务状况、经营成果及现金流量的财务报表。

（五）按财务报表提供的对象分类

（1）对外提供的会计报表。对外提供的会计报表主要是资产负债表、利润表和现金流量表，其格式和内容由财政部规定。

（2）对内提供的会计报表。对内提供的会计报表，即内部会计报表是为满足企业内部管理的需要而编制的，如“制造费用表”、“商品产品成本表”等，其格式、内容及编制方法由企业根据内部管理的需要自行规定，但不论内部制表还是外部报表都必须遵守会计核算的基本原则，保证会计信息的真实、可靠。

三、财务报表的编制要求

（一）数字真实，内容完整

企业应当以持续经营为基础，根据实际发生的交易和事项，如实反映符合确认和计量要求的各项会计要素及其相关会计信息。企业应当按照国家统一的企业会计准则规定的报表种类、格式和内容进行填报，不得漏报或任意取舍。企业发生合并、分立情形的，应当按照国家统一的会计准则的规定编制财务报告。企业终止经营的，应当按照国家统一的会计准则规定编制清算期间和营业终止时的财务会计报告。需要编制合并会计报表的企业集团、母公司除编制其个别会计报表外，还应当编制企业集团的合并财务报表。

（二）前后一致，相互可比

财务报表在编制基础、编制依据、编制方法上，以及财务报告的项目名称、项目分类和排列顺序等方面应当在各个会计期间保持一致。除会计准则要求改变或者企业经营业务的性质发生重大变化后，变更财务报表项目的列报能够提供更可靠、更相关的会计信息之外，财务报表项目的列报不得随意变更，以保证各期财务报告的可比性。当情况发生变化要求必须变更会计政策或会计方法时，应当在财务报告中说明变更的原因和变更后的影响。各种会计报表之间、会计报表各项目之间，凡是存在对应关系的数字，应当保持相互一致。会计报表本期与上期的有关数字也应相互衔接，保持一致。当期财务报表的列报，至少应当提供所有列报项目上一可比会计期间的比较数据，以及与理解当期财务报表相关的说明。财务报表项目的列报发生变更的，应当对上期比较数据按照当期的列报要求进行调整，并在附注中披露调整的原因和性质，以及调整的各项目金额。

（三）重要项目，单独列报

性质或功能不同的项目，应当在财务报表中单独列报，但不具有重要性的项目除外。性质或功能类似的项目，其所属类别具有重要性的，应当按其类别在财务报表中单独列报。财务报表某项目的省略或错报会影响使用者据此作出经济决策的，该项目具有重要性。判断项目性质的重要性，应当考虑该项目的性质是否属于企业日常活动等因素；判断项目金额大小的重要性，应当通过单项金额占资产总额、负债总额、所有者权益总额、营业收入总额、营业成本总额、净利润等直接相关项目金额的比重加以确定。

（四）按时编制，及时报送

企业应当依据法律、法规和国家统一的会计准则的规定，及时编制并对外提供财务会计报告，使企业的财务信息能够及时为会计信息使用者所掌握。财务报告编制完成后，应按照规定办理报送手续。

财务报表报送的期限，一方面应考虑需要报表的有关单位对报表的需要程度；另一方面又要考虑编报单位的机构、组织形式、编报工作量大小以及编报单位所在地的交通条件等因素，正确规定财务报表的报送期限。根据《企业会计制度》规定，月报应于月份终了后 6 天内报出，半年度报应于年度中期结束后 60 天内报出，年报于年度终了后 4 个月内报出。

（五）认真复核，手续齐备

企业在报送财务报表之前，必须由本单位会计主管人员和企业负责人进行认真复核，主要复核报表的项目是否填列齐全，资料填列是否完整，是否附有必要的编制说明，报表与报表的有关指标是否衔接一致，财务报表的内容是否符合财经法规、制度的要求。经复核无误后，应将财务报表依次编定页数，加具封面，装订成册，加盖公章。封面上应当注明企业名称、企业统一代码、组织形式、地址、报表年度或者月份、报出日期，并由企业负责人和主管会计工作的负责人、会计负责人、会计主管人员签名并盖章；设置总会计师的企业还应当由总会计师签名并盖章。

在审核过程中，如果发现报表编制有错误或不符合制度的要求，应及时通知报送单位进行更正。如果发现有违反财经法规的情况，应查明原因，及时纠正，严肃处理。

第二节　资产负债表

一、资产负债表的概述与作用

（一）资产负债表的概念

资产负债表是反映企业在某一特定日期财务状况的报表。它反映企业在某一特定日期所拥有或控制的经济资源、所承担的现时义务和所有者对净资产的要求权。如每年末编制的资产负债表所反映的是当年12月31日的财务状况。资产负债表是依据“资产=负债+所有者权益”这一会计等式，依照一定的分类标准和一定的次序，将企业在一定日期的资产、负债和所有者权益项目予以适当排列，并对日常工作中形成的大量数据进行整理后编制而成的。

（二）资产负债表的作用

资产负债表主要提供有关企业财务状况方面的信息，即企业的资产、负债和所有者权益及相互关系方面的信息。资产负债表对报表使用者的作用主要表现在以下几个方面：

（1）通过资产负债表的信息，可以反映企业在某一特定日期所掌握的资源及其分布情况，使用者可以一目了然地从资产负债表上了解企业在某一特定日期所拥有的资产总量及其结构。

（2）通过资产负债表的信息，可以提供企业经济资源的渠道及来源构成情况，表明企业未来需要用多少资产或劳务清偿债务以及清偿的时间，使投资者和债权人可以据此分析企业资本结构的合理性，了解其所面临的财务风险，进而采取相应措施规避风险或作出相应信贷决策。

（3）通过资产负债表的信息，可以反映所有者拥有的净资产及其构成，据以判断资本保值、增值的情况及对负债的保障程度。

（4）资产负债表可以提供进行财务分析的基本资料，通过对资产负债表各项目的比率分析和资本结构分析，可以了解企业的变现能力、偿债能力和资金周转能力，掌握企业财务状况的变化情况与变化趋势，从而为会计信息使用者作出经济决策提供有价值的参考。

二、资产负债表的结构与内容

（一）资产负债表的结构

常见的资产负债表结构有账户式和报告式两种。账户式资产负债表分为左右两方，左方列示资产项目，右方列示负债与所有者权益项目，左右两方的总计数保持平衡，即资产总计等于负债与所有者权益总计。报告式资产负债表将报表分为上下两部分，上部分列示各项资产，下部分列示各项负债和所有者权益，两部分仍保持“资产＝负债＋所有者权益”的平衡关系。我国的资产负债表采用账户式结构。

（二）资产负债表的内容

资产负债表的项目分为资产、负债和所有者权益三大类。在编制资产负债表时，对每一类项目还要进一步分类，以便充分披露有关信息。其中：

（1）资产和负债类项目按流动性列报。流动性通常按照资产的变现或耗用时间长短或者负债的偿还时间长短来确定，按照财务报表列报准则的规定，应先列报流动性强的资产或负债，再列报流动性弱的资产或负债。对于在资产负债表日起一年内到期的负债，企业预计能够自主地将清偿义务展期至资产负债表日后一年以上的，应当归类为非流动负债。

资产负债表中的资产类至少应当列示流动资产和非流动资产的合计项目；负债类至少应当列示流动负债和非流动负债以及负债合计项目。

（2）所有者权益，是指企业资产减去负债后的余额，即净资产。所有者权益反映企业在某一特定日期股东拥有的净资产的总额。所有者权益通常按照实收资本、资本公积、盈余公积和未分配利润顺序列示。

三、资产负债表的编制方法

（一）资产负债表的编制说明

企业应以会计账簿为基础，对账簿记录的数据进行归类、整理和汇总，加工成报表项目，形成资产负债表。

1. “年初余额”的填列方法

资产负债表各项目的“年初余额”，应根据上年末资产负债表“期末余额”栏内所列数字填列。如果本年度资产负债表规定的各个项目的名称和内容同上年度不相一致，应对上年年末资产负债表各项目的名称和数字按本年度的规定进行调整，按调整后的数字填入本表“年初余额”栏内。

2. “期末余额”的填列方法

“期末余额”是指某月末、季末、半年末或年末的数字。资产负债表各项目“期末余额”可以通过以下几种方式计算填列：

（1）直接根据总账科目的余额填列。如交易性金融资产、应收票据、应收股利、应收利息、固定资产、固定资产清理、工程物资、递延所得税资产、短期借款、应付票据、应付职工薪酬、应交税费、应付股利、递延所得税负债、实收资本、资本公积、盈余公积等项目。

（2）根据几个总账科目的余额计算填列。如货币资金、未分配利润项目。其中：

“货币资金”项目是根据“库存现金”、“银行存款”、“其他货币资金”科目的期末余额合计填列。

“未分配利润”项目是根据“本年利润”科目和“利润分配”科目的余额合计填列。具体来说，1～11 月每月月报表本项目应根据“利润分配”和“本年利润”两个账户余额分析填列。而在 12 月月报和年报中本项目应直接根据“利润分配——未分配利润”余额直接填列。

（3）根据有关明细科目的余额计算填列。如应收账款、预付款项、应付账款、预收款项等项目。其中：

“应收账款”项目是根据“应收账款”和“预收账款”科目所属各明细科目的期末借方余额合计数，减去“坏账准备”科目中有关应收账款计提的坏账准备期末余额后的金额填列。

“预付款”项目是根据“预付账款”和“应付账款”科目所属各明细科目的期末借方余额合计填列。

“应付账款”项目是根据“应付账款”和“预付账款”科目所属各明细科目的期末贷方余额合计填列。

“预收款项”项目是根据“预收账款”和“应收账款”科目所属各明细科目的期末贷方余额合计填列。

（4）根据总账科目和明细科目的余额分析计算填列。主要包括持有至到期投资、长期应收款、长期待摊费用、长期借款、应付债券、长期应付款等项目。如“长期借款”项目，应根据“长期借款”总账科目余额扣除“长期借款”科目所属的明细科目中将在资产负债表日起一年内到期、且企业不能自主地将清偿义务展期的长期借款后的金额填列。

（5）根据总账科目与其备抵科目抵消后的净额填列。主要包括应收票据、应收账款、其他应收款、存货、持有至到期投资、长期股权投资、固定资产、投资性房地产、无形资产等项目。如资产负债表中的“应收账款”、“长期股权投资”等项目，应根据“应收账款”、“长期股权投资”等科目的期末余额减去“坏账准备”、“长期股权投资减值准备”等科目余额后的净额填列；“固定资产”项目，应根据“固定资产”科目期末余额减去“累计折旧”、“固定资产减值准备”科目余额后的净额填列；“无形资产”项目，应根据“无形资产”科目期末余额减去“累计摊销”、“无形资产减值准备”科目余额后的净额填列。

（6）综合运用上述填列方法分析计算填列。如“存货”项目，应根据“在途物资”或“材料采购”、“原材料”、“周转材料”、“库存商品”、“委托加工物资”、“发出商品”、“代理业务资产”、“生产成本”、“劳务成本”等科目的期末余额合计，减去“代理业务负债”、“存货跌价准备”科目期末余额后的金额填列。存货采用计划成本核算的企业，还应加上“材料成本差异”科目的期末借方余额或减去其贷方余额。

（二）资产负债表编制举例

【例9－1】通联公司2007年12月31日有关总分类账户及明细分类账户余额如表9－1、表9－2所示。

表9－1 **通联公司总分类账户余额表**

2007年12月31日 单位：元

科目名称	借方余额	科目名称	贷方余额
库存现金	5 000	短期借款	79 800
银行存款	178 000	应付账款	8 000
应收账款	37 500	预收账款	1 000

续表

科目名称	借方余额	科目名称	贷方余额
预付账款	2 000	应付职工薪酬	35 755
原材料	210 745	应交税费	43 250
库存商品	56 350	实收资本	510 000
生产成本	10 000	资本公积	8 900
持有至到期投资	86 000	盈余公积	31 000
固定资产	145 000	利润分配	9 120
在建工程	32 500	坏账准备	7 500
本年利润	66 230	累计折旧	95 000
合计	829 325	合计	829 325

注："持有至到期投资"科目余额中有10 000元将于一年内到期。

表9－2　　通联公司有关明细分类账户余额表

2007年12月31日　　单位：元

总账科目	余额		明细科目	余额	
	借方	贷方		借方	贷方
应收账款	37 500		A公司	52 500	
			B公司		15 000
预付账款	2 000		C公司	7 000	
			D公司		5 000
应付账款		8 000	A公司		50 000
			C公司	42 000	
预收账款		1 000	B公司	1 000	
			D公司		2 000

根据2007年12月31日总分类账户、明细分类账户余额表及相关明细资料，编制资产负债表。

（1）货币资金＝"库存现金"总分类账户借方余额＋"银行存款"总分类账户借方余额＝5 000＋178 000＝183 000（元）

（2）应收账款＝"应收账款"明细分类账户借方余额＋"预收账款"明细分类账户借方余额＝52 500＋1 000－7 500＝46 000（元）

（3）预付款项＝"预付账款"明细分类账户借方余额＋"应付账款"明细分类账户借方余额＝7 000＋42 000＝49 000（元）

（4）存货＝"原材料"账户借方余额＋"库存商品"账户借方余额＋"生产成本"账户借方余额＝210 745＋56 350＋10 000＝277 095（元）

（5）持有至到期投资 =“持有至到期投资”账户借方余额 - 将于一年内到期的部分 = 86 000 - 10 000 = 76 000（元）

（6）固定资产 =“固定资产”总分类账户借方余额 -“累计折旧”总分类账户贷方余额 = 145 000 - 95 000 = 50 000（元）

（7）应付账款 =“应付账款”明细分类账户贷方余额 +“预付账款”明细分类账户贷方余额 = 50 000 + 5 000 = 55 000（元）

（8）预收款项 =“预收账款”明细分类账户贷方余额 +“应收账款”明细分类账户贷方余额 = 2 000 + 15 000 = 17 000（元）

（9）未分配利润 =“利润分配”总分类账户贷方余额 -“本年利润”总分类账户借方余额 = 9 120 - 66 230 = -57 110（元）

其余项目按相应总分类账户余额直接填入资产负债表中。

现编制资产负债表如表 9 - 3 所示。

表 9 - 3　　**资产负债表**　　会企 01 表

编制单位：通联公司　　2007 年 12 月 31 日　　单位：元

资　　产	期末	年初	负债和所有者权益	期末	年初
流动资产：			**流动负债：**		
货币资金	183 000	略	短期借款	79 800	略
交易性金融资产			交易性金融负债		
应收票据			应付票据		
应收账款	46 000		应付账款	55 000	
预付款项	49 000		预收款项	17 000	
应收利息			应付职工薪酬	35 755	
应收股利			应交税费	43 250	
其他应收款			应付利息		
存货	277 095		应付股利		
一年内到期的非流动资产	10 000		其他应付款		
其他流动资产			一年内到期的非流动负债		
流动资产合计	565 095		其他流动负债		
非流动资产：			**流动负债合计**	230 805	
可供出售金融资产			**非流动负债：**		
持有至到期投资	76 000		长期借款		
长期应收款			应付债券		
长期股权投资			长期应付款		
投资性房地产			专项应付款		

续表

资　产	期末	年初	负债和所有者权益	期末	年初
固定资产	50 000		预计负债		
在建工程	32 500		递延所得税负债		
工程物资			其他非流动负债		
固定资产清理			非流动负债合计		
生产性生物资产			负债合计		
油气资产			所有者权益（或股东权益）：		
无形资产			实收资本（或股本）	510 000	
开发支出			资本公积	8 900	
商誉			减：库存股		
长期待摊费用			盈余公积	31 000	
递延所得税资产			未分配利润	-57 110	
其他非流动资产			所有者权益（或股东权益）合计	492 790	
非流动资产合计	158 500				
资产总计	723 595		负债和所有者权益（或股东权益）总计	723 595	

第三节　利　润　表

一、利润表的概念与作用

（一）利润表概念

利润表是反映企业在一定会计期间经营成果的报表，是动态会计报表。如，年度利润表反映的是当年1月1日至12月31日这一经营期间实现利润（或亏损）的具体信息。利润表的列报必须充分反映企业经营业绩的主要来源和构成，集中反映企业在一个经营期间的所有收入与费用以及收入与费用配比计算净利润或净损失的过程。

（二）利润表的作用

利润表主要为报表使用者提供企业盈利能力方面的信息。利润表的作用主要体现在以下几个方面。

（1）通过利润表信息，可以反映企业一定会计期间收入的实现和费用的发生情况，从而反映企业生产经营活动的成果，即净利润的实现情况，据以评价企业的盈利能力及投资效率。判断资本保值、增值等情况。

（2）利润表可以提供利润的主要来源及构成信息，从而能帮助信息使用者判断净利润的质量及其风险，有助于其预测净利润的持续性，从而作出正确的决策。

（3）将利润表信息与资产负债表信息结合，还可以提供进行财务分析的基本资料，如将利润表中的赊销收入净额与资产负债表中的应收账款平均余额进行比较，计算出应收账款周转率；将利润表中的相关营业成本与资产负债表中平均存货余额进行比较，计算出存货周转率；将利润表中的净利润与资产负债表中资产总额进行比较，计算出资产收益率等。通过上述分析可以反映企业资金周转情况及企业的盈利能力和水平，便于报表使用者判断企业未来的发展趋势。

（4）通过利润表提供的信息，可以用来考核企业管理当局的经营业绩和管理绩效，有助于管理当局发现工作中存在的问题，分析原因，改善经营管理。

二、利润表的结构与内容

利润表的内容包括日常活动形成的收入和发生的费用、非日常活动形成的，直接计入当期利润的利得、损失以及利润三大项。其中，费用应当按照功能分类，即按照费用在企业所发挥的功能进行分类列报，通常分为生产经营活动发生的成本、管理费用、销售费用和财务费用等，在利润表中将营业成本与其他费用分开进行披露。按照费用功能分开列报，有助于使用者了解费用发生的活动领域，如企业为销售产品发生了多少费用，为筹措资金发生了多少费用，为一般行政管理发生了多少费用，估计减值损失是多少，公允价值的变动是多少等。这种列报方法通常能向报表使用者提供结构性的信息，能够更清楚地揭示企业经营业绩的主要来源和构成，使提供的信息更为有用和相关。

常见的利润表的格式有单步式和多步式两种。

（一）单步式利润表

单步式利润表是将企业本期发生的所有收入（包括营业外收入），以及所有的费用（包括营业外支出）分别进行汇总，然后用收入合计与费用合计相抵减，一次计算出本期净利润或亏损的利润表格式。单步式利润表的特点是表内所提供的信息均是账户中的原始数据，编制简单，易于理解，但不能反映利润的形成情况，提供的信息较少，不利于报表分析。

（二）多步式利润表

多步式利润表是按企业利润的构成要素，将不同的收入与费用项目加以归类，按利润形成的主要环节列示一些中间利润指标，分步计算当期净利润的利润表格式。收益的计算过程一般可通过三步完成。

第一步，以营业收入为基础，用营业收入减去营业成本、营业税金及附加、销售费用、管理费用、财务费用、资产减值损失，加上公允价值变动收益（减去公允价值变动损失）和投资收益（减去投资损失），计算得出营业利润（或亏损）。其中，营业收入包括主营业务收入和其他业务收入；营业成本包括主营业务成本和其他业务成本。营业利润反映企业全部日常生产经营活动取得的利润。

第二步，以营业利润为基础，用营业利润加上营业外收入，减去营业外支出，计算得出利润总额（或亏损总额）。利润总额是企业全部业务活动取得的利润。

第三步，以利润总额为基础，用利润总额减去所得税费用，计算得出净利润（或亏损）。

普通股或潜在普通股已公开交易的企业，以及正处于公开发行普通股或潜在普通股过程中的企业，还应当在利润表中列示每股收益的信息。

多步式利润表能够提供比单步式利润表更为丰富的有关企业盈利能力方面的信息，也便于使用者对企业经营情况和盈利能力进行比较和分析。

根据财务报表列报准则规定，企业需要提供比较利润表，以使报表使用者通过比较不同期间利润的实现情况，判断企业经营成果的未来发展趋势。因此，利润表还就各项目再分为“本期金额”和“上期金额”两栏。“本期金额”栏反映各项目的本期实际发生额；“上期金额”反映上期实际发生额。

根据《企业会计准则第30号——财务报表列报》的规定，我国企业应采用多步式列报利润表。

三、利润表的编制方法

利润表中各项目主要根据各损益类账户的发生额进行分析计算填列。

（一）利润表的编制方法

报表中各项目主要根据各损益类科目的发生额分析填列。

（1）“上期金额”栏内各项数字，应根据上年该期利润表“本期金额”栏内所列数字填列。如果上年该期利润表规定的各个项目的名称和内容同本期不相一致，应对上年该期利润表各项目的名称和数字按本期的规定进行调整，填入本期利润表中“上期金额”栏内。

（2）“本期金额”栏反映各项目的本期实际发生数。应当根据“主营业务收入”、“主营业务成本”、“其他业务收入”、“其他业务成本”、“营业税金及附加”、“销售费用”、“管理费用”、“财务费用”、“投资收益”、“营业外收入”、“营业外支出”、“所得税费用”等损益类账户的发生额分析计算填列。营业利润、利润总额和净利润等需计算得到的项目，如计算结果为损失或亏损时，应当以“－”号填列。

（二）利润表中各项目的内容及其填列方法

（1）“营业收入”项目，反映企业经营主要业务活动和其他业务活动所取得的收入总额。本项目应根据“主营业务收入”和“其他业务收入”账户的发生额分析计算填列。

（2）“营业成本”项目，反映企业经营主要业务活动和其他业务活动所发生的实际成本总额。本项目应根据“主营业务成本”和“其他业务成本”账户的发生额分析计算填列。

（3）“营业税金及附加”项目，反映企业主营业务和其他业务应负担的营业税、消费税、城市维护建设税、资源税、土地增值税和教育费附加等。本项目应根据“营业税金及附加”账户的发生额分析填列。

（4）“销售费用”项目，反映企业在销售商品过程中发生的包装费、广告费等费用和为销售本企业商品而专设的销售机构的职工薪酬、业务费等经营费用。本项目应根据“销售费用”账户的发生额分析填列。

（5）“管理费用”项目，反映企业为管理和组织生产经营活动而发生的管理费用。本项目应根据“管理费用”账户的发生额分析填列。

（6）“财务费用”项目，反映企业为筹集生产经营所需资金而发生的财务费用。本项目应根据“财务费用”账户的发生额分析填列。

（7）资产减值损失项目，反映企业各项资产发生的减值损失。本项目应根据“资产减值损失”账户的发生额分析填列。

（8）公允价值变动损益项目，反映企业交易性金融资产、交易性金融负债以及采用公允价值模式计量的投资性房地产等应当计入当期损益的资产和负债的公允价值变动损益。本项目应根据“公允价值变动损益”账户的发生额分析填列。如为净损失，应以“－”号填列。

（9）“投资收益”项目，反映企业以各种方式对外投资所取得的收益。其中，“对联营企业和合营企业的投资收益”项目，反映采用权益法核算的对联营企业和合营企业投资在被投资单位实现的净损益中应享有的份额（不包括处置投资形成的收益)。本项目应根据“投资收益”账户的发生额分析填列。如为投资损失，应以“-”号填列。

(10)“营业利润”项目，反映企业日常活动实现的营业利润。本项目通过计算得出，如为亏损，应以“-”号填列。

(11)“营业外收入”项目，反映企业发生的与其生产经营无直接关系的各项收入。本项目应根据“营业外收入”账户的发生额分析填列。

(12)“营业外支出”项目，反映企业发生的与其生产经营无直接关系的各项支出。本项目应根据“营业外支出”账户的发生额分析填列。其中，处置非流动资产损失，应当单独列示。

(13)“利润总额”项目，反映企业实现的利润。本项目通过计算得出，如为亏损，应以“-”号填列。

(14)“所得税费用”项目，反映企业按规定从本期利润总额中扣除的所得税费用。本项目应根据“所得税费用”账户的发生额分析填列。

(15)“净利润”项目，反映企业实现的净利润。本项目通过计算得出，如为亏损，应以“-”号填列。

(16)“每股收益”项目，分为基本每股收益和稀释每股收益。企业应当按照归属于普通股股东的当期净利润，除以发行在外普通股的加权平均数计算基本每股收益。企业存在稀释性潜在普通股的，应当计算稀释每股收益。潜在普通股是指赋予其持有者在报告期或以后期间享有取得普通股权利的一种金融工具或其他合同，主要包括：可转换公司债券、认股权证和股份期权等。稀释性潜在普通股，是指假设当期转换为普通股会减少每股收益的潜在普通股。

(三)利润表编制举例

【例9-2】通联公司200×年12月损益类有关账户的本月发生额如表9-4所示。

表9-4　　损益类有关账户本月发生额

200×年12月

单位：元

科目名称	借方发生额	科目名称	贷方发生额
主营业务收入	1 305 000	主营业务成本	845 000
其他业务收入	655 000	营业税金及附加	51 000
投资收益	102 000	其他业务成本	377 000
营业外收入	20 000	销售费用	90 000
		管理费用	179 000

续表

科目名称	借方发生额	科目名称	贷方发生额
		财务费用	45 000
		营业外支出	10 000
		资产减值损失	4 000
		所得税费用	250 000

根据上述资料分析：

（1）营业收入 = 主营业务收入 + 其他业务收入 = 1 305 000 + 655 000 = 1 960 000（元）

（2）营业成本 = 主营业务成本 + 其他业务成本 = 845 000 + 377 000 = 1 222 000（元）

其余报表项目直接根据相关账户发生额直接填列或计算填列。

根据上述分析，编制 200×年 12 月利润表，如表 9－5 所示。

表 9－5　　　　利　润　表　　　　会企 02 表

编制单位：通联公司　　　　200×年 12 月　　　　单位：元

项　　目	本期金额	上期金额
一、营业收入	1 960 000	（略）
减：营业成本	1 222 000	
营业税金及附加	51 000	
销售费用	90 000	
管理费用	179 000	
财务费用	45 000	
资产减值损失	4 000	
加：公允价值变动收益（损失以“－”号填列）		
投资收益（损失以“－”号填列）	102 000	
其中：对联营企业和合营企业的投资收益		
二、营业利润（亏损以“－”号填列）	471 000	
加：营业外收入	20 000	
减：营业外支出	10 000	
其中：非流动资产处置损失		
三、利润总额（亏损总额以“－”号填列）	481 000	
减：所得税费用	250 000	
四、净利润（净亏损以“－”号填列）	231 000	
五、每股收益：		
（一）基本每股收益		
（二）稀释每股收益		

第四节　现金流量表

一、现金流量表概念与作用

（一）现金流量表的概念

现金流量表是反映企业一定会计期间现金和现金等价物流入和流出的会计报表。现金流量表的目的是为会计报表使用者提供企业一定会计期间内现金和现金等价物流入和流出的信息，以便于会计报表使用者了解现金流量表的目的和评价企业获取现金和现金等价物的能力，并据以预测企业未来现金流量。企业从银行提取现金、用现金购买短期国库券等现金和现金等价物之间的转换不属于现金流量。现金流量表是一张动态报表。

（二）现金流量表的作用

现金的充裕与否，直接影响着企业的正常生产经营，甚至危及企业的生存。《公司法》规定，公司因不能清偿到期债务，将被依法宣告破产，而到期债务能否清偿主要依赖现金的充裕程度。现金管理已经成为企业财务管理的一个重要方面，受到企业管理人员、投资者、债权人以及政府监管部门的关注。

现金流量表的作用主要表现在以下几个方面。

1. 现金流量表有助于分析和评价企业整体财务状况

在资产负债表和利润表已经反映了企业财务状况和经营成果信息的基础上，现金流量表进一步说明企业现金及现金等价物的进出情况，提供了企业财务状况的变动信息，提高了投资者、债权人和其他财务信息使用者对现金资源的运用能力及资金的筹集能力，使其能准确预测企业未来的现金流量，从而分析企业收益质量，评价企业整体财务状况。

2. 现金流量表有助于评价企业支付能力、偿债能力和周转能力

资产负债表反映企业拥有的经济资源，利润表反映企业当期实现的利润，两者都不能代表可支付的现金，而现金流量表所提供的现金比率、每股现金流量、盈利现金比率等指标，可以帮助报表使用者了解企业的现金偿还到期债务能力、股利支付能力和对内、对外投资能力，了解企业现金流转效率和效果等。从而便于投资者作出投资决策、债权人作出信贷决策。

3. 现金流量表有助于预测企业未来财务状况的发展情况

现金流量表能够说明公司一定期间内现金流入和流出的原因，有助于预测企业未来财务状况的发展情况。企业不可能长期依靠投资活动现金流入和筹资活动现金流入维持和发展。良好的经营活动现金流入才能增强企业的盈利能力，满足长短期负债的偿还需要，使企业保持良好的财务状况。现金流量表从经营活动、投资活动和筹资活动三个方面分别列示现金的流入和流出的原因。现金流量表中的各部分现金流量结构合理，现金流入、流出无重大异常波动，一般来说，企业的财务状况基本良好。现金流量表反映企业过去一定会计期间的现金流量以及其他生产经营指标，可以了解企业现金的来源和用途是否合理，了解经营活动产生的现金流量的多少，企业对外部现金的依赖程度，据以预测企业未来现金流量，从而为企业编制现金流量计划、组织现金调度、合理节约地使用现金创造条件，为投资者和债权人评价企业的未来现金流量、作出投资和信贷决策提供必要信息。

4. 现金流量表有助于分析企业收益质量及影响现金净流量的因素

利润表中列示的净利润指标，反映了一个企业的经营成果，是按权责发生制原则编制的，没有反映企业经营活动产生了多少现金。现金流量表反映了企业一定期间的现金流量，是按收付实现制原则编制的。利润表中按权责发生制计算的净利润与现金流量表中按收付实现制计算的现金净流量不一定是相等的。通过对企业实现的会计利润与经营活动产生的现金净流量之间的对比，可以揭示会计利润质量的好坏，进而为分析和判断企业的财务前景提供信息。

（三）现金流量表的编制基础

现金流量表的编制基础是现金和现金等价物。有关概念如下：

1. 现金

现金指企业库存现金以及可以随时用于支付的存款。

（1）库存现金，是指企业持有的可随时用于支付的现金限额。与会计核算中“库存现金”账户所包括的内容一致。

（2）银行存款，是指企业存放在金融机构，随时可以用于支付的存款。不能随时用于支付的存款不属于现金。在金融机构中存放的不能用于随时支付的存款，比如不能随时支取的定期存款，不能作为现金流量表中的现金。但提前通知金融机构便可支取的定期存款应当包括在现金流量表的现金范围内。除此以外的银行存款与会计核算中“银行存款”账户所包括的内容一致。

（3）其他货币资金，指存放在金融机构的外埠存款、银行汇票存款、银行本票存款、信用卡存款、信用证保证金和存出投资款等。

2. 现金等价物

现金等价物是指企业持有的期限短、流动性强、易于转换为已知金额现金、价值变动风险很小的投资。其中，期限短，一般是指从购买日起3个月内到期。现金等价物通常包括3个月内到期的债券投资。权益性投资变现的金额通常不确定，因而不属于现金等价物。期限短、流动性强，强调了变现能力，而易于转换为已知金额的现金、价值变动风险很小，则强调了支付能力的大小。

企业应当根据具体情况，确定现金等价物的范围，一经确定，不得随意变更。

现金流量，是指企业现金和现金等价物的流入和流出量。现金流量的产生有不同的来源，也有不同的用途。

现金流入量减去现金流出量等于现金净流量，结果为正数，代表现金流入大于流出，属于现金净流入；如果为负数，代表现金流出大于流入，属于现金净流出。一般来说，现金流入大于流出反映了企业现金流量的积极现象和趋势。现金流量信息能够表明企业经营状况是否良好，资金是否紧缺，企业偿付能力大小，从而为投资人、债权人、企业管理者提供非常有用的信息。

二、现金流量表的结构与内容

（一）现金流量的分类

通常按照企业经营业务发生的性质，将企业一定期间内产生的现金流量分为三类，即经营活动产生的现金流量、投资活动产生的现金流量、筹资活动产生的现金流量。

1. 经营活动产生的现金流量

经营活动是指企业投资活动和筹资活动以外的所有交易和事项，包括销售商品或提供劳务、购买商品或接受劳务、收到的税费返还、支付职工薪酬、支付的各项税费、支付广告费用等。

通过经营活动产生的现金流量，可以说明企业的经营活动对现金流入和流出的影响程度，判断企业在不动用对外筹得的资金的情况下，是否足以维持生产经营、偿还债务、支付股利、对外投资等。

2. 投资活动产生的现金流量

投资活动是指企业长期资产的购建和不包括在现金等价物范围内的投资及其处置活动。包括取得和收回投资、购建和处置固定资产、购买和处置无形资产等。需要注意的是，投资指广义的概念，投资活动包括两个内容，既包括“对内投资”

（购建固定资产、无形资产和其他长期资产），也包括“对外投资”（购买股票、购买债券、投资办企业）。

通过投资活动产生的现金流量，可以判断投资活动对企业现金流量净额的影响程度。

3. 筹资活动产生的现金流量

筹资活动，是指导致企业资本及债务规模和构成发生变化的活动，包括发行股票或接受投入资本、分派现金股利、取得和偿还银行借款、发行和偿还公司债券等。需要注意的是，筹资活动包括两个内容，既包括“资本”（接受现金投资），也包括“债务”（与金融机构形成的债务和发行债券形成的债务）。

通过筹资活动产生的现金流量，可以分析企业通过筹资活动获取现金的能力，判断筹资活动对企业现金流量净额的影响程度。

对于企业非日常活动产生的或不经常发生的特殊情况，如自然灾害造成的损失、保险赔偿、捐赠收入或支出等，应当在现金流量表中归并到相关类别中，并单独进行反映。

（二）现金流量表的结构

1. 正表

正表是现金流量表的主体，企业一定会计期间现金流量的信息主要通过正表提供。正表采用报告式的结构，按照现金流量的性质，分类反映经营活动产生的现金流量、投资活动产生的现金流量和筹资活动产生的现金流量，最后汇总反映企业现金及现金等价物净增加额。在各类活动产生的现金流量下，分别按照项目反映其现金流入、现金流出和现金流量净额。在有外币现金流量及境外子公司的现金流量折算为人民币的企业，正表中还应单设“汇率变动对现金的影响”项目，用来反映采用的现金流量发生日的汇率或平均汇率折算的人民币金额与“现金及现金等价物增加额”中外币现金净增加额按期末汇率折算的人民币金额之间的差额。

2. 补充资料

补充资料包括三部分内容：（1）将净利润调节为经营活动的现金流量（即按间接法编制的经营活动的现金流量）。（2）不涉及现金收支的投资和筹资活动。（3）现金及现金等价物净增加额（即直接按现金及现金等价物的期末期初余额计算的净增加额）。

3. 现金流量表格式

现金流量表的基本格式如表 9 – 6 所示。

表 9－6

现金流量表

会企 03 表

编制单位：××公司　　2007 年度　　单位：元

项　　目	行次	本期金额	上期金额
一、经营活动产生的现金流量			
销售商品、提供劳务收到的现金			
收到的税费返还			
收到其他与经营活动有关的现金			
经营活动现金流入小计			
购买商品、接受劳务支付的现金			
支付给职工以及为职工支付的现金			
支付的各项税费			
支付其他与经营活动有关的现金			
经营活动现金流出小计			
经营活动产生的现金流量净额			
二、投资活动产生的现金流量			
收回投资收到的现金			
取得投资收益收到的现金			
处置固定资产、无形资产和其他长期资产收回的现金净额			
处置子公司及其他营业单位收到的现金净额			
收到其他与投资活动有关的现金			
投资活动现金流入小计			
购建固定资产、无形资产和其他长期资产支付的现金			
投资支付的现金			
取得子公司及其他营业单位支付的现金净额			
支付其他与投资活动有关的现金			
投资活动现金流出小计			
投资活动产生的现金流量净额			
三、筹资活动产生的现金流量			
吸收投资收到的现金			
取得借款收到的现金			
收到其他与筹资活动有关的现金			
筹资活动现金流入小计			
偿还债务支付的现金			
分配股利、利润或偿付利息支付的现金			
支付其他与筹资活动有关的现金			
筹资活动现金流出小计			
筹资活动产生的现金流量净额			
四、汇率变动对现金及现金等价物的影响			
五、现金及现金等价物净增加额			
加：期初现金及现金等价物余额			
六、期末现金及现金等价物余额			

（三）现金流量表的内容及填列方法

1. 经营活动产生的现金流量的编制方法及各项目的填列

经营活动产生的现金流量是一项重要的指标，说明企业在不动用企业外部筹资的情况下，通过用经营活动产生的现金流量是否足以偿还负债、支付股利和对外投资。经营活动产生的现金流量的编制方法有直接法和间接法两种。

直接法，通过现金收入和现金支出的主要类别反映来自经营活动的现金流量。一般以利润表中的营业收入为起算点，调整与经营活动有关项目的增减变动，然后计算出经营活动的现金流量。逐项分析流入、流出的原因。间接法，是以本期净利润为起算点，调整不涉及现金的收入和费用、营业外收支等有关项目的增减变动，据此计算出经营活动的现金流量。

采用直接法提供的信息有助于评价企业未来现金流量，所以国际会计准则鼓励采用直接法。我国会计准则要求在主表中以直接法编制，在补充资料中以间接法反映。采用间接法便于比较净利润与经营活动产生现金流量净额，了解产生差异的原因，分析净利润质量。

经营活动产生的现金流量各项目包括：

（1）销售商品、提供劳务收到的现金。

“销售商品、提供劳务收到的现金”项目，反映企业销售商品、提供劳务实际收到的现金（含销售收入和应向购买者收取的增值税额）。主要包括：本期销售商品和提供劳务本期收到的现金，前期销售商品和提供劳务本期收到的现金，本期预收的商品款和劳务款等，本期发生销货退回而支付的现金应从销售商品或提供劳务收入款项中扣除。企业销售材料和代购代销业务收到的现金，也在本项目反映。本项目可以根据“库存现金”、“银行存款”、“应收账款”、“应收票据”、“预收账款”、“主营业务收入”、“其他业务收入”等科目的记录分析填列。

企业本期销售商品、提供劳务收到的现金可用如下公式计算得出：

$$\begin{gathered}\text{销售商品、提供劳务收到的现金}=\text{本期销售商品、提供劳务收到的现金}+\text{应收账款本期减少额（期初余额－期末余额）}+\\ \text{应收票据本期减少额（期初余额－期末余额）}+\text{预收款项本期增加额（期末余额－期初余额）}\pm\text{特殊调整业务}\end{gathered}$$

（2）收到的税费返还。

该项目反映企业收到返还的各种税费，包括收到返还的增值税、消费税、营业税、关税、所得税、教育费附加等。本项目可以根据“库存现金”、“银行存款”、“营业外收入”、“其他应收款”、“应交税费”、“补贴收入”、“营业外收入”等科目的贷方发生额分析。

（3）收到的其他与经营活动有关的现金。

“收到其他与经营活动有关的现金”项目，反映除上述各项目外，收到的其他与经营活动有关的现金，如经营租赁收到的租金、罚款收入、流动资产损失由个人赔偿的现金流入，收回（到）押金、垫付费用等，金额较大的应当单独列示。本项目可以根据“其他业务收入”、“营业外收入”、“其他应付（收）款”贷方发生额分析。

（4）购买商品、接受劳务支付的现金。

“购买商品、接受劳务支付的现金”项目，反映企业购买商品、接受劳务支付的现金（包括支付的增值税进项税额）。主要包括：本期购买商品接受劳务本期支付的现金，本期支付前期购买商品、接受劳务的未付款项和本期预付款项。本期发生购货退回而收到的现金应从购买商品或接受劳务支付的款项中扣除。

企业本期购买商品、接受劳务支付的现金可用如下公式计算得出：

$$\begin{aligned}\begin{array}{c}\text{购买商品、接受}\\\text{劳务支付的现金}\end{array} &= \begin{array}{c}\text{本期购买商品、接受}\\\text{劳务支付的现金}\end{array} + \begin{array}{c}\text{应付账款本期减少额}\\\text{（期初余额}-\text{期末余额）}\end{array}\\ &\quad + \begin{array}{c}\text{应付票据本期减少额}\\\text{（期初余额}-\text{期末余额）}\end{array} + \begin{array}{c}\text{预付款项本期增加额}\\\text{（期末余额}-\text{期初余额）}\end{array}\\ &\quad + \begin{array}{c}\text{存货本期增加额}\\\text{（期末余额}-\text{期初余额）}\end{array} \pm \begin{array}{c}\text{特殊调}\\\text{整业务}\end{array}\end{aligned}$$

（5）支付给职工以及为职工支付的现金。

“支付给职工以及为职工支付的现金”项目，反映企业本期实际支付给职工的工资、奖金、各种津贴和补贴等职工薪酬（包括代扣代缴的职工个人所得税）。

本项目反映企业实际支付给职工的现金以及为职工支付的现金，包括本期实际支付给职工的工资、奖金、各种津贴和补贴等，以及为职工支付的其他费用。不包括支付的离退休人员的各项费用和支付给在建工程人员的工资等。支付的离退休人员的各项费用，包括支付的统筹退休金以及未参加统筹的退休人员的费用，在“支付的其他与经营活动有关的现金”项目中反映；支付的在建工程人员的工资，在“购建固定资产、无形资产和其他长期资产所支付的现金”项目中反映。

$$\begin{aligned}\begin{array}{c}\text{支付给职工以及}\\\text{为职工支付的现金}\end{array} &= \left(\begin{array}{c}\text{应付职工}\\\text{薪酬期初余额}\end{array} - \begin{array}{c}\text{在建工程人员}\\\text{职工薪酬期初余额}\end{array}\right) + \left(\begin{array}{c}\text{本期分配}\\\text{或计提数}\end{array} - \begin{array}{c}\text{在建工程人员}\\\text{职工薪酬提取数}\end{array}\right)\\ &\quad - \left(\begin{array}{c}\text{应付职工}\\\text{薪酬期末余额}\end{array} - \begin{array}{c}\text{在建工程人员}\\\text{职工薪酬期末余额}\end{array}\right)\end{aligned}$$

（6）支付的各项税费。

“支付的各项税费”项目，反映企业本期发生并支付、以前各期发生本期支付以及预交的各项税费，包括所得税、增值税、营业税、消费税、印花税、房产税、土地增值税、车船税、教育费附加等。

本项目反映企业按规定支付的各项税费，包括本期发生并支付的税费，以及本期支付以前各期发生的税费和预交的税金，如支付的教育费附加、矿产资源补偿费、印花税、房产税、土地增值税、车船税、预交的营业税等。不包括计入固定资产价值、实际支付的耕地占用税等，也不包括本期退回的增值税、所得税。本期退回的增值税、所得税，在“收到的税费返还”项目中反映。

支付的各项税费 = 当期所得税费用 + 营业税金及附加 + [应交税费——应交增值税（已交税金）]
+（应交所得税期初余额 − 应交所得税期末余额）
+ [应交税费——应交营业税、城建税、教育费附加等价内税的（期初余额 − 期末余额）]

（7）支付的其他与经营活动有关的现金。

“支付其他与经营活动有关的现金”项目，反映企业经营租赁支付的租金、支付的差旅费、业务招待费、保险费、罚款支出等其他与经营活动有关的现金流出，金额较大的应当单独列示。

本项目反映企业除上述各项目外，支付的其他与经营活动有关的现金，如经营租赁支付的租金、罚款支出、支付的差旅费、业务招待费、保险费等。其他与经营活动有关的现金，如果价值较大的，应单列项目反映。

2. 投资活动产生的现金流量各项目

（1）收回投资所收到的现金。

“收回投资收到的现金”项目，反映企业出售、转让或到期收回除现金等价物以外的对其他企业的权益工具、债务工具和合营中的权益等投资收到的现金。收回债务工具实现的投资收益、处置子公司及其他营业单位收到的现金净额不包括在本项目内。

具体包括，企业出售、转让或到期收回除现金等价物以外的交易性金融资产、持有至到期投资、可供出售金融资产、长期股权投资、投资性房地产而收到的现金。不包括债权性投资收回的利息、收回的非现金资产，以及处置子公司及其他营业单位收到的现金净额。需要注意的是，债权性投资收回的本金在本项目反映，债权性投资收回的利息不在本项目反映，而在“取得投资收益所收到的现金”项目中反映。处置子公司及其他营业单位收到的现金净额单设项目反映。本项目根据“交易性金融资产”、“持有至到期投资”、“可供出售金融资产”、“长期股权投资”、“投资性房地产”、“库存现金”、“银行存款”等科目记录填列。

（2）取得投资收益所收到的现金。

“取得投资收益收到的现金”项目，反映企业除现金等价物以外的对其他企业的权益工具、债务工具和合营中的权益投资分回的现金股利和利息等。

具体包括，企业因股权性投资而分得的现金股利，从子公司、联营企业或合营企业分回利润而收到的现金，以及因债权性投资而取得的现金利息收入。股票股利不在本项目中反映；包括在现金等价物范围内的债券性投资，其利息收入在本项目中反映。本项目根据“应收股利”、“应收利息”、“投资收益”、“库存现金”、“银行存款”等科目记录填列。

（3）处置固定资产、无形资产和其他长期资产所收回的现金净额。

“处置固定资产、无形资产和其他长期资产收回的现金净额”项目，反映企业出售、报废固定资产、无形资产和其他长期资产所取得的现金，减去为处置这些资产而支付的有关费用后的净额。

处置固定资产、无形资产和其他长期资产所收到的现金，与处置活动支付的现金，两者在时间上比较接近，以净额反映更能反映处置活动对现金流量的影响，且由于金额不大，故以净额反映。本项目根据“固定资产清理”、“库存现金”、“银行存款”等科目记录填列。

（4）处置子公司及其他营业单位收到的现金净额。

“处置子公司及其他营业单位收到的现金净额”项目，反映企业处置子公司及其他营业单位所取得的现金减去相关处置费用以及子公司和其他营业单位持有的现金、现金等价物后的净额。本项目可以根据“长期股权投资”、“库存现金”、“银行存款”等科目的记录分析填列。

（5）收到的其他与投资活动有关的现金。

“收到的其他与投资活动有关的现金”项目，反映企业除上述各项目外，收到的其他与投资活动有关的现金。其他与投资活动有关的现金，如果价值较大的，应单列项目反映。

企业购买股票和债券时，收回购买股票和债券时支付的已宣告但尚未领取的现金股利或已到付息期但尚未领取的债券利息，应在“收到的其他与投资活动有关的现金”项目中反映。

（6）购建固定资产、无形资产和其他长期资产所支付的现金。

“购建固定资产、无形资产和其他长期资产支付的现金”项目，反映企业购买、建造固定资产、取得无形资产和其他长期资产所支付的现金（含增值税款等），以及用现金支付的应由在建工程和无形资产负担的职工薪酬。

具体包括，购买机器设备所支付的现金及增值税款、建造工程支付的现金、支付在建工程人员的职工薪酬等现金支出。不包括为购建固定资产而发生的借款利息资本化部分，以及融资租入固定资产所支付的租赁费。为购建固定资产而发生的借款利息资本化部分，以及融资租入固定资产所支付的租赁费，应在“筹资活动产生的现金流量——支付的其他与筹资活动有关的现金”项目中反映，不在本项目中反映。本项目根据“固定资产”、“在建工程”、“工程物资”、“无形资产”、“库存现金”、“银行存款”等科目记录分析填列。

（7）投资所支付的现金。

“投资支付的现金”项目，反映企业取得除现金等价物以外的对其他企业的权益工具、债务工具和合营中的权益所支付的现金以及支付的佣金、手续费等附加费用。

本项目反映企业进行权益性投资和债权性投资所支付的现金，包括企业取得的除现金等价物以外的交易性金融资产、持有至到期投资、可供出售金融资产、长期股权投资、投资性房地产而支付的现金，以及支付的佣金、手续费等交易费用。企业购买债券的价款中含有债券利息的，以及溢价或折价购入的，均按实际支付的金额反映。

（8）取得子公司及其他营业单位支付的现金净额。

“取得子公司及其他营业单位支付的现金净额”项目，反映企业购买子公司及其他营业单位购买出价中以现金支付的部分，减去子公司及其他营业单位持有的现金和现金等价物后的净额。本项目可以根据“长期股权投资”、“库存现金”、“银行存款”等科目的记录分析填列。

（9）支付的其他与投资活动有关的现金。

本项目反映企业除上述各项目外，支付的其他与投资活动有关的现金。其他与投资活动有关的现金，如果价值较大的，应单列项目反映。如果企业购买股票和债券时，实际支付的价款中包含的已宣告但尚未领取的现金股利或已到付息期但尚未领取的债券利息，应在本项目中反映。

3. 筹资活动产生的现金流量各项目

（1）吸收投资所收到的现金。

“吸收投资收到的现金”项目，反映企业以发行股票、债券等方式筹集资金实际收到的款项净额，以发行收入减去直接支付给金融企业的佣金、手续费、宣传费、咨询费、印刷费等发行费用后的净额。本项目可以根据“实收资本（股本）”、“资本公积”、“库存现金”、“银行存款”等科目的记录分析填列。

以发行股票、债券等方式筹集资金而由企业直接支付的审计、咨询等费用，不在本项目中反映，而在“支付的其他与筹资活动有关的现金”项目中反映；由金融企业直接支付的手续费、宣传费、咨询费、印刷费等费用，从发行股票、债券取得的现金收入中扣除，以净额列示。

（2）取得借款收到的现金。

“取得借款收到的现金”项目，反映企业举借各种短期、长期借款而收到的现金。本项目可以根据“短期借款”、“长期借款”、“交易性金融负债”、“应付债券”、“库存现金”、“银行存款”等科目的记录分析填列。

（3）收到的其他与筹资活动有关的现金。

“收到的其他与筹资活动有关的现金”项目，反映企业除上述各项目外，收到的其他与筹资活动有关的现金。其他与筹资活动有关的现金，如果价值较大的，应单列项目反映。本项目可根据有关科目的记录分析填列。

（4）偿还债务所支付的现金。

“偿还债务支付的现金”项目，反映企业以现金偿还债务的本金。包括归还金融企业的借款本金、偿付企业到期的债券本金等。

企业偿还的借款利息、债券利息，在“分配股利、利润或偿付利息所支付的现金”项目中反映，不在本项目中反映。本项目可以根据“短期借款”、“长期借款”、“交易性金融负债”、“应付债券”、“库存现金”、“银行存款”等科目的记录分析填列。

（5）分配股利、利润或偿付利息所支付的现金。

“分配股利、利润或偿付利息支付的现金”项目，反映企业实际支付的现金股利、支付给其他投资单位的利润或用现金支付的借款利息、债券利息。

需要说明的是，不同用途的借款，其利息的开支渠道不一样，如在建工程、财务费用等，但均在本项目中反映。本项目可以根据“应付股利”、“应付利息”、“利润分配”、“财务费用”、“在建工程”、“库存现金”、“银行存款”等科目的记录分析填列。

（6）支付的其他与筹资活动有关的现金。

“支付的其他与筹资活动有关的现金”项目，反映企业除了上述各项目外，支付的其他与筹资活动有关的现金，比如，发行股票、债券等发生的由企业直接支付的审计、咨询等筹资费用；融资租赁支付的现金；减少注册资本支付的现金；分期付款方式购建的固定资产以后各期支付的现金。如果价值较大的，应单列项目反映。

4. 汇率变动对现金的影响

企业外币现金流量以及境外子公司的现金流量，应以现金流量发生日的即期汇率或按照系统合理的方法确定的、与现金流量发生日即期汇率近似的汇率折算。汇率变动对现金的影响，应作为调节项目，在表中单独列示。

“汇率变动对现金的影响”项目，反映下列项目之间的差额：

（1）企业外币现金流量以及境外子公司的现金流量折算为记账本位币时，所采用的现金流量发生日的即期汇率或按照系统合理的方法确定的、与现金流量发生日即期汇率近似的汇率折算的金额。

（2）“现金及现金等价物净增加额”中外币现金净增加额按期末汇率折算的金额。

在编制现金流量表时，对当期发生的外币业务，也可不必逐笔计算汇率变动对现金的影响，可以采用简化的方法，通过补充资料中“现金及现金等价物净增加额”数额与现金流量表中“经营活动产生的现金流量净额”、“投资活动产生的现金流量净额”、“筹资活动产生的现金流量净额”三大项之和比较，其差额即为“汇率变动对现金的影响”。

5. 补充资料项目的内容及填列

（1）将净利润调节为经营活动现金流量。

企业在现金流量表补充资料中“将净利润调节为经营活动的现金流量”，实际上是以间接法编制的经营活动的现金流量。采用间接法将净利润调节为经营活动的现金流量净额时，主要调整项目分为四大类：实际没有支付项目的费用；实际没有收到现金的收益；不属于经营活动的损益；经营性应收应付项目的增减变动。其基本原理是，净利润 + 不影响经营活动现金流量但减少净利润的项目 − 不影响经营活动现金流量但增加净利润的项目 + 与净利润无关但增加经营活动现金流量的项目 − 与净利润无关但减少经营活动现金流量的项目 = 经营活动产生的现金流量净额。

（2）不涉及现金收支的投资和筹资活动。

“不涉及现金收支的投资和筹资活动”项目，反映企业一定期间内影响资产或负债但不形成该期现金收支的所有重大的投资和筹资活动的信息。这些投资和筹资活动虽然不涉及现金收支，但对以后各期的现金流量有重大影响。比如融资租赁固定资产，当期并不支付设备款及租金，但是记入“长期应付款”账户，在以后租赁期内的各期必须为此支付现金，从而在一定期间内形成了一项固定的现金支出。

不涉及现金收支的投资和筹资活动主要有：债务转为资本、一年内到期的可转换公司债券、融资租入固定资产。

（3）现金及现金等价物净变动情况

“现金及现金等价物净变动情况”项目，反映了企业一定期间现金及现金等价物净增加或净减少情况。现金期末余额与期初余额的差额和现金等价物的期末余额与期初余额的差额合计数为“现金及现金等价物净增加额”，此合计数为正值表示净增加额，为负值表示净减少额。“现金及现金等价物净增加额”项目金额与现金流量表中“期末现金及现金等价物余额”项目金额相等。

三、现金流量表的编制方法

企业在具体编制现金流量表时，可根据业务量的大小及复杂程度，选择采用直接分析填列法（直接根据有关科目的记录分析填列现金流量表法）、工作底稿法或“T”形账户法。

（一）直接分析填列法

直接分析填列法是指直接根据资产负债表、利润表和有关会计账户的记录，分析计算出现金流量表各项目的金额，并据以填列报表项目的一种方法。

（二）工作底稿法

采用工作底稿法编制现金流量表，就是以工作底稿为手段，以利润表和资产负债表数据为基础，对每一项目进行分析并编制调整分录，从而编制出现金流量表。具体来讲，就是根据已经编制完成的利润表、资产负债表资料及各有关科目的明细资料，以利润表为起点，按照利润表、资产负债表的项目顺序，通过对每一项目进行分析并编制调整分录，借助工作底稿，从而编制出现金流量表。

在直接法下，整个工作底稿纵向分成三段：第一段是资产负债表项目，其中又分为借方项目和贷方项目两部分；第二段是利润表项目；第三段是现金流量表项目。工作底稿横向分为五栏：（1）在资产负债表部分，第一栏是项目栏，填列资产负债表各项目名称；第二栏是期初数，用来填列资产负债表项目的期初数；第三栏是调整分录的借方；第四栏是调整分录的贷方；第五栏是期末数，用来填列资产负债表各项目的期末数。（2）在利润表和现金流量表部分，第一栏也是项目栏，用来填列利润表和现金流量表项目名称；第二栏空置不填；第三、第四栏分别是调整分录的借方和贷方；第五栏是本期数，利润表部分这一栏数字应和本期利润表数字核对相符，现金流量表部分这一栏的数字可直接用来编制正式的现金流量表。

采用工作底稿法编制现金流量表的程序是：

第一步，将资产负债表的期初数和期末数过入工作底稿的期初数栏和期末数栏。

第二步，对当期业务进行分析并编制调整分录。调整分录大体有这样几类：第一类涉及利润表中的收入、成本和费用项目以及资产负债表中的资产、负债及所有者权益项目，通过调整，将权责发生制下的收入费用转换为现金基础；第二类涉及资产负债表和现金流量表中的投资、筹资项目，反映投资和筹资活动的现金流量；第三类涉及利润表和现金流量表中的投资和筹资项目，目的是将利润表中有关投资和筹资方面的收入和费用列入现金流量表投资、筹资现金流量中去。此外，还有一些调整分录并不涉及现金收支，只是为了核对资产负债表项目的期末期初变动。

在调整分录中，有关现金和现金等价物的事项，并不直接借记或贷记现金，而是分别记入“经营活动产生的现金流量”、“投资活动产生的现金流量”、“筹资活动产生的现金流量”有关项目，借记表明现金流入，贷记表明现金流出。

第三步，将调整分录过入工作底稿中的相应部分。

第四步，核对调整分录，借贷合计应当相等，资产负债表项目期初数加减调整分录中的借贷金额以后，应当等于期末数。

第五步，根据工作底稿中的现金流量表项目部分编制正式的现金流量表。

（三）“T”形账户法

采用“T”形账户法，就是以“T”形账户为手段，以利润表和资产负债表数据为基础，对每一项目进行分析并编制调整分录，从而编制出现金流量表。具体来讲，就是根据已经编制完成的利润表、资产负债表资料及各有关科目的明细资料，以利润表为起点，按照利润表、资产负债表的项目顺序，通过对每一项目进行分析并编制调整分录，借助“T”形账户，从而编制出现金流量表。

采用“T”形账户法编制现金流量表的程序如下：

第一步，为所有的非现金项目（包括资产负债表项目和利润表项目）分别开设“T”形账户，并将各自的期末期初变动数过入各账户。

第二步，开设一个大的“现金及现金等价物”“T”形账户，每边分为经营活动、投资活动和筹资活动三个部分，左边记现金流入，右边记现金流出。与其他账户一样，过入期末期初变动数。

第三步，以利润表项目为基础，结合资产负债表分析每一个非现金项目的增减变动，并据此编制调整分录。

第四步，将调整分录过入各“T”形账户，并进行核对，该账户借贷相抵后的余额与原先过入的期末期初变动数应当一致。

第五步，根据大的“现金及现金等价物”“T”形账户编制正式的现金流量表。

第五节 所有者权益变动表及财务报表附注

一、所有者权益变动表

（一）所有者权益变动表概念

所有者权益（股东权益）变动表是反映所有者权益的各组成部分当期的增减变动情况的报表，包括：实收资本、资本公积、盈余公积和未分配利润的增减情况。当期损益、直接计入所有者权益的利得和损失以及与所有者（或股东，下同）的资本交易导致的所有者权益的变动，应当分别列示。

所有者权益（股东权益）变动表全面反映了企业的所有者权益在年度内的变化情况，便于会计信息使用者深入分析企业股东权益的增减变化情况，并进而对企业的资本保值增值情况作出正确判断，从而提供对决策有用的信息。所有者权益（股东权益）变动表是一张动态会计报表。

（二）所有者权益变动表的结构与内容

（1）以矩阵的形式列报。

为了清楚地反映所有者权益的各组成部分当期的增减变动情况，所有者权益变动表采用了矩阵的形式列示。一方面，列示了导致所有者权益变动的交易和事项；另一方面，按照所有者权益各组成部分及其总额列示交易和事项对所有者权益的影响。

（2）列示所有者权益变动表的比较信息。

根据规定，企业需要提供比较所有者权益变动表，所以所有者权益变动表还以“本年金额”和“上年金额”两栏分别列示。

所有者权益变动表的格式如表 9－7 所示。

表 9－7　所有者权益变动表　会企 04 表

编制单位：　年度　单位：元

项目	本年金额						上年金额					
	实收资本（或股本）	资本公积	减：库存股	盈余公积	未分配利润	所有者权益合计	实收资本（或股本）	资本公积	减：库存股	盈余公积	未分配利润	所有者权益合计
一、上年年末余额												
加：会计政策变更												
前期差错更正												
二、本年年初余额												
三、本年增减变动金额（减少以“－”号填列）												
（一）净利润												
（二）直接计入所有者权益的利得和损失												

续表

项目	本年金额						上年金额					
	实收资本（或股本）	资本公积	减：库存股	盈余公积	未分配利润	所有者权益合计	实收资本（或股本）	资本公积	减：库存股	盈余公积	未分配利润	所有者权益合计
1. 可供出售金融资产公允价值变动净额												
2. 权益法下被投资单位其他所有者权益变动的影响												
3. 与计入所有者权益项目相关的所得税影响												
4. 其他												
上述（一）和（二）小计												
（三）所有者投入和减少资本												
1. 所有者投入资本												
2. 股份支付计入所有者权益的金额												
3. 其他												
（四）利润分配												
1. 提取盈余公积												
2. 对所有者（或股东）的分配												
3. 其他												
（五）所有者权益内部结转												
1. 资本公积转增资本（或股本）												
2. 盈余公积转增资本（或股本）												
3. 盈余公积弥补亏损												
4. 其他												
四、本年年末余额												

二、财务报表附注

财务报表附注是对资产负债表、利润表、现金流量表和所有者权益变动表等报表中列示项目的文字描述或明细资料，以及对未能在这些报表中列示项目的说明等。附注应当按照一定的结构进行系统合理的排列和分类，有顺序地披露信息。附注相关信息应当与资产负债表、利润表、现金流量表和所有者权益变动表等报表中列示的项目相互参照。

附注应按如下顺序披露有关内容：

（一）企业的基本情况

包括企业注册地、组织形式和总部地址；企业的业务性质和主要经营活动；公司名称；财务报告的批准者和批准报出日期。

（二）财务报表的编制基础

《企业会计准则》规定，企业应在持续经营基础下进行财务报表列报。

（三）遵循企业会计准则的说明

企业应声明编制财务报表符合企业会计准则的要求，真实、完整地反映了企业的财务状况、经营成果和现金流量等有关信息。

（四）重要会计政策和会计估计

企业应当披露采用的重要会计政策和会计估计，不重要的会计政策和会计估计可以不披露。在披露重要会计政策和会计估计时，应当披露重要会计政策的确定依据和财务报表项目的计量基础，以及会计估计中所采用的关键假设和不确定因素。

（五）会计政策和会计估计变更以及差错更正的说明

企业应当按照《企业会计准则》及其应用指南的规定，披露有关会计政策和会计估计变更以及差错更正的信息。

（六）报表重要项目的说明

企业对报表重要项目的说明，应当按照资产负债表、利润表、现金流量表、所有者权益变动表及其项目列示的顺序，采用文字和数字描述相结合的方式进行披露。报表重要项目的明细金额合计，应当与报表项目金额相衔接。

（七）其他需要说明的重要事项

主要包括或有和承诺事项、资产负债表日后非调整事项、关联方关系及其交易等。

本章小结

财务会计报告是企业对外提供财务信息的重要途径，是指企业对外提供的反映企业某一特定日期的财务状况和某一会计期间的经营成果、现金流量等会计信息的文件。

财务报告包括财务报表和其他应当在财务报告中披露的相关信息和资料。其中，一套完整的财务报表至少应当包括资产负债表、利润表、现金流量表、所有者权益（或股东权益，下同）变动表和附注。财务会计报告分为年度和中期。

资产负债表是反映企业在某一特定日期的资产、负债及所有者权益状况的报表。资产负债表依据“资产 = 负债 + 所有者权益”这一会计等式编制，财务会计报告列报准则规定资产负债表的结构应当采用账户式，各报表项目根据相关账户的余额进行编制。

利润表是反映企业在一定会计期间经营成果的报表。财务会计报告列报准则规定利润表的结构应当采用多步式，各报表项目是根据损益类账户的发生额编制的。

现金流量表是反映企业一定会计期间现金和现金等价物流入和流出的会计报表，包括主表和补充资料两部分内容，编制方法有直接法和间接法两种。

所有者权益变动表是反映构成所有者权益的各组成部分当期的增减变动情况的报表，是由净利润、直接计入所有者权益的利得和损失、所有者投入和减少资本、利润分配以及所有者权益内部结转四部分组成，在一定程度上体现了企业综合收益。

附注是财务报表的主要组成部分，是对资产负债表、利润表、现金流量表和所有者权益变动表等报表中列示项目的文字描述或明细资料，以及对未能在这些报表中列示项目的说明等。

思考题

1. 财务报告包括哪些内容？编制财务报告应当遵循哪些基本要求？
2. 财务报告的目标是什么？财务报告的具体作用有哪些？
3. 财务报表按哪几种标准进行分类？

4. 资产负债表的项目有哪几种填列方法？
5. 利润表的作用是什么？利润表各项目应根据哪些会计科目的记录分析填列？
6. 简述现金流量表的结构、作用和编制方法。
7. 简述所有者权益变动表的结构。
8. 财务报表的附注包括哪些内容？

练习题

一、单项选择题

1. 下列各项中，不应包括在资产负债表“货币资金”项目中的是（　　）。
A. 库存现金　　B. 银行存款　　C. 其他应收款　　D. 其他货币资金
2. 编制资产负债表的主要依据是（　　）。
A. 资产、负债及所有者权益类各账户的本期发生额
B. 各损益账户的本期发生额
C. 各损益类账户的期末余额
D. 各资产、负债及所有者权益账户的期末余额
3. 编制利润表的主要依据是（　　）。
A. 资产、负债及所有者权益各账户的本期发生额
B. 资产、负债及所有者权益各账户的期末余额
C. 损益类各账户的本期发生额
D. 损益类各账户的期末余额
4. 资产负债表“未分配利润”项目应根据（　　）账户的期末余额填列。
A. 本年利润　　B. 利润分配
C. 本年利润和利润分配　　D. 应付利润
5. 资产负债表中的资产项目应按其（　　）程度强弱顺序排列。
A. 流动性　　B. 重要性　　C. 变动性　　D. 盈利性
6. 资产负债表是根据（　　）编制的。
A. 资金占用 = 资金来源　　B. 收入 − 支出 = 利润
C. 资产 = 负债 + 所有者权益　　D. 资金占用 + 费用成本 = 资金来源 + 收入
7. 利润表是反映企业（　　）的报表。
A. 利润（或亏损）　　B. 财务状况　　C. 现金流量　　D. 利润分配
8. 某企业 2007 年 10 月主营业务收入为 100 万元，主营业务成本为 70 万元，管理费用为 5 万元，营业外支出 5 万元，投资收益为 10 万元。假定不考虑其他因素，该企业当月的营业利润为（　　）万元。
A. 30　　B. 25　　C. 35　　D. 20
9. 下列各项中，属于企业经营活动中产生的现金流量是（　　）。
A. 收到的税费返还款　　B. 取得借款收到的现金
C. 分配股利支付的现金　　D. 取得投资收益收到的现金

10. 下列各项中，属于工业企业投资活动产生的现金流量的是（　　）。

A. 向银行借款收到的现金　　B. 以现金支付的债券利息

C. 发行公司债券收到的现金　　D. 以现金支付的在建工程人员工资

二、多项选择题

1. 下列账户中，可根据其期末余额直接填制资产负债表的有（　　）。

A. 货币资金　　B. 应收票据　　C. 坏账准备　　D. 短期借款

2. 下列项目中，属于“存货”范围的有（　　）。

A. 工程物资　　B. 原材料　　C. 库存商品　　D. 在途物资

3. 下列账户的有关明细账户期末余额需要调整后填入资产负债表的有（　　）。

A. “应收账款”贷方余额　　B. “预付账款”贷方余额

C. “预付账款”借方余额　　D. “应收账款”借方余额

4. 下列各项中，影响当期利润表中利润总额的有（　　）。

A. 固定资产盘盈　　B. 确认所得税费用

C. 对外捐赠固定资产　　D. 无形资产出售利得

5. 下列各项中，应作为资产负债表中“应付账款”项目列报的有（　　）。

A. “应收账款”借方余额　　B. “预收账款”借方余额

C. “应付账款”贷方余额　　D. “预付账款”贷方余额

6. 下列各项中，不会对利润表中的营业利润产生影响的有（　　）。

A. 处置交易性金融资产　　B. 转销盘亏的固定资产

C. 转让无形资产的所有权　　D. 计提固定资产减值准备

7. 下列各项中，应计入资产负债表“应收账款”项目的有（　　）。

A. “应收账款”科目所属明细科目的借方余额

B. “应收账款”科目所属明细科目的贷方余额

C. “预收账款”科目所属明细科目的借方余额

D. “预收账款”科目所属明细科目的贷方余额

8. 下列各项中，属于现金流量表中现金及现金等价物的有（　　）。

A. 库存现金　　B. 其他货币资金

C. 3个月内到期的债券投资　　D. 不能随时用于支付的银行存款

9. 下列各项现金流出，属于企业现金流量表中筹资活动产生的现金流量的有（　　）。

A. 偿还应付账款　　B. 偿还短期借款　　C. 发放现金股利　　D. 支付借款利息

10. 下列各项中，属于投资活动产生的现金流量的有（　　）。

A. 收到的投资收益　　B. 取得短期借款

C. 增发股票收到的现金　　D. 购买固定资产支付的现金

11. 下列各项中，应计入现金流量表中“偿还债务所支付的现金”项目的有（　　）。

A. 偿还银行借款的本金　　B. 偿还银行借款的利息

C. 偿还企业债券的本金　　D. 偿还企业债券的利息

三、判断题

1. 资产负债表是反映企业某一特定日期的财务状况的会计报表。（ ）
2. 资产负债表中“货币资金”项目应根据银行日记账余额填列。（ ）
3. 资产负债表中“存货”项目应根据“库存商品”期末余额填列。（ ）
4. 利润表能够反映企业的偿债能力和支付能力。（ ）
5. 资产负债表是反映资金的增加和减少的报表。（ ）
6. 现金流量表是反映企业在一定会计期间的现金和现金等价物流入和流出的会计报表。（ ）
7. 现金流量表补充资料中的固定资产折旧项目反映的是企业本期计提的计入损益的折旧费。（ ）

四、业务题

习题一

目的：练习资产负债表的内容和资产负债表各项目的填列

资料：甲企业为增值税一般纳税工业企业，其有关资料如下：

（1）甲企业销售的产品、材料均为应纳增值税货物，增值税税率17%，产品、材料销售价格中均不含增值税。

（2）甲企业材料和产品均按实际成本核算，其销售成本随着销售同时结转。

（3）甲企业2008年1月1日有关科目余额如下：

科目名称	借方余额	科目名称	贷方余额
库存现金	500	短期借款	300 000
银行存款	400 000	应付票据	50 000
应收票据	30 000	应付账款	180 000
应收账款	200 000	应付职工薪酬	5 000
其他应收款	200	应交税费	12 000
原材料	350 000	长期借款	1 260 000
周转材料	30 000	实收资本	2 000 000
库存商品	80 000	盈余公积	120 000
长期股权投资——乙企业	600 000	利润分配（未分配利润）	7 700
固定资产	2 800 000	坏账准备	0
无形资产	5 000	累计折旧	561 000
合计	4 495 700	合计	4 495 700

（4）甲企业2008年度发生如下经济业务：

①购入原材料一批，增值税专用发票上注明的增值税税额为51 000元，原材料实际成本300 000元。材料已经到达，并验收入库。企业开出商业承兑汇票。

②销售给乙企业一批产品，销售价格400 000元，产品成本320 000元。产品已经发出，开出增值税专用发票，款项尚未收到（除增值税以外，不考虑其他税费）。

③对外销售一批原材料，销售价格26 000元，材料实际成本18 000元。销售材料已经发出，开出增值税专用发票。款项已经收到，并存入银行（除增值税以外，不考虑其他税费）。

④出售一台不需用设备给乙企业，设备账面原价150 000元，已提折旧24 000元，出售价格180 000元。出售设备价款已经收到，并存入银行。

⑤按应收账款年末余额的5‰计提坏账准备。

⑥用银行存款偿还到期应付票据20 000元。

⑦用银行存款交纳所得税2 300元。

⑧计提行政管理用固定资产折旧8 766元。

⑨本年度所得税费用和应交所得税为25 234元；实现净利润107 000元；计提盈余公积10 700元。

要求：

（1）编制甲企业的有关经济业务会计分录。

（2）编制甲企业2008年12月31日资产负债表。

习题二

目的：练习利润表的编制方法

资料：某公司200×年12月损益类有关账户的本月发生额如下表所示：

损益类有关账户本月发生额

科目名称	借方发生额	科目名称	贷方发生额
主营业务收入	1 300 000	主营业务成本	800 000
其他业务收入	60 000	营业税金及附加	50 000
投资收益	100 000	其他业务成本	45 000
营业外收入	20 000	销售费用	90 000
		管理费用	180 000
		财务费用	45 000
		营业外支出	10 000
		资产减值损失	4 000
		所得税费用	

要求：根据上述资料编制利润表。

第十章 会计核算组织程序

本章学习目的

☞ 了解会计核算组织程序的意义和种类

☞ 掌握各种会计核算组织程序的特点、凭证和账簿的设置、核算步骤、优缺点和适用范围

☞ 掌握不同单位根据具体情况设置会计核算组织程序的基本知识

第一节　会计核算组织程序的意义与种类

一、会计核算组织程序的意义

会计核算组织程序又称会计核算形式或账务处理程序，是指对会计数据的记录、归类、汇总、报送的步骤和方法，是从原始凭证的取得或填制、整理、汇总，记账凭证的填制、汇总整理，各种账簿的登记、汇总，直至编制财务会计报表的一系列会计核算工作的步骤和方法。

在实际工作中，由于各单位的业务性质、规模大小各不相同，需要设置的凭证和账簿的格式与种类以及与之相适应的记账程序和方法也就不完全相同。从实际情况出发，科学合理地建立和选用适用的会计核算程序有利于保证会计工作的质量，提高会计工作效率，确保正确、及时、完整地提供各种会计信息；有利于充分发挥会计核算监督的基本职能；有利于使会计工作有条不紊地进行，实现会计的管理职能。

每一个会计主体在进行会计核算前，都应当根据本身的经营规模，经济业务的性质和数量以及财会人员的配备情况和水平，建立适合本企业的会计核算程序。

二、设计会计核算组织程序的要求

合理、适用的会计核算组织程序，一般应符合以下三个基本要求：

（1）会计核算组织程序应该与本单位的生产经营性质、组织规模的大小、经济业务的繁简程度、经营管理水平的高低和记账的特点相适应，以保证会计核算的顺利进行。

（2）会计核算组织程序应当能够保证提供的会计核算资料既准确、及时，又系统、完整，能全面地提供本单位财务状况和经营成果等方面的会计信息，以满足内部经营管理和外部相关利益各方了解决策所需会计主体实际经营情况的会计信息需求。

（3）会计核算组织程序的建立要在保证会计工作质量的前提下，力求简化核算手续，节约人力、物力，提高会计工作的效率，节省核算费用。

三、会计核算组织程序的种类

新中国成立以来，我国曾出现过六种不同的会计核算程序，即记账凭证会计核算程序、汇总记账凭证会计核算程序、科目汇总表会计核算程序、日记总账会计核算程序、多栏式日记账会计核算程序以及通用日记账会计核算程序。

这六种会计核算程序既有共同点，又有各自的特点。长期以来，我国的会计工作依据会计制度的指导，而会计制度中往往对通用原始凭证的种类、格式，原始凭证与记账凭证的联系，单位应设置的账簿体系，财务报表体系及其格式，账簿与财务报表的联系等进行详细规定，并且要求各单位遵照执行。因此各种会计核算组织程序的差别仅在于记账凭证及有关账簿的格式、总分类账登记的依据和方法不同。

四、会计核算组织程序的基本模式

各单位的会计核算组织程序不尽相同，但是不论采用哪一种，都遵循着相同的基本模式，其基本模式如图 10－1 所示。

目前，在我国企业、事业、机关等单位会计实践中采用比较普遍的会计核算程序有以下五种：（1）记账凭证会计核算程序。（2）科目汇总表会计核算程序。（3）汇总记账凭证会计核算程序。（4）多栏式日记账会计核算程序。（5）日记总账账务处理程序。下面各节将分别介绍这五种常用的会计核算程序的基本特点。

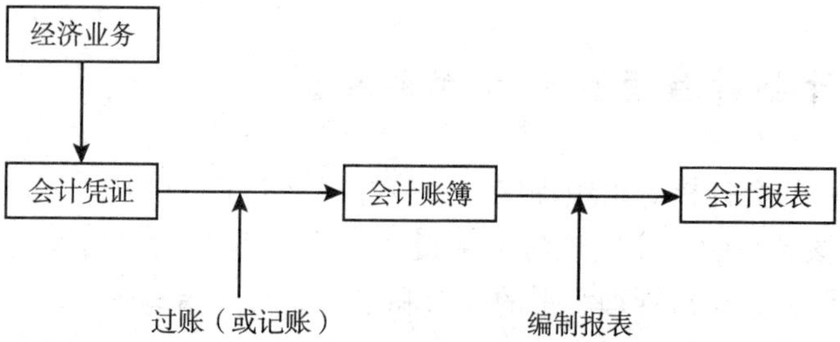

图 10 -1　会计核算组织程序基本模式

第二节　记账凭证核算组织程序

一、记账凭证核算组织程序的特点

记账凭证会计核算程序是指对会计主体发生的每项经济业务，根据原始凭证或原始凭证汇总表编制记账凭证，再直接根据记账凭证逐笔登记总分类账的一种会计核算程序。

记账凭证账务处理程序的显著特点是：记账凭证不需要按一定方式汇总，直接根据每一张记账凭证逐笔登记总分类账。它是基本的会计核算程序，是其他各种会计核算程序的基础，其他各种会计核算程序都是在此基础上发展、演变出来的。

二、记账凭证核算组织程序设置的会计凭证与账簿

在记账凭证核算组织程序下，记账凭证可以采用通用式记账凭证，用以反映各类经济业务，也可以分别设置收款凭证、付款凭证和转账凭证三种记账凭证，用以分别反映日常发生的各种收款、付款和转账经济业务。

在记账凭证核算组织程序下，账簿需要设置四种，即库存现金日记账、银行存款日记账、总分类账和明细分类账。库存现金日记账和银行存款日记账一般采用“收入”、“支出”和“余额”三栏式账页格式，分别对库存现金、银行存款收付业务进行序时记录。明细分类账可根据需要分别采用“三栏式”、“数量金额式”或“多栏式”账页格式，进行必要的明细分类核算。总分类账一般按户设页，采用“三栏式”账页格式。

三、记账凭证核算组织程序的核算步骤

记账凭证会计核算组织程序可归纳为以下几个步骤：

（1）根据同类原始凭证进行汇总，编制汇总原始凭证。

（2）根据各种原始凭证和汇总原始程序凭证编制收款凭证、付款凭证和转账凭证。

（3）根据库存现金和银行存款的收款凭证、付款凭证，按经济业务发生时间的先后顺序，逐日逐笔登记库存现金日记账和银行存款日记账。

（4）根据收款凭证、付款凭证和转账凭证，参考原始凭证或汇总原始凭证逐笔登记各种明细分类账。

（5）根据各种记账凭证逐笔登记总分类账。

（6）会计期末将库存现金日记账、银行存款日记账和各明细分类账的余额与总分类账结出余额，将日记账与相关总分类账、总分类账与相关明细分类账核对相符，并进行试算平衡。

（7）期末，根据总分类账和明细分类账的账簿资料，按照规定的格式和要求，编制会计报表。

上述会计核算组织程序可用图 10－2 表示。

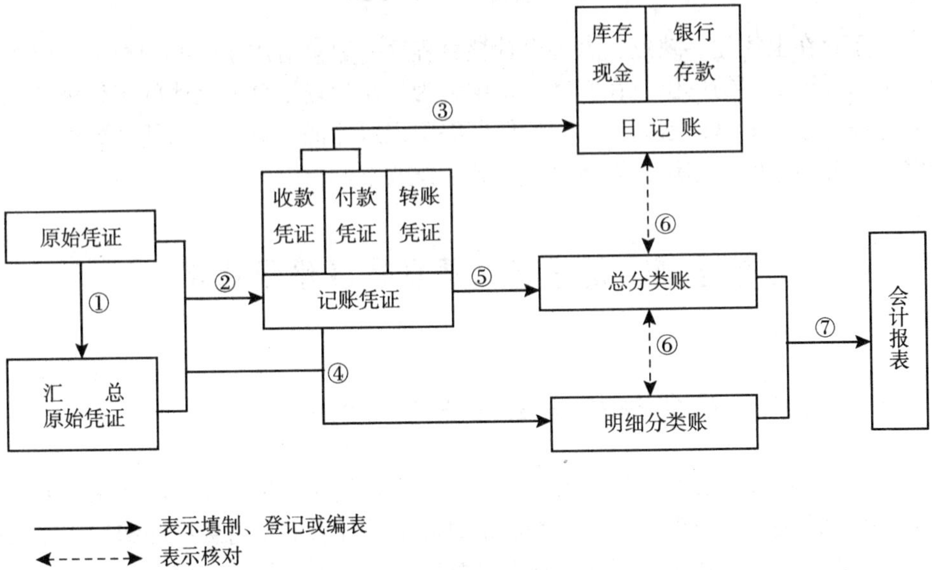

图 10－2　记账凭证核算组织程序示意图

四、记账凭证核算组织程序的优点、缺点及适用范围

（一）记账凭证核算组织程序的优点、缺点

采用记账凭证核算组织程序的优点是：

（1）直接根据记账凭证登记总账，会计核算程序简单明了，记账层次清楚，易学易懂。

（2）手续简便，由于根据记账凭证直接登记总分类账，不进行中间汇总，省去了汇总手续。

（3）总分类账可以详细地反映出经济业务的来龙去脉，查账方便。对于一些不经常发生经济业务的会计科目，还可以不设置明细分类账，只需要在总分类账有关科目的摘要栏中，对经济业务加以说明，使总分类账可以起到明细分类账的作用，从而减少明细分类账的设置和登记工作。

采用记账凭证核算组织程序的缺点是：

由于总分类账是直接根据记账凭证逐笔登记的，当会计主体的经济业务量比较大时，登记总分类账的工作量就很大，不便于分工协作，也不利于提高会计工作效率。

（二）记账凭证核算组织程序的适用范围

由于存在上述优、缺点，这种会计核算程序一般只适用于一些规模小，业务量少，记账凭证不多的单位。在实际工作中，为了减少登记总分类账的工作量，最好将原始凭证进行汇总，根据汇总原始凭证编制记账凭证，减少记账凭证数量从而减少登记总分类账的工作量，提高会计核算工作效率。

第三节　汇总记账凭证核算组织程序

一、汇总记账凭证核算组织程序的特点

汇总记账凭证核算组织程序就是定期根据收款凭证、付款凭证和转账凭证，按照账户的对应关系进行汇总，分别编制汇总收款凭证、汇总付款凭证和汇总转账凭证，然后根据各种汇总记账凭证登记总分类账的一种核算组织程序。

汇总记账凭证会计核算程序是在记账凭证处理程序基础上发展、演变而来的。汇总记账凭证会计核算程序通过设置相应的汇总凭证，以每个会计科目为依据，按

会计科目的对应关系分类汇总一定时期的记账凭证，据以登记总分类账。通过汇总记账凭证可以清晰地反映出账户之间的对应关系。

二、汇总记账凭证核算组织程序设置的会计凭证与账簿

（一）会计凭证和账簿的设置

采用汇总记账凭证核算组织程序，记账凭证应设置收款凭证、付款凭证和转账凭证，此外还要分别设置汇总收款凭证、汇总付款凭证和汇总转账凭证，分别根据收款凭证、付款凭证和转账凭证进行汇总填制。

采用汇总记账凭证核算组织程序，应设置库存现金日记账、银行存款日记账、相关明细分类账和总分类账。日记账均采用“三栏式”账页格式；明细分类账根据需要分别采用“三栏式”、“数量金额式”或“多栏式”账页格式；总分类账采用“三栏式”的账页格式。

（二）汇总记账凭证的编制

汇总收款凭证和汇总付款凭证应以“库存现金”和“银行存款”账户为中心汇总。汇总记账凭证汇总的期限一般不应超过 10 天，每月填制 1 张，月终计算出合计数，据以登记总分类账。

1. 汇总收款凭证的编制

汇总收款凭证是根据一定时期全部收款凭证汇总编制的凭证。汇总收款凭证应按“库存现金”和“银行存款”账户借方设置，按与该账户对应的贷方账户进行归类汇总。依据收款凭证编制的汇总收款凭证也分为汇总库存现金收款凭证和汇总银行存款收款凭证。

2. 汇总付款凭证的编制

汇总付款凭证是根据一定时期全部付款凭证汇总编制的凭证。汇总付款凭证应按“库存现金”和“银行存款”账户贷方设置，按与该账户对应的借方账户进行归类汇总。依据付款凭证编制的汇总付款凭证也分为汇总库存现金付款凭证和汇总银行存款付款凭证。

3. 汇总转账凭证的编制

汇总转账凭证是根据一定时期全部转账凭证汇总编制的凭证。转账凭证不像收款凭证或付款凭证那样借方或贷方的科目单一，可以按照其借方或贷方科目的规律设置汇总凭证，转账凭证的借方或贷方均无规律可循。为了避免混乱，规定汇总转账凭证一律按照贷方科目设置，按照借方科目归类汇总。

汇总记账凭证核算组织程序不宜设置通用的记账凭证。

汇总收款凭证、汇总付款凭证、汇总转账凭证的格式如表 10－1、表 10－2、表 10－3 所示。

三、汇总记账凭证核算组织程序的核算步骤

汇总记账凭证会计核算组织程序的步骤可归纳为：

（1）根据同类原始凭证进行汇总，编制汇总原始凭证。

（2）根据原始凭证和汇总原始凭证编制收款凭证、付款凭证和转账凭证。

（3）根据收款凭证和付款凭证，逐日逐笔登记库存现金日记账和银行存款日记账。

（4）根据各种记账凭证，同时参考原始凭证或原始凭证汇总表，逐笔登记各种明细分类账。

（5）根据收款凭证、付款凭证和转账凭证，定期分别编制汇总收款凭证、汇总付款凭证和汇总转账凭证。

（6）期末，根据汇总收款凭证、汇总付款凭证和汇总转账凭证登记总分类账。

（7）期末，将库存现金日记账、银行存款日记账以及各明细分类账的余额与总分类账中各相关账户结出余额，相互核对，并进行试算平衡。

（8）期末，根据总分类账和明细分类账编制会计报表。

上述核算组织程序可用图 10－3 表示如下：

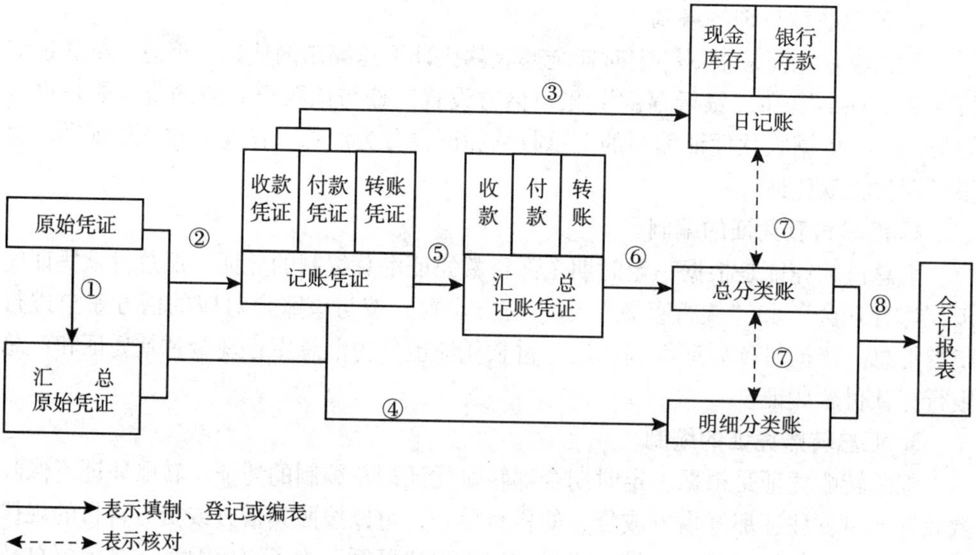

图 10－3　汇总记账凭证核算组织程序示意图

下面以制造业企业为例，简要说明汇总记账凭证核算组织程序下总分类账的登记。

【例 10－1】甲公司 200×年 9 月份部分汇总记账凭证如表 10－1、表 10－2、表 10－3 所示：

表 10－1 **汇总收款凭证**

借方科目：银行存款 200×年 9 月份 汇收第×号

贷方科目	金额				总账页数	
	1～10 日	11～20 日	21～30 日	合计	借方	贷方
主营业务收入	50 000	10 000	20 000	80 000		
应交税费	8 500	1 700	3 400	13 600		
应收账款	11 500	0	58 500	70 000		
其他货币资金	0	2 000	0	2 000		
合计	70 000	13 700	81 900	165 600		

注：填列上旬记账凭证共计×张；填列中旬记账凭证共计×张；填列下旬记账凭证共计×张。

表 10－2 **汇总付款凭证**

贷方科目：银行存款 200×年 9 月份 汇付第×号

借方科目	金额				总账页数	
	1～10 日	11～20 日	21～30 日	合计	借方	贷方
应付账款	15 000	25 000	22 300	62 300		
其他货币资金	72 000	0	0	72 000		
库存现金	0	0	3 000	3 000		
在途物资	20 000	15 000	0	35 000		
制造费用	0	0	5 700	5 700		
合计	107 000	40 000	31 000	178 000		

注：填列上旬记账凭证共计×张；填列中旬记账凭证共计×张；填列下旬记账凭证共计×张。

表 10 - 3 **汇总转账凭证**

贷方科目：原材料　　200×年9月份　　汇转第×号

借方科目	金额				总账页数	
	1～10日	11～20日	21～30日	合计	借方	贷方
生产成本	58 000	20 000	15 000	93 000		
管理费用	1 200			1 200		
制造费用	4 500	1 400		5 900		
合计	63 700	21 400	15 000	100 100		

注：填列上旬记账凭证共计×张；填列中旬记账凭证共计×张；填列下旬记账凭证共计×张。

根据表10 - 1、表10 - 2，登记银行存款总分类账如表10 - 4所示。

表 10 - 4 **总分类账**

会计科目：银行存款　　第×页

200×年		凭证号数	摘要	对方科目	借方	贷方	借或贷	余额
月	日							
9	1		期初余额				借	100 000
	30	汇收×号		主营业务收入	80 000			
	30	汇收×号		应交税费	13 600			
	30	汇收×号		应收账款	70 000			
	30	汇收×号		其他货币资金	2 000			
	30	汇付×号		应付账款		62 300		
	30	汇付×号		其他货币资金		72 000		
	30	汇付×号		库存现金		3 000		
	30	汇付×号		在途物资		35 000		
	30	汇付×号		制造费用		5 700		
9	30		本月发生额及月末余额		165 600	178 000	借	87 600

四、汇总记账凭证核算组织程序的优点、缺点及适用范围

（一）汇总记账凭证核算组织程序的优点、缺点

采用汇总记账凭证核算组织程序的优点是：

（1）汇总记账凭证核算组织程序把一定时期内的全部记账凭证进行归类和汇总，编制成汇总记账凭证，再根据汇总记账凭证期末一次登记总分类账，与记账凭证会计核算程序相比较，大大减少了登记总分类账的工作量，提高了会计核算工作效率。

（2）由于汇总记账凭证根据每个科目的对方科目进行归类、汇总编制，能够明确反映账户之间的对应关系，有利于了解经济业务的来龙去脉，掌握资金运动状况。

采用汇总记账凭证核算组织程序的缺点是：

（1）汇总记账凭证是按照相关账户的借方或贷方而不是按照经济业务性质进行的汇总，因此不利于会计日常核算的合理分工。

（2）当转账凭证数量多时，编制汇总转账凭证的工作量较大。

（二）汇总记账凭证核算组织程序的适用范围

这种会计核算组织程序一般适用于规模较大、业务量较多，尤其是同类型业务量较多的企业。

第四节　科目汇总表核算组织程序

一、科目汇总表核算组织程序的特点

科目汇总表会计核算程序是指根据记账凭证定期编制科目汇总表，并根据科目汇总表定期登记总分类账的一种核算组织程序。这种会计核算组织程序的主要特点是定期编制科目汇总表，并据此登记总分类账。

二、科目汇总表核算组织程序设置的会计凭证与账簿

采用科目汇总表会计核算程序，凭证、账簿的设置和记账凭证账务处理程序基本相同，但需单独设置“科目汇总表”。“科目汇总表”是根据记账凭证定期汇总各有关总分类账户的本期发生额，据以登记总分类账的一种特种记账凭证。

“科目汇总表”的性质和作用与汇总记账凭证相似，但两者的结构与编制方法不同。科目汇总表是将所有科目的本期借方发生额和贷方发生额汇总在一张汇总表内，而不是按对应科目进行汇总。科目汇总表的编制方法如下：

（1）根据一定期间内的全部记账凭证，按照相同会计科目归类，定期（1 天、5 天或 10 天，最长不能超过 1 个月）汇总每一会计科目的借方本期发生额和贷方本期发生额，填写在科目汇总表的“会计科目”内。为了便于登记总分类账，会计科目的顺序可与总分类账上会计科目的前后顺序一致。

（2）根据汇总期内的所有记账凭证，按照相同的会计科目对每一会计科目的借方本期发生额和贷方本期发生额进行归类汇总，将其汇总数填列在科目汇总表中的各相应会计科目的“借方本期发生额”和“贷方本期发生额”栏内。

（3）按会计科目汇总完毕后，将所有借方本期发生额和贷方本期发生额相加，进行发生额的试算平衡。若借方发生额与贷方发生额相等，说明记账凭证的编制和科目汇总表的编制基本正确，可据此登记总分类账。

科目汇总表可以汇总一次编制一张，也可以分旬汇总，每月编制一张。其格式如表 10－5、表 10－6 所示。

表 10－5　　科目汇总表

200×年 9 月 1～10 日

第×号

单位：元

会计科目	总账页数	本期发生额		记账凭证起止号数
		借方	贷方	
库存现金				
银行存款				
应收票据				
合计				

表 10－6　　科目汇总表

200×年 9 月份

会计科目	总账页数	1～10 日		11～20 日		21～30 日		本月合计（元）	
		借方	贷方	借方	贷方	借方	贷方	借方	贷方
合计									

三、科目汇总表核算组织程序的核算步骤

如果采用表 10－5 格式，应汇总一次编制一张科目汇总表，据以登记一次总分类账；如果采用表 10－6 格式，则分旬汇总，每月编制一张科目汇总表，可以汇总一次登记一次总分类账，也可以按本月合计数于月末登记一次总分类账。

科目汇总表会计核算组织程序的步骤主要如下：

（1）根据同类原始凭证进行汇总，编制汇总原始凭证。

（2）根据各种原始凭证和汇总原始凭证编制收款凭证、付款凭证和转账凭证。

（3）根据库存现金和银行存款的收款凭证、付款凭证，按经济业务发生时间的先后顺序，逐日逐笔登记库存现金日记账和银行存款日记账。

（4）按经济业务所涉及的账户，根据原始凭证或汇总原始凭证、各种记账凭证，逐笔登记各种明细分类账。

（5）根据各种记账凭证定期汇总编制科目汇总表。

（6）根据科目汇总表定期登记总分类账。

（7）期末，将库存现金日记账、银行存款日记账和各明细分类账结出余额，与总分类账的余额核对，并进行试算平衡。

（8）期末，根据总分类账和明细分类账的资料，按照规定的格式和要求，编制会计报表。

科目汇总表核算组织程序如图 10－4 所示。

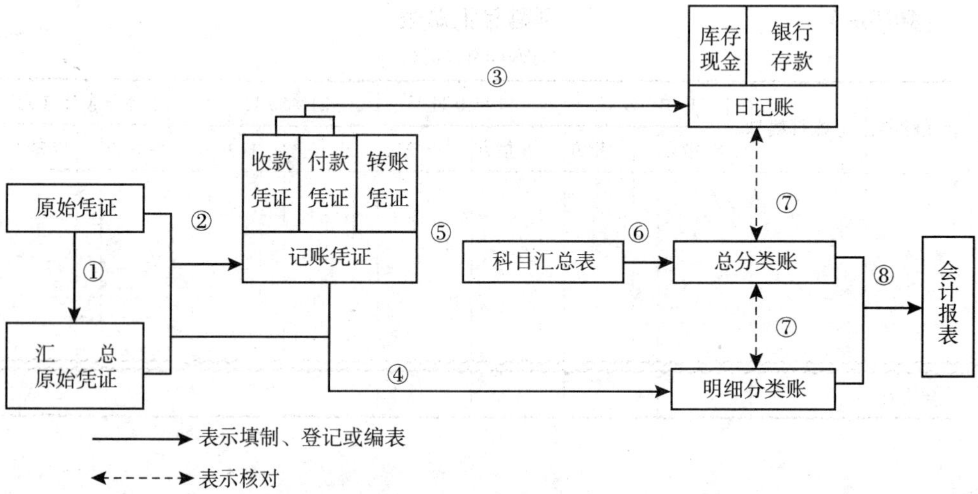

图 10－4　科目汇总表核算组织程序示意图

下面以制造业企业为例，简要说明科目汇总表核算组织程序下总分类账的登记。

【**例 10－2**】大华公司 200×年 8 月 31 日各总账账户余额如表 10－7 所示。

表 10－7　　总分类账户余额表

账户名称	余　额	账户名称	余　额
库存现金	1 000	短期借款	80 000
银行存款	200 000	应付账款	56 000
应收账款	15 000	应交税费	30 600
原材料	3 000	本年利润	100 000
库存商品	173 600	实收资本	250 000
固定资产	180 600	盈余公积	5 000
		利润分配	4 300
		累计折旧	47 300
合计	573 200	合计	573 200

大华公司 200×年 9 月发生如下经济业务：

(1) 2 日，向 H 公司购买 A 材料 2 000 公斤，单价 50 元，增值税进项税额 17 000 元，B 材料 1 000 公斤，单价 100 元，增值税进项税额 17 000 元；运杂费

2 000 元，按50%比例分别计入A、B两种材料成本。材料尚未收到，款项未支付。

（2）5日，上述材料运到，验收入库。

（3）8日，领用A材料1 500公斤，成本75 000元，用于生产甲产品。

（4）9日，领用B材料500公斤，成本50 000元，其中，生产甲产品400公斤，车间一般耗用100公斤。

（5）10日，用银行存款交纳前期所得税3 000元、增值税25 000元、城建税1 750元，教育费附加850元。

（6）15日，用银行存款2 000元支付广告费。

（7）18日，用银行存款偿还短期借款30 000元。

（8）19日，销售甲产品400件，单价450元；乙产品200件，单价500元，增值税税率17%，款项尚未收到。

（9）19日，用银行存款支付应由本企业负担的销售运杂费1 000元。

（10）22日，用银行存款交纳本月水电费5 000元，其中，车间3 000元，行政管理部门2 000元。

（11）23日，用现金支付车间设备日常修理费500元。

（12）24日，用银行存款支付管理咨询费3 000元。

（13）25日，偿还应付账款56 000元。

（14）28日，收回H公司所欠货款及增值税共计300 000元，存入银行。

（15）28日，用现金300元，购买办公用品交行政管理部门使用。

（16）30日，计提固定资产折旧费2 500元，其中，车间固定资产折旧1 500元，行政管理部门1 000元。

（17）30日，结算本月职工工资78 000元，其中，生产工人工资20 000元，车间管理人员工资10 000元，行政管理人员工资30 000元，销售人员工资18 000元。

（18）30日，从银行提取现金1 000元备用。

（19）30日，计算应交房产税2 500元、城建税1 092元、教育费附加468元。

（20）30日，用银行存款支付职工工资。

（21）30日，月末，结转本月制造费用。

（22）30日，本月生产的甲产品500件全部完工入库，计算其实际生产成本。

（23）30日，结转本月产品销售成本，甲产品单位成本320元，乙产品单位成本350元。

（24）30日，结转损益类账户发生额，并计算本月利润。

（25）30日，计算应交所得税3 000元，并将所得税费用结转本年利润账户。

大华公司无预收和预付款项，应收账款各明细账均为借方余额，应付账款各明细账均为贷方余额。

根据上述资料进行相应会计处理，本例只对业务（1）、（5）、（14）编制记账凭证，其他业务以会计分录代替记账凭证。

业务（1）编制记账凭证如表 10－8 所示。

表 10－8 **转账凭证**

200×年9月2日 转字第1号

摘要	总账科目	明细科目	记账	借方金额										贷方金额										
				千	百	十	万	千	百	十	元	角	分	千	百	十	万	千	百	十	元	角	分	
企业购买材	在途物资	A材料				1	0	1	0	0	0	0	0											附单据1张
料尚未到		B材料				1	0	1	0	0	0	0	0											
达，款未付。	应交税费	应交增值税					3	4	0	0	0	0	0											
	应付账款	H公司														2	3	6	0	0	0	0	0	
合计					¥	2	3	6	0	0	0	0	0		¥	2	3	6	0	0	0	0	0	

会计主管：王强 记账：李娜 稽核：王铁 出纳：李扬 制单：赵新

业务（5）编制记账凭证如表 10－9 所示。

表 10－9 **付款凭证**

贷方科目：银行存款 200×年9月18日 银付字第1号

摘要	借方科目		记账	金额										
	总账科目	明细科目		千	百	十	万	千	百	十	元	角	分	
用银行存款交纳前期所得	应交税费	应交所得税						3	0	0	0	0	0	附单据4张
税等各种税金。		应交增值税					2	5	0	0	0	0	0	
		应交城建税						1	7	5	0	0	0	
		教育费附加							8	5	0	0	0	
合计						¥	3	0	6	0	0	0	0	

会计主管：王强 记账：李娜 稽核：王铁 出纳：李扬 制单：李扬

业务（14）编制记账凭证如表 10－10 所示。

表 10－10　　　　**收款凭证**

借方科目：银行存款　　　　200×年9月28日　　　　银收字第1号

摘　要	贷方科目		记账	金　额									
	总账科目	明细科目		千	百	十	万	千	百	十	元	角	分
收回H公司所欠货款	应收账款	H公司				3	0	0	0	0	0	0	0
合　计					¥	3	0	0	0	0	0	0	0

附单据1张

会计主管：王强　　记账：李娜　　稽核：王铁　　出纳：李杨　　制单：李杨

（1）业务（1）编制记账凭证如表10－8所示。

（2）借：原材料　　202 000
　　贷：在途物资　　202 000

（3）借：生产成本　　75 000
　　贷：原材料　　75 000

（4）借：生产成本　　40 000
　　制造费用　　10 000
　　贷：原材料　　50 000

（5）业务（5）编制记账凭证如表10－9所示。

（6）借：销售费用　　2 000
　　贷：银行存款　　2 000

（7）借：短期借款　　30 000
　　贷：银行存款　　30 000

（8）借：应收账款　　327 600
　　贷：主营业务收入　　280 000
　　　　应交税费——应交增值税　　47 600

（9）借：销售费用　　1 000
　　贷：银行存款　　1 000

（10）借：制造费用　　3 000
　　管理费用　　2 000
　　贷：银行存款　　5 000

（11）借：制造费用　　500
　　贷：库存现金　　500

（12）借：管理费用	3 000	
贷：银行存款		3 000
（13）借：应付账款	56 000	
贷：银行存款		56 000
（14）业务（14）编制记账凭证如表 10－10 所示。		
（15）借：管理费用	300	
贷：库存现金		300
（16）借：制造费用	1 500	
管理费用	1 000	
贷：累计折旧		2 500
（17）借：生产成本	20 000	
制造费用	10 000	
管理费用	30 000	
销售费用	18 000	
贷：应付职工薪酬		78 000
（18）借：库存现金	1 000	
贷：银行存款		1 000
（19）借：管理费用	2 500	
贷：应交税费——应交房产税		2 500
借：营业税金及附加	1 560	
贷：应交税费——应交城市维护建设税		1 092
——应交教育费附加		468
（20）借：应付职工薪酬	78 000	
贷：银行存款		78 000
（21）借：生产成本	25 000	
贷：制造费用		25 000
（22）借：库存商品	160 000	
贷：生产成本		160 000
（23）借：主营业务成本	198 000	
贷：库存商品		198 000
（24）借：主营业务收入	280 000	
贷：本年利润		280 000
借：本年利润	259 360	
贷：主营业务成本		198 000

营业税金及附加 1 560

管理费用 38 800

销售费用 21 000

（25）借：所得税费用 3 000

贷：应交税费——应交所得税 3 000

借：本年利润 3 000

贷：所得税费用 3 000

该公司库存现金和银行存款日记账均采用三栏式账页格式。

根据上述业务序时逐笔登记库存现金日记账和银行存款日记账如表10－11、表10－12所示。

表10－11　库存现金日记账

200×年		凭证号数	摘　要	对应科目	收入	支出	余额
月	日						
9	1	略	月初余额				1 000
	23		支付车间设备日常修理费	制造费用		500	500
	28		购买行政管理部门用办公用品	管理费用		300	200
	30		提取现金	银行存款	1 000		1 200
	30		本月发生额及月末余额		1 000	800	1 200

表10－12　银行存款日记账

200×年		凭证号数	摘　要	对应科目	收入	支出	余额
月	日						
9	1	略	月初余额				200 000
	5		支付采购材料款				
	10		交纳前期所得税、增值税等			30 600	
	15		支付广告费	销售费用		2 000	
	18		偿还短期借款			30 000	
	19		支付销售运杂费			1 000	
	22		交纳本月水电			5 000	
	24		支付管理咨询费			3 000	
	25		偿还应付账款			56 000	
	28		收回H公司欠款		300 000		
	30		从银行提取现金备用			1 000	
	30		支付职工工资			78 000	
	30		本月发生额及月末余额		300 000	206 600	293 400

根据上述会计分录，登记“丁”字形账户，如图10－5所示。

借方　库存现金　贷方

期初余额	1 000	(11)	500
(18)	1 000	(15)	300
本期发生额合计	1 000	本期发生额合计	800
期末余额	1 200		

借方　银行存款　贷方

期初余额	200 000	(5)	30 600
(14)	300 000	(6)	2 000
		(7)	30 000
		(9)	1 000
		(10)	5 000
		(12)	3 000
		(13)	56 000
		(18)	1 000
		(20)	78 000
本期发生额合计	300 000	本期发生额合计	206 600
期末余额	293 400		

借方　在途物资　贷方

(1)	202 000	(2)	202 000
本期发生额合计	202 000	本期发生额合计	202 000

借方　应收账款　贷方

期初余额	15 000		
(8)	327 600	(14)	300 000
本期发生额合计	327 600	本期发生额合计	300 000
期末余额	42 600		

借方　应付职工薪酬　贷方

(20)	78 000	(17)	78 000
本期发生额合计	78 000	本期发生额合计	78 000

借方　原材料　贷方

期初余额	3 000		
(2)	202 000	(3)	75 000
		(4)	50 000
本期发生额合计	202 000	本期发生额合计	125 000
期末余额	80 000		

借方　生产成本　贷方

(3)	75 000	(22)	160 000
(4)	40 000		
(17)	20 000		
(21)	25 000		
本期发生额合计	160 000	本期发生额合计	160 000

借方　库存商品　贷方

期初余额	173 600		
(22)	160 000	(23)	198 000
本期发生额合计	160 000	本期发生额合计	198 000
期末余额	135 600		

借方　固定资产　贷方

期初余额	180 600		

借方　累计折旧　贷方

		期初余额	47 300
		(16)	2 500
本期发生额合计	——	本期发生额合计	2 500
		期末余额	49 800

借方　制造费用　贷方

(4)	10 000	(21)	25 000
(10)	3 000		
(11)	500		
(16)	1 500		
(17)	10 000		
本期发生额合计	25 000	本期发生额合计	25 000

借方　　短期借款　　贷方

		期初余额	80 000
(7)	30 000		
本期发生额合计	30 000	本期发生额合计	——
		期末余额	50 000

借方　　应付账款　　贷方

		期初余额	56 000
(13)	56 000	(1)	236 000
本期发生额合计	56 000	本期发生额合计	236 000
		期末余额	236 000

借方　　实收资本　　贷方

		期初余额	250 000

借方　　应交税费　　贷方

		期初余额	30 600
(1)	34 000	(8)	47 600
(5)	30 600	(19)	4 060
		(25)	3 000
本期发生额合计	64 600	本期发生额合计	54 660
		期末余额	20 660

借方　　盈余公积　　贷方

		期初余额	5 000

借方　　利润分配　　贷方

		期初余额	4 300

借方　　所得税费用　　贷方

(25)	3 000	(25)	3 000
本期发生额合计	3 000	本期发生额合计	3 000

借方　　主营业务收入　　贷方

(24)	280 000	(8)	280 000
本期发生额合计	280 000	本期发生额合计	280 000

借方　　本年利润　　贷方

		期初余额	100 000
(24)	259 360	(24)	280 000
(25)	3 000		
本期发生额合计	262 360	本期发生额合计	280 000
		期末余额	117 640

借方　　主营业务成本　　贷方

(23)	198 000	(24)	198 000
本期发生额合计	198 000	本期发生额合计	198 000

借方　　营业税金及附加　　贷方

(19)	1 560	(24)	1 560
本期发生额合计	1 560	本期发生额合计	1 560

借方　　管理费用　　贷方

(10)	2 000	(24)	38 800
(12)	3 000		
(15)	300		
(16)	1 000		
(17)	30 000		
(19)	2 500		
本期发生额合计	38 800	本期发生额合计	38 800

借方　　销售费用　　贷方

(6)	2 000	(24)	21 000
(9)	1 000		
(17)	18 000		
本期发生额合计	21 000	本期发生额合计	21 000

图 10－5

根据“丁”字形账户编制科目汇总表如表 10－13 所示。

表 10－13

科目汇总表

科汇第×号

200×年 9 月

单位：元

会计科目	总账页数	本期发生额		记账凭证起讫号数
		借方	贷方	
库存现金		1 000	800	
银行存款		300 000	206 600	
应收账款		327 600	300 000	
在途物资		202 000	202 000	
原材料		202 000	125 000	
生产成本		160 000	160 000	
库存商品		160 000	198 000	
累计折旧			2 500	
制造费用		25 000	25 000	
短期借款		30 000		
应付账款		56 000	236 000	
应付职工薪酬		78 000	78 000	
应交税费		64 600	54 660	
本年利润		262 360	280 000	
主营业务收入		280 000	280 000	
主营业务成本		198 000	198 000	
营业税金及附加		1 560	1 560	
管理费用		38 800	38 800	
销售费用		21 000	21 000	
所得税费用		3 000	3 000	
合计		2 410 920	2 410 920	

注：“记账凭证起讫号数”是指据以编制科目汇总表的起始凭证号至终止凭证号。

根据表 10－13 资料登记总分类账，如表 10－14 所示。

表 10-14

总分类账

会计科目：库存现金

200×年		凭证号数	摘　要	对方科目	借方	贷方	借或贷	余额
月	日							
9	1		期初余额				借	1 000
	30	科汇×号			1 000	800	借	1 200
9	30		本月发生额及月末余额		1 000	800	借	1 200

总分类账

会计科目：银行存款

200×年		凭证号数	摘　要	对方科目	借方	贷方	借或贷	余额
月	日							
9	1		期初余额				借	200 000
	30	科汇×号			300 000	206 600	借	293 400
9	30		本月发生额及月末余额		300 000	206 600	借	293 400

总分类账

会计科目：应收账款

200×年		凭证号数	摘　要	对方科目	借方	贷方	借或贷	余额
月	日							
9	1		期初余额				借	15 000
	30	科汇×号			327 600	300 000	借	42 600
9	30		本月发生额及月末余额		327 600	300 000	借	42 600

总分类账

会计科目：在途物资

200×年		凭证号数	摘　要	对方科目	借方	贷方	借或贷	余额
月	日							
9	30	科汇×号			202 000	202 000	平	0
9	30		本月发生额及月末余额		202 000	202 000	平	0

总分类账

会计科目：原材料

200×年		凭证号数	摘　要	对方科目	借方	贷方	借或贷	余额
月	日							
9	1		期初余额				借	3 000
	30	科汇×号			202 000	125 000	借	80 000
9	30		本月发生额及月末余额		202 000	125 000	借	80 000

总分类账

会计科目：生产成本

200×年		凭证号数	摘　要	对方科目	借方	贷方	借或贷	余额
月	日							
9	30	科汇×号			160 000	160 000	借	0
9	30		本月发生额及月末余额		160 000	160 000	借	0

总分类账

会计科目：库存商品

200×年		凭证号数	摘　要	对方科目	借方	贷方	借或贷	余额
月	日							
9	1		期初余额				借	173 600
	30	科汇×号			160 000	198 000	借	135 600
9	30		本月发生额及月末余额		160 000	198 000	借	135 600

总分类账

会计科目：累计折旧

200×年		凭证号数	摘　要	对方科目	借方	贷方	借或贷	余额
月	日							
9	1		期初余额				借	47 300
	10	科汇×号				2 500	借	49 800
9	30		本月发生额及月末余额			2 500	借	49 800

总分类账

会计科目：短期借款

200×年		凭证号数	摘　要	对方科目	借方	贷方	借或贷	余额
月	日							
9	1		期初余额				贷	80 000
	10	科汇×号			30 000		贷	50 000
9	30		本月发生额及月末余额		30 000		贷	50 000

总分类账

会计科目：应付账款

200×年		凭证号数	摘　要	对方科目	借方	贷方	借或贷	余额
月	日							
9	1		期初余额				贷	56 000
	10	科汇×号			56 000	236 000	贷	236 000
9	30		本月发生额及月末余额		56 000	236 000	贷	236 000

总分类账

会计科目：应付职工薪酬

200×年		凭证号数	摘　要	对方科目	借方	贷方	借或贷	余额
月	日							
9	10	科汇×号			78 000	78 000	平	0
9	30		本月发生额及月末余额		78 000	78 000	平	0

总分类账

会计科目：应交税费

200×年		凭证号数	摘　要	对方科目	借方	贷方	借或贷	余额
月	日							
9	1		期初余额				贷	30 600
	10	科汇×号			64 600	54 660	贷	20 660
9	30		本月发生额及月末余额		64 600	54 660	贷	20 660

总分类账

会计科目：本年利润

200×年		凭证号数	摘　要	对方科目	借方	贷方	借或贷	余额
月	日							
9	1		期初余额				贷	100 000
	10	科汇×号			262 360	280 000	贷	117 640
9	30		本月发生额及月末余额		262 360	280 000	贷	117 640

总分类账

会计科目：主营业务收入

200×年		凭证号数	摘　要	对方科目	借方	贷方	借或贷	余额
月	日							
9	10	科汇×号			280 000	280 000	平	0
9	30		本月发生额及月末余额		280 000	280 000	平	0

总分类账

会计科目：主营业务成本

200×年		凭证号数	摘　要	对方科目	借方	贷方	借或贷	余额
月	日							
9	10	科汇×号			198 000	198 000	平	0
9	30		本月发生额及月末余额		198 000	198 000	平	0

总分类账

会计科目：营业税金及附加

200×年		凭证号数	摘　要	对方科目	借方	贷方	借或贷	余额
月	日							
9	10	科汇×号			1 560	1 560	平	0
9	30		本月发生额及月末余额		1 560	1 560	平	0

总分类账

会计科目：管理费用

200×年		凭证号数	摘　要	对方科目	借方	贷方	借或贷	余额
月	日							
9	10	科汇×号			38 800	38 800	平	0
9	30		本月发生额及月末余额		38 800	38 800	平	0

总分类账

会计科目：销售费用

200×年		凭证号数	摘　要	对方科目	借方	贷方	借或贷	余额
月	日							
9	10	科汇×号			21 000	21 000	平	0
9	30		本月发生额及月末余额		21 000	21 000	平	0

总分类账

会计科目：所得税费用

200×年		凭证号数	摘　要	对方科目	借方	贷方	借或贷	余额
月	日							
9	10	科汇×号			3 000	3 000	平	0
9	30		本月发生额及月末余额		3 000	3 000	平	0

根据分类账编制资产负债表和利润表如表10－15、表10－16所示。

表 10 – 15 **资 产 负 债 表** 会企 01 表

编制单位：大华公司 200×年 9 月 30 日 单位：元

资　　产	期末余额	年初余额	负债和所有者权益（或股东权益）	期末余额	年初余额
流动资产：			**流动负债：**		
货币资金	294 600	略	短期借款	50 000	略
交易性金融资产			交易性金融负债		
应收票据			应付票据		
应收账款	42 600		应付账款	236 000	
预付款项			预收款项		
应收利息			应付职工薪酬		
应收股利			应交税费	20 660	
其他应收款			应付利息		
存货	215 600		应付股利		
一年内到期的非流动资产			其他应付款		
其他流动资产			一年内到期的非流动负债		
流动资产合计	552 800		其他流动负债		
非流动资产：			**流动负债合计**	306 660	
可供出售金融资产			**非流动负债：**		
持有至到期投资			长期借款		
长期应收款			应付债券		
长期股权投资			长期应付款		
投资性房地产			专项应付款		
固定资产	130 800		预计负债		
在建工程			递延所得税负债		
工程物资			其他非流动负债		
固定资产清理			**非流动负债合计**		
生产性生物资产			**负债合计**	306 660	
油气资产			**所有者权益（或股东权益）：**		
无形资产			实收资本（或股本）	250 000	
开发支出			资本公积		
商誉			减：库存股		
长期待摊费用			盈余公积	5 000	
递延所得税资产			未分配利润	121 940	
其他非流动资产			**所有者权益（或股东权益）合计**	376 940	
非流动资产合计	130 800				
资产总计	683 600		负债和所有者权益（或股东权益）总计	683 600	

表 10－16　**利　润　表**　会企 02 表

编制单位：大华公司　200×年9月　单位：元

项　目	本期金额	上期金额
一、营业收入	280 000	（略）
减：营业成本	198 000	
营业税金及附加	1 560	
销售费用	21 000	
管理费用	38 800	
财务费用		
资产减值损失		
加：公允价值变动收益（损失以“－”号填列）		
投资收益（损失以“－”号填列）		
其中：对联营企业和合营企业的投资收益		
二、营业利润（亏损以“－”号填列）	20 640	
加：营业外收入		
减：营业外支出		
其中：非流动资产处置损失		
三、利润总额（亏损总额以“－”号填列）	20 640	
减：所得税费用	3 000	
四、净利润（净亏损以“－”号填列）	17 640	
五、每股收益：		
（一）基本每股收益		
（二）稀释每股收益		

四、科目汇总表核算组织程序的优点、缺点及适用范围

（一）科目汇总表核算组织程序的优点、缺点

科目汇总表核算组织程序的优点有：

（1）由于科目汇总表会计核算程序是根据科目汇总表登记总账，每一个总分类账户每月只登记一次或几次，对于经济业务量比较大、记账凭证较多的单位来说，大大地减少了总分类账的登记工作。

（2）科目汇总表汇总方法简单、操作方便，并且可以定期对科目汇总表进行试算平衡，便于及时发现问题，采取措施。

科目汇总表核算组织程序的缺点有：

（1）由于科目汇总表按科目进行汇总，而不是按账户对应关系汇总，因此不能反映账户之间的对应关系，不便于了解分析具体经济业务的来龙去脉。

（2）由于总分类账登记的是汇总数字，看不出经济业务的内容，因而降低了总分类账所提供资料的有用性。

（二）科目汇总表核算组织程序的适用范围

这种会计核算程序适用于规模大、经济业务频繁的企业。

第五节　日记总账核算组织程序

一、日记总账核算组织程序的特点

日记总账核算组织程序要求企业设置多栏式日记总账，所有账目全部在日记总账中进行序时登记，分科目进行总分类核算。日记总账具有日记账和总分类账的双重功能，既能反映企业经济业务的详细情况，又能对一定会计期间的各类业务进行分类汇总。

二、日记总账核算组织程序设置的会计凭证与账簿

在日记总账会计核算程序下，企业可以采用通用记账凭证，也可以分别设置收款凭证、付款凭证和转账凭证三种记账凭证用以反映各类经济业务。账簿需要设置四种，即库存现金日记账、银行存款日记账、日记总账和明细分类账。库存现金日记账、银行存款日记账和明细分类账的格式与记账凭证账务处理程序的要求相同。企业需单独设置日记总账，日记总账为多栏式，对于收付款业务，企业应根据收款凭证和付款凭证逐日或按月汇总进行登记；对于转账业务，应根据转账凭证逐日、逐笔顺序登记。每月登记完毕后结出各栏的合计数和各科目的发生额及余额，并进行核对。

三、日记总账核算组织程序的核算步骤

日记总账会计核算组织程序的步骤如下：

（1）根据各种原始凭证或汇总原始凭证编制收款凭证、付款凭证和转账凭证。

（2）根据库存现金和银行存款的收款凭证、付款凭证，按经济业务发生时间的先后顺序，逐日逐笔登记库存现金日记账和银行存款日记账。

（3）根据原始凭证或汇总原始凭证、各种记账凭证，逐笔登记各种明细分类账。

（4）根据各种记账凭证逐日或按月汇总登记日记总账。

（5）期末，将库存现金日记账、银行存款日记账和各明细分类账结出余额，并与日记总账的余额相互核对。

（6）期末，根据日记总账和明细分类账的账簿资料，按照规定的格式和要求，编制会计报表。

日记总账的会计核算组织程序如图10－6所示。

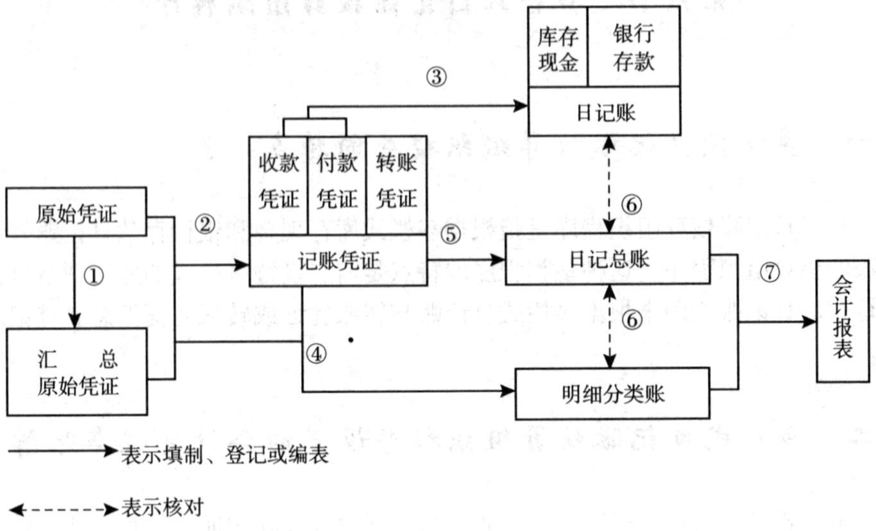

图10－6 日记总账核算组织程序示意图

四、日记总账核算组织程序的优点、缺点及适用范围

（一）日记总账核算组织程序的优点、缺点

日记总账核算组织程序的优点有：

（1）将会计凭证直接分类记入日记总账，无需单独对记账凭证进行汇总，通过日记总账即可实现对记账凭证的分类汇总。

（2）将所有账户列示于一张日记总账账页中，能够很容易地全面了解经济业务的来龙去脉。

日记总账核算组织程序的缺点有：

（1）将所有账户集中于一张账页中，不便于会计分工。

（2）企业使用的会计科目较多时，会导致账页过于庞大，不便于记账和保管。

（二）日记总账核算组织程序的适用范围

由于日记总账核算组织程序限制了企业所使用的会计科目的数量，因此，该核算程序只适用于经济业务简单、使用会计科目不多的小型企业。

第六节　多栏式日记账核算组织程序

一、多栏式日记账核算组织程序的特点

多栏式日记账核算组织程序是指根据多栏式库存现金和银行存款日记账登记总分类账的核算组织程序。这种核算程序的特点是需要设置多栏式的库存现金日记账和银行存款日记账，期末根据多栏式日记账与转账凭证或转账凭证汇总表登记总分类账。

二、多栏式日记账核算组织程序设置的会计凭证与账簿

在多栏式日记账核算程序下，企业应当分别设置收款凭证、付款凭证和转账凭证三种记账凭证。账簿需要设置四种，即库存现金日记账、银行存款日记账、日记总账和明细分类账。明细分类账和总分类账的格式与记账凭证账务处理程序的要求相同，库存现金日记账和银行存款日记账要求设置多栏式账页格式，对于收付款业务，企业应根据收款凭证和付款凭证逐日、逐笔分类登记多栏式日记账；对于转账业务，应根据转账凭证定期汇总编制转账凭证汇总表。

三、多栏式日记账核算组织程序的核算步骤

多栏式日记账核算组织程序的步骤如下：

（1）根据各种原始凭证或汇总原始凭证编制收款凭证、付款凭证和转账凭证。

（2）根据库存现金和银行存款的收款凭证、付款凭证，按经济业务发生时间

的先后顺序，逐日逐笔登记多栏式库存现金日记账和多栏式银行存款日记账。

（3）根据原始凭证或汇总原始凭证、各种记账凭证，逐笔登记各种明细分类账。

（4）根据转账凭证编制转账凭证汇总表。

（5）期末，根据多栏式库存现金日记账、多栏式银行存款日记账、转账凭证或转账凭证汇总表登记总分类账。

（6）期末，将库存现金日记账、银行存款日记账和各明细分类账结出余额，并与总分类账的余额相互核对。

（7）期末，根据总分类账和明细分类账的账簿资料，按照规定的格式和要求，编制会计报表。

多栏式日记账核算组织程序如图 10－7 所示：

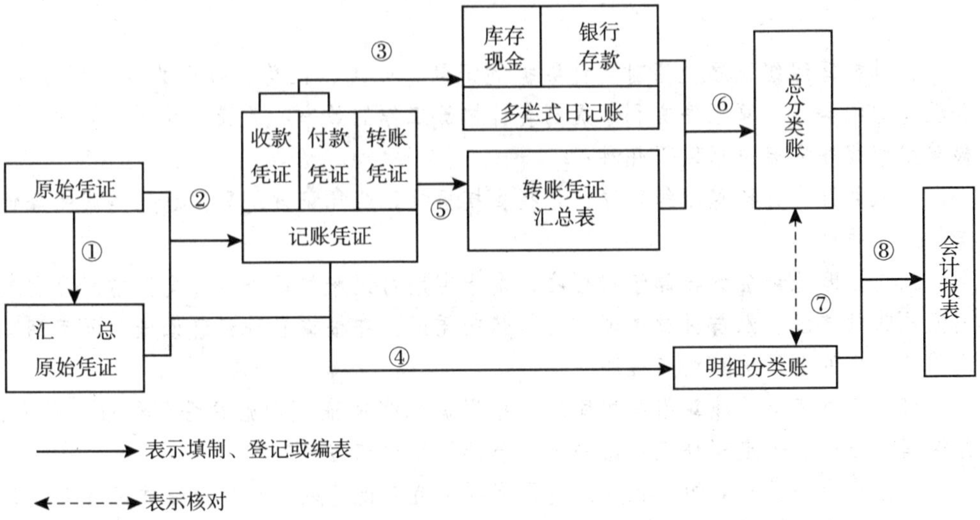

图 10－7　多栏式日记账核算组织程序示意图

四、多栏式日记账核算组织程序的优点、缺点及适用范围

（一）多栏式日记账核算组织程序的优点、缺点

多栏式日记账核算组织程序的优点有：

（1）可以简化总分类账的登记工作，提高会计工作效率。

（2）通过多栏式日记账可以对部分经济业务分类汇总，账户对应关系清楚，便于了解经济业务的来龙去脉。

多栏式日记账核算组织程序的缺点有：

（1）多栏式日记账限制了会计科目的使用数量，在企业使用较多会计科目时会导致账页过于庞大，不便于记账和保管。

（2）转账凭证较多时，编制的转账凭证汇总表不能反映账户之间的对应关系。

（二）多栏式日记账核算组织程序的适用范围

由于多栏式日记账核算组织程序限制了企业所使用的会计科目的数量，因此，该核算组织程序适用于经济业务简单、使用会计科目不多的企业。

本章小结

会计核算组织程序是指对会计数据的记录、归类、汇总、报送的步骤和方法。合理地组织会计核算程序有利于提高会计核算工作的效率和质量。我国主要的会计核算组织程序主要包括以下几种：

记账凭证会计核算组织程序，是指直接根据记账凭证逐笔登记总分类账的会计核算组织程序。

汇总记账凭证会计核算组织程序，是指定期对记账凭证进行分类汇总，分别编制汇总收款凭证、汇总付款凭证和汇总转账凭证，并根据各种汇总记账凭证定期登记总分类账的会计核算组织程序。

科目汇总表会计核算组织程序，是指根据记账凭证定期汇总编制科目汇总表，并根据科目汇总表定期登记总账分类的会计核算组织程序。

日记总账会计核算组织程序，是指需要设置日记总账，根据记账凭证逐笔登记日记总账的会计核算组织程序。

多栏式日记账会计核算组织程序，是指通过设置多栏式日记账对收、付款凭证进行汇总，月末，根据多栏式库存现金、银行存款日记账和转账凭证登记总分类账的会计核算组织程序。

各种会计核算组织程序有不同的核算要求、核算步骤，各具优缺点，分别适用于不同规模、不同业务性质的单位，每一个会计主体在进行会计核算前，都应当根据本身的经营规模，经济业务的性质和数量以及财会人员的配备情况和水平，建立适合本企业的会计核算组织程序。

思考题

1. 我国企业的会计核算组织形式有哪几种？组织会计核算程序有何意义？
2. 各种会计核算组织程序的特点、优缺点和适用范围是什么？
3. 各种会计核算组织程序应当如何设置凭证和账簿？
4. 各种会计核算组织程序的核算步骤是什么？

练习题

一、单项选择题

1. 科目汇总表与汇总记账凭证的共同优点是（　　）。
   A. 保持科目之间的对应关系　　B. 简化总分类账登记工作
   C. 进行发生额试算平衡　　D. 总括反映同类经济业务
2. 科目汇总表核算组织程序适用于（　　）。
   A. 规模较小，业务较少的单位
   B. 规模较小，业务较多的单位
   C. 规模较大，业务较多的单位
   D. 规模较大，业务较少的单位
3. 汇总记账凭证核算组织程序主要缺点在于（　　）。
   A. 不利于会计分工　　B. 不能反映经济业务
   C. 不能保持科目之间的对应关系　　D. 不能节省会计工作时间
4. 各种会计核算组织程序的主要区别在于（　　）。
   A. 汇总的记账凭证不同　　B. 登记总账的依据不同
   C. 汇总的凭证格式不同　　D. 节省工作时间不同
5. 多栏式日记账核算组织程序适用于（　　）的单位。
   A. 规模较小，业务较少　　B. 规模较大，业务较多
   C. 规模较大，业务较少　　D. 会计科目不多
6. （　　）会计核算组织程序适用于规模较小、业务量不多的单位。
   A. 记账凭证　　B. 汇总记账凭证
   C. 科目汇总表　　D. 多栏式日记账
7. 科目汇总表的缺点是（　　）。
   A. 增加了总账登记工作量　　B. 不能进行试算平衡
   C. 反映不出账户对应关系　　D. 限制会计科目数量

二、多项选择题

1. 适合于规模较大，业务量较多的单位的会计核算组织程序有（　　）。
   A. 记账凭证核算组织程序　　B. 汇总记账凭证核算组织程序
   C. 科目汇总表核算组织程序　　D. 日记总账核算组织程序
2. 科目汇总表核算组织程序应该设置的账簿有（　　）。

A. 三栏式总分类账　　B. 多栏式总分类账

C. 三栏式日记账　　D. 多栏式日记账

3. 对会计科目的使用数量有限制的会计核算组织程序包括（　　）。

A. 记账凭证核算组织程序　　B. 汇总记账凭证核算组织程序

C. 日记总账核算组织程序　　D. 多栏式日记账核算组织程序

4. 不管采用哪种会计核算组织程序，编制会计报表的主要依据都是（　　）。

A. 日记账　　B. 明细分类账　　C. 总分类账　　D. 记账凭证

三、判断题

1. 记账凭证账务处理程序适用于规模较大、业务较多的单位。（　　）

2. 科目汇总表账务处理程序和汇总记账凭证账务处理程序的主要相同点在于汇总凭证的格式相同。（　　）

3. 由于各企业的业务性质、规模大小、业务繁简各有不同，所以它们所采用的会计核算程序也就有所不同。（　　）

4. 同一个企业可以同时采用几种不同的账务处理程序。（　　）

5. 各种账务处理程序的相同之处在于其基本模式不变。（　　）

6. 科目汇总表账务处理程序的优点在于能反映账户的对应关系。（　　）

四、业务题

目的：练习科目汇总表的编制方法

资料：

1. H 公司 200×年 12 月初总账科目余额如下表所示：

H 公司总分类账户余额表

2007 年 12 月 31 日　　单位：元

科目名称	借方余额	科目名称	贷方余额
库存现金	1 000	短期借款	300 000
银行存款	210 000	应付票据	50 000
应收票据	30 000	应付账款	180 000
应收账款	200 000	应交税费	5 500
其他应收款	2 000	长期借款	17 000
原材料	350 000	实收资本	800 000
生产成本	30 000	盈余公积	120 000
库存商品	80 000	本年利润	95 500
长期股权投资——乙企业	600 000	累计折旧	34 000
固定资产	64 000		
无形资产	35 000		
合计	1 602 000	合计	1 602 000

2. H公司200×年12月份发生以下经济业务：

（1）从银行取得借款300 000元存入存款账户。

（2）甲产品200件完工入库，单位成本58元。

（3）以银行存款1 000元支付广告费。

（4）以银行存款支付银行贷款手续费200元。

（5）以转账支票支付前欠A公司材料采购款32 000元。

（6）计算分配公司本月职工工资，其中生产工人工资60 000元，车间管理人员工资5 000元，厂部管理人员工资30 000元，专设销售机构人员工资4 000元。

（7）从银行提取现金100 000元，然后将其中99 000元用于发放职工工资。

（8）在财产清查中发现短缺设备一台，账面价值30 000元，已提折旧28 000元。经批准作营业外支出处理。

（9）以转账支票支付本月行政用房租金1 200元。

（10）职工李明报销差旅费1 260元，当时预支2 000元，余款退回。

（11）计提本月银行借款利息3 200元。

（12）以银行存款偿还银行借款100 000元。

（13）以现金支付业务招待费380元。

（14）以银行存款35 000元购入生产设备一台。

（15）销售甲产品一批，价款100 000元，增值税税率17%，货款已经收到，存入银行。该批产品成本60 000元。

（16）销售材料一批，价款5 000元，增值税税率17%，材料成本4 000元，所售款项已收存银行。

（17）将制造费用结转入“生产成本”账户。

（18）结转本月损益类账户发生额。

（19）根据利润总额的25%计算本月应交所得税，并结转至本年利润。

（20）将全年净利润结转入“利润分配”账户。

（21）按当年税后利润的10%提取盈余公积。

要求：

1. 按上述经济业务编制会计分录

2. 编制科目汇总表

第十一章 会计工作组织

本章学习目的

☞ 了解会计工作组织的意义、要求

☞ 分清会计工作组织的两种形式

☞ 清楚会计机构的设置，会计人员的配备，会计人员的任职资格、职业素质和职业道德规定

☞ 掌握会计人员的职责权限，掌握会计档案管理的基本内容及会计交接工作的相关规定

☞ 了解会计电算化的特点、意义

☞ 掌握会计电算化的实施要求及电算化内部管理制度

第一节 会计工作组织的意义与要求

一、会计工作组织的意义

会计工作是经济管理的重要组成部分，它不仅是一项综合性、政策性很强的经济管理工作，而且还是一项严密的技术工作。要做好会计工作，必须有专门的办事机构、专职的会计人员，按照国家的法律法规和制度的要求开展会计工作。

会计工作组织就是根据会计工作的特点，制定会计法规制度，设置会计机构，配备会计人员，以保证合理、有效地进行会计工作。会计工作组织的内容包括设置会计机构、配备会计人员和制定会计行为规范。合理组织会计工作的意义可以归纳为以下几个方面。

（一）科学地组织会计工作，有利于规范会计行为，加强会计监督，维护政策法规的严肃性

会计工作是一项政策性、原则性、制度性很强的工作，并且许多问题都涉及国家的财经纪律。会计机构及人员必须对企业的经济活动实施监督，认真贯彻执行国家的方针政策、法律法规及制度，敢于同一切违法乱纪、贪污浪费的不良行为作斗争，维护国家财经法纪的严肃性。

（二）科学地组织会计工作，有利于加强会计工作及管理工作的协调配合，保证会计工作的顺利进行

会计是一种经济管理活动，会计工作是经济管理工作的重要组成部分，它既有独立的职能，又同其他经济管理工作存在十分密切的联系，并且相互影响、相互制约、相互促进。因此，必须设置专门的会计机构、配备专职的会计人员，并遵循一定的会计工作规范，把会计工作组织起来，才能使会计工作有条不紊地顺利进行，也才能使会计工作同其他经济管理工作既分工又协作，达到相互配合、相互制约。

（三）科学地组织会计工作，有利于保证会计工作的质量，提高会计工作的效率

会计核算的直接目标是向有关的会计信息使用者提供会计信息。会计信息的质量特征表现为相关性和可靠性。所谓相关即对信息使用者有用；所谓可靠即真实正确。要使会计信息达到相关性和可靠性，必须科学组织会计工作。因为，任何一个会计主体，每天都会发生频繁的、错综复杂的经济业务，把这些经济业务从凭证到账簿，从账簿再到报表生成能够满足会计信息使用者需要的真实的会计信息，需要通过一系列的程序和手续，而且各个程序之间、各种手续之间、各个数字之间一环扣一环，存在紧密的联系。在实际工作中往往因一个数字的差错，一个手续的疏忽，或者一道工作程序的脱节，就会使全部核算结果发生错误。为此必须设置专门的会计机构、配备专职的会计人员，并遵循一定的会计工作规范，才能更好地实现会计的目标。

二、会计工作组织的要求

为了顺利地开展会计工作、并确保会计信息质量，必须按照下列要求科学地组织会计工作：

（一）统一性要求

会计机构的设置、会计人员的配备及会计工作的具体实施都必须严格执行统一的法律制度，满足会计信息质量的要求。

（二）适应性要求

会计工作组织必须适应本单位经营管理的特点和要求。不同的单位，在组织会计工作时，既要符合国家统一的规定，又要依据本单位的规模大小、业务特点、管理体制及企业组织形式等实际情况和经营管理的具体要求，作出恰当的安排，以满足经营管理的需要。因此，会计机构的大小，会计人员的多少，采用何种成本计算方法，采用何种账务处理程序，设置和运用哪些会计科目，在国家规定的报表之外还应编制哪些满足内部管理需要的报表等方面，都必须结合本单位的实际情况，作出具体恰当的安排。

（三）服务性要求

按国家对会计工作的统一要求来组织会计工作，使会计提供的信息，既满足国家宏观管理的需要，也满足企业内部管理者、债权人、投资者及其他有关方面的需要。

（四）效益性要求

在组织会计工作时，必须在保证工作质量的前提下，以精简节约为原则。做到会计机构的设置，会计人员工作的安排要精简，各种凭证、账簿、报表的设计，会计核算所消耗的人、财、物等方面要厉行节约，讲求工作效率。

三、会计工作组织的形式

企业会计工作组织形式，一般可以分为集中核算和分散核算两种。

（一）集中核算

集中核算就是把整个企业的主要会计工作集中在企业财务会计部门的会计工作组织形式。企业内部各车间或其他职能部门对其本身所发生的经济业务不进行全面核算，只填制或取得原始凭证，并对原始凭证进行适当的汇总，定期将原始凭证和汇总原始凭证送交企业财务会计部门，由财务会计部门加以审核，编制记账凭证，登记有关账簿。实行集中核算，企业财务会计部门可掌握全部资料，全面了解与分析企业的经济活动情况。在集中核算组织形式下，其他部门、车间一般不设置专职的会计人员。这种核算组织形式一般适宜于规模不大的企业。

（二）分散核算

分散核算又称非集中核算，就是企业内部各车间和职能部门对其本身所发生的经济业务在会计部门指导下进行较全面的核算，完成填制或审核凭证，登记账簿，单独核算成本费用及盈亏，编制会计报表等项工作。企业财务会计部门则只登记总账和部分明细账，并汇总编制整个企业的会计报表。实行非集中核算，使企业内部各车间、各职能部门能够随时了解本车间、本部门的经济活动情况，发现问题及时分析解决，也便于考核企业内部各单位工作的成果。在非集中核算组织形式下，其他部门、车间可设置专职的会计人员，规模较大的部门，车间还应当设置会计机构。

企业对其内部各部门所发生的经济业务是采取集中核算形式还是采取非集中核算形式，取决于企业生产经营的特点、规模的大小和企业内部是否实行分级管理、分级核算，它同企业实行内部经济核算制有着密切的联系。

实行分散核算的各部门、车间不是独立核算单位，不能单独与企业外部单位签订合同，也不能在银行开设结算户。

第二节　会计机构与会计人员

会计机构是指直接组织领导和从事会计工作的职能部门。建立和健全会计机构，是保证会计工作顺利进行的重要条件。

一、会计机构

（一）会计机构的设置

会计机构是组织会计工作的职能机构，合理设置会计机构是保证会计工作顺利进行的首要条件。我国会计机构实行的是分级管理、分工负责的制度。国务院财政部门设置会计事务管理机构，管理全国的会计工作；地方各级人民政府的财政部门设置财会管理部门，管理本地区会计工作。《会计法》第三十六条规定，各单位应当根据会计业务的需要，设置会计机构，或者在有关机构中设置会计人员并指定会计主管人员；不具备设置条件的，应当委托经批准设立从事会计代理记账业务的中介机构代理记账。各级财务部门接受上级主管部门的指导和监督；上级主管部门在统一规划、统一领导的前提下，发挥各级政府及企业的工作积极性。

目前我国会计机构主要有：

1. 会计领导机构

财政部门主管全国的会计工作；县级以上各级人民政府财政部门管理各自行政区域内的会计工作。国家统一的会计制度由国务院财政部门根据《会计法》制定公布。

2. 基层会计机构

各企业、事业单位设置会计工作机构，从事会计工作；国有的和国有资产占控股地位或者主导地位的大中型企业必须设置总会计师。

具体会计机构包括：

中央各部和地方各厅、局设置的管理本系统会计工作的机构，如中央各部设置的财务会计司，省级各厅、局设置的会计处（财务处）。

企、事业单位等设置的财务会计机构，如企业设置的财务会计处、会计科、会计股等。

（二）基层会计机构的岗位设置

各单位可根据业务的需要设置单独的会计机构，或者合并设置（在有关机构中设置会计人员并指定会计主管人员），一般规模较大的独立核算单位应单独设置会计机构；规模较小或非独立核算单位可合并设置。不具备设置条件的，应当委托（经批准设立从事代理记账业务的）中介机构代理记账。

会计机构内部要求合理分工，建立健全岗位责任制。对于工作内容繁杂，规模大的大中型企业，一般要分别进行资金、成本、销售、损益核算和内容稽核以及综合编表等工作，相应要设置会计岗、出纳岗、成本岗、稽核岗、综合岗等岗位。企业可以根据业务繁简程度设置不同专业岗位，严格执行岗位责任制。在会计人员不多的会计部门，可以根据工作内容划分各会计人员的职权范围，可以实行一人一岗，也可以实行一人多岗或一岗多人，各司其职，责权明确。

（三）会计机构内部控制制度

企业应建立、健全内部控制制度，对会计凭证、会计账簿、财务会计报告等会计资料的真实性、完整性进行控制，具体包括：账证核对、账账核对、账实核对和账表核对方面的控制；财产物资的采购、验收、保管、盘点等方面的控制；资金的计划、审批、使用、保管等方面的控制。《会计法》规定，会计机构内部应当建立稽核制度。出纳人员不得兼任稽核、会计档案保管和收入、支出、费用、债权债务账目的登记工作。记账人员与经济业务事项和会计事项的审批人员、经办人员、财产物资保管人员的职责权限应当明确，并相互分离、相互制约；重大对外投资、资产处置、资金调试和其他重要经济业务事项的决策和执行的相互监督、相互制约程序应当明确；财产清查的范围、期限和组织程序应当明确；对会计资料定期进行内部审计的办法和程序应当明确。

二、会计人员

（一）会计人员的组成及任职资格

狭义的会计人员指在单位或有关会计机构中从事会计工作及会计管理工作的专业技术人员；广义的会计人员还包括会计中介机构的有关人员（如注册会计师）。

各单位应当在有关机构中配备会计人员并指定会计主管，或者委托经批准设立从事会计代理记账业务的中介机构代理记账。国有的和国有资产占控股地位或者主导地位的大、中型企业必须设置总会计师。总会计师是一种行政职务，其任职资格、任免程序、职责权限由国务院规定。为了保证会计工作的质量，从事会计工作的人员必须取得财政部门颁发的会计从业资格证书。担任单位会计机构负责人（会计主管人员）的，除取得会计从业资格证书外，还应当具备会计师以上专业技术职务资格或者具有从事会计工作3年以上的经历。

会计人员的专业技术职务分为会计员、助理会计师、会计师和高级会计师四个级别，每个级别的会计人员应具备的基本条件是：

1. 会计人员的基本条件

初步掌握财务会计基本知识和技能，熟悉并能遵照执行有关财务会计制度，能担负一个岗位的财务会计工作，并通过全国统一的会计人员专业技术职称资格考试。

2. 助理会计师的基本条件

掌握财务会计基础理论和专业知识，熟悉并能正确执行有关的财经方针、政策和财务会计法规、制度，能担负一个方面或某个重要岗位的财务会计工作，并通过全国统一的助理会计师专业技术职称资格考试。

3. 会计师的基本条件

系统地掌握财务会计基础理论和专业知识，掌握并能正确贯彻执行有关的财经方针、政策和财务会计法规、制度，具有一定的财务会计工作经验，能担负一个单位或管理一个地区、一个部门或一个系统某个方面的财务会计工作，并通过全国统一的会计师专业技术职称资格考试。

4. 高级会计师的基本条件

系统地掌握经济、财务会计理论和专业知识，具有较高的政策水平和丰富的财务会计工作经验，能担负一个地区、一个部门或一个系统的财务会计管理工作。

确定或晋升会计人员的技术职务，应由本人申请，参加会计专业技术资格考试，考试通过确认资格后，再由有关部门实行聘任。

（二）会计人员的职责权限

会计人员的职责是考核会计人员是否尽职尽责做好会计工作的标准；会计人员的权限则是会计人员履行职责的重要保证。

1. 会计人员的职责

（1）进行会计核算。会计人员必须按照《中华人民共和国会计法》、《企业会计准则》和《企业会计制度》及其他有关财务、会计制度的规定，做好记账、算账、报账工作，如实反映经济活动情况，提供真实可靠的会计信息。

（2）实行会计监督。会计人员通过会计工作对本单位各项经济业务的合法性、合理性进行监督，维护国家财经纪律。

（3）拟定本单位办理会计事务的具体办法。会计人员要根据国家和上级主管部门制定的法规、制度，结合本单位的特点和需要，建立健全适合本单位具体情况的会计制度、经济业务处理办法、账务处理程序等。

（4）参与拟定经济计划、业务计划，考核分析预算和财务计划的执行情况。

2. 会计人员的权限

为了保障会计人员能够顺利地履行自己的职责，国家赋予会计人员必要的工作权限，主要有：

（1）会计人员有权要求本单位内部各有关部门、人员认真执行财务计划、预算及财务会计制度。

（2）会计人员有权监督、检查本单位有关部门的资金活动、财务收支和财产保管、收发、计量、检验等情况，保证财产物资安全完整，收支合法、合理；有关部门要提供资料，如实反映情况。

（3）会计人员有权如实反映情况，对不真实、不合理的原始凭证不予受理，对不符合实际情况的会计记录作出反应，对不符合事实的会计报表予以抵制；对违反经济纪律和会计制度的行为，会计人员有权拒绝办理，并有权向单位领导或上级有关部门报告。

（4）会计人员有权参加重要的经营管理会议，参与经济计划的制定和经济合同的签订。

（5）会计人员有权要求内部各单位部门提供有关经济活动的有关资料。

（三）会计人员的素质和职业道德

《会计法》规定，会计人员应当遵守职业道德，提高业务素质。

1. 会计人员的素质

（1）思想素质。严守法纪，坚持原则，执行有关的会计法规，维护国家利益，抵制一切违法乱纪、违法盗窃的行为，要勇于负责，不怕得罪人，不怕打击报复；热爱本职工作，忠于职守，廉洁奉公，严守职业道德，实事求是，兢兢业业。

（2）业务素质。熟悉国家财经政策、法令及财经制度；积极钻研会计业务，精通专业知识，掌握会计技术方法，精通会计实务，具备广博的管理知识。

2. 会计人员的职业道德

会计人员在会计工作中应当遵守职业道德，树立良好的职业品质、严谨的工作作风，严守工作纪律，努力提高工作效率和工作质量。按照财政部发布的《会计基础工作规范》的规定，会计人员的职业道德的内容包括：

（1）爱岗敬业。会计人员应当热爱本职工作，努力钻研业务，使自己的知识和技能适应所从事工作的要求。

（2）熟悉法规。会计人员应当熟悉财经法律、法规、规章和国家统一会计制度，并结合会计工作进行广泛宣传。

（3）依法办事。会计人员应当按照会计法律、法规和国家统一会计制度规定的程序和要求进行会计工作，保证所提供的会计信息合法、真实、准确、及时、完整。

（4）客观公正。会计人员办理会计事务应当实事求是、客观公正。从事会计工作，不仅要有高的业务素质，而且要有实事求是的精神和客观公正的作风，这样才能提高会计信息质量。

（5）做好服务。会计人员应当熟悉本单位的生产经营和业务管理情况，运用掌握的会计信息和会计方法，为改善单位内部管理、提高经济效益服务。

（6）保守秘密。会计人员应当保守本单位的商业秘密。除法律规定和单位领导人同意外，不能私自向外界提供或者泄露单位的会计信息。

（四）会计人员的法律责任

因有提供虚假财务会计报告，做假账，隐匿或者故意销毁会计凭证、会计账簿、财务会计报告，贪污，挪用公款，职务侵占等与会计职务有关的违法行为被依法追究刑事责任的人员，不得取得或者重新取得会计从业资格证书。除上述人员外，因违法违纪行为被吊销会计从业资格证书的人员，自被吊销会计从业资格证书之日起5年内，不得重新取得会计从业资格证书。

第三节 会计档案管理与会计工作交接

一、会计档案管理

（一）会计档案的内容

会计档案是指会计凭证、会计账簿和财务报告等会计核算专业材料，是记录和反映单位经济业务的重要史料和证据。具体包括：

（1）会计凭证类：原始凭证；记账凭证；汇总凭证；其他会计凭证。

（2）会计账簿类：总账；明细账；日记账；固定资产卡片；辅助账簿；其他会计账簿。

（3）财务报告类：月度、季度、年度财务报告，包括会计报表、附表、附注及文字说明；其他财务报告。

（4）其他类：银行存款余额调节表；银行对账单；其他应当保存的会计核算专业资料；会计档案移交清册；会计档案保管清册；会计档案销毁清册。

（二）会计档案的保管

1. 会计档案保管的一般规定

《会计档案管理办法》规定，各单位必须加强对会计档案管理工作的领导，建立会计档案的立卷、归档、保管、查阅和销毁等管理制度，保证会计档案妥善保管、有序存放、方便查阅、严防毁损、散失和泄密。采用电子计算机进行会计核算的单位，应当保存打印出的纸质会计档案。

具备采用磁带、磁盘、光盘、微缩胶片等磁性介质保存会计档案条件的，由国务院业务主管部门统一规定，并报财政部、国家档案局备案。

各单位每年形成的会计档案，应当由会计机构按照归档要求，负责整理立卷，装订成册，编制会计档案保管清册。各级人民政府财政部门和档案行政管理部门共同负责会计档案工作的指导、监督和检查。

当年形成的会计档案，在会计年度终了后，可暂由会计机构保管一年，期满之后，应当由会计机构编制移交清册，移交本单位档案机构统一保管；未设立档案机构的，应当在会计机构内部指定专人保管。出纳人员不得兼管会计档案。移交本单位档案机构保管的会计档案，原则上应当保持原卷册的封装。个别需要拆封重新整理的，档案机构应当会同会计机构和经办人员共同拆封整理，以分清责任。

各单位应当建立健全会计档案查阅、复制登记制度。各单位保存的会计档案不得借出。如有特殊需要，经本单位负责人批准，可以提供查阅或者复制，并办理登记手续。查阅或者复制会计档案的人员，严禁在会计档案上涂画、拆封和抽换。

2. 会计档案的保管期限

会计档案的保管期限，从会计年度终了后的第一天算起，分为永久、定期两类。定期保管期限分为3年、5年、10年、15年、25年5类。各种会计档案保管期限如表11－1所示。

表11－1　企业和其他组织会计档案保管期限表

序　号	档案名称	保管期限	备　注
一	会计凭证类		
1	原始凭证	15年	
2	记账凭证	15年	
3	汇总凭证	15年	
二	会计账簿类		
4	总账	15年	包括日记总账
5	明细账	15年	
6	日记账	15年	库存现金和银行存款日记账保管25年
7	固定资产卡片		固定资产投资清理后保管5年
8	辅助账簿	15年	
三	财务报告类		包括各级主管部门汇总财务报告
9	月、季度财务报告	3年	包括文字分析
10	年度财务报告（决算）	永久	包括文字分析
四	其他类		
11	会计移交清册	15年	
12	会计档案保管清册	永久	
13	会计档案销毁清册	永久	
14	银行余额调节表	5年	
15	银行对账单	5年	

（三）会计档案的销毁

保管期满的会计档案，可以按照以下程序销毁。

（1）由本单位档案机构会同会计机构提出销毁意见，编制会计档案销毁清册，列明销毁会计档案的名称、卷号、册数、起止年度和档案编号、应保管期限、已保管期限、销毁时间等内容。

（2）单位负责人在会计档案销毁清册上签署意见。

（3）销毁会计档案时，应当由档案机构和会计机构共同派员监销。国家机关销毁会计档案时，应当由同级财政部门、审计部门派员参加监销。财政部门销毁会计档案时，应当由同级审计部门派员参加监销。

（4）监销人在销毁会计档案前，应当按照会计档案销毁清册所列内容清点核对所要销毁的会计档案；销毁后，应当在会计档案销毁清册上签名盖章，并将监销情况报告本单位负责人。

保管期满但未结清的债权债务原始凭证和涉及其他未了事项的原始凭证，不得销毁，应当单独抽出立卷，保管到未了事项完结时为止。单独抽出立卷的会计档案，应当在会计档案销毁清册和会计档案保管清册中列明。另外，正在项目建设期间的建设单位，其保管期满的会计档案不得销毁。

（四）特殊情况下会计档案的管理

1. 单位终止

单位因撤销、解散、破产或者其他原因而终止的，在终止和办理注销登记手续之前形成的会计档案，应当由终止单位的业务主管部门或财产所有者代管或移交有关档案馆代管。法律、行政法规另有规定的除外。

2. 单位分立

（1）单位分立后原单位存续的，其会计档案应当由分立后的存续方统一保管，其他方可查阅、复制与其业务相关的会计档案。

（2）单位分立后原单位解散的，其会计档案应当经各方协商后由其中一方代管或移交档案馆代管，各方可查阅、复制与其业务相关的会计档案。

单位分立中未结清的会计事项所涉及的原始凭证，应当单独抽出由业务相关方保存，并按规定办理交接手续。

3. 单位合并

（1）单位合并后原各单位解散或一方存续其他方解散的，原各单位的会计档案应当由合并后的单位统一保管。

（2）单位合并后原各单位仍存续的，其会计档案仍应由原各单位保管。

4. 其他特殊事项

单位因业务移交其他单位办理所涉及的会计档案，应当由原单位保管，承接业务单位可查阅、复制与其业务相关的会计档案，对其中未结清的会计事项所涉及的原始凭证，应当单独抽出由业务承接单位保存，并按规定办理交接手续。

建设单位在项目建设期间形成的会计档案，应当在办理竣工决算后移交给建设项目的接受单位，并按规定办理交接手续。

单位之间交接会计档案的，交接双方应当办理会计档案交接手续。交接会计档案时，交接双方应当按照会计档案移交清册所列内容逐项交接，并由交接双方的单位负责人负责监交。交接完毕后，交接双方经办人和监交人应当在会计档案移交清册上签名或者盖章。

二、会计工作交接

《会计法》规定："会计人员调动工作或者离职，必须与接管人员办理交接手续。一般会计人员办理交接手续，由会计机构负责人（会计主管人员）监交；会计机构负责人（会计主管人员）办理交接手续，由单位负责人监交，必要时主管单位可以派人会同监交。"

（一）做好会计工作交接的意义

（1）做好会计交接工作，可以使会计工作前后衔接，保证会计工作连续进行。

（2）做好会计交接工作，可以防止因会计人员的更换出现账目不清、财务混乱等现象。

（3）做好会计交接工作，也是分清移交人员和接管人员责任的有效措施。

（二）需要办理会计工作交接的情况

（1）会计人员调动工作或者离职，必须与接管人员办清交接手续。

（2）临时离职或因病不能工作、需要接替或代理的，会计机构负责人（会计主管人员）或单位负责人必须指定专人接替或者代理，并办理会计工作交接手续。

（3）临时离职或因病不能工作的会计人员恢复工作时，应当与接替或代理人员办理交接手续。

移交人员因病或其他特殊原因不能亲自办理移交手续的，经单位负责人批准，可由移交人委托他人代办交接，但委托人应当对所移交的会计凭证、会计账簿、财务会计报告和其他有关资料的真实性、完整性承担法律责任。

（三）办理会计工作交接的基本程序

1. 交接前的准备工作

会计人员在办理会计工作交接前，必须做好以下准备工作：

（1）已经受理的经济业务尚未填制会计凭证的应当填制完毕。

（2）尚未登记的账目应当登记完毕，结出余额，并在最后一笔余额后加盖经办人印章。

（3）整理好应该移交的各项资料，对未了事项和遗留问题要写出书面说明材料。

（4）编制移交清册，列明应该移交的会计凭证、会计账簿、财务会计报告、公章、现金、有价证券、支票簿、发票、文件、其他会计资料和物品等内容。实行会计电算化的单位，从事该项工作的移交人员应在移交清册上列明会计软件及密码、会计软件数据盘、磁带等内容。

（5）会计机构负责人（会计主管人员）移交时，应将财务会计工作、重大财务收支问题和会计人员的情况等向接替人员介绍清楚。

2. 移交点收

移交人员离职前，必须将本人经管的会计工作，在规定的期限内，全部向接管人员移交清楚。接管人员应认真按照移交清册逐项点收。具体要求是：

（1）现金要根据会计账簿记录余额进行当面点交，不得短缺，接替人员发现不一致或“白条抵库”现象时，移交人员在规定期限内负责查清处理。

（2）有价证券的数量要与会计账簿记录一致，有价证券面额与发行价不一致时，按照会计账簿余额交接。

（3）会计凭证、会计账簿、财务会计报告和其他会计资料必须完整无缺，不得遗漏。如有短缺，必须查清原因，并在移交清册中加以说明，由移交人负责。

（4）银行存款账户余额要与银行对账单核对相符，如有未达账项，应编制银行存款余额调节表调节相符；各种财产物资和债权债务的明细账户余额，要与总账有关账户的余额核对相符；对重要实物要实地盘点，对余额较大的往来账户要与往来单位、个人核对。

（5）公章、收据、空白支票、发票、科目印章以及其他物品等必须交接清楚。

（6）实行会计电算化的单位，交接双方应在电子计算机上对有关数据进行实际操作，确认有关数字正确无误后，方可交接。

3. 专人负责监交

为了明确责任，会计人员办理工作交接时，必须有专人负责监交。通过监交，保证双方都按照国家有关规定认真办理交接手续，防止流于形式，保证会计工作不因人员变动而受影响；保证交接双方处在平等的法律地位上享有权利和承担义务，不允许任何一方以大压小，以强凌弱，或采取非法手段进行威胁。移交清册应当经过监交人员审查和签名、盖章，作为交接双方明确责任的证件。

4. 交接后的有关事宜

(1) 会计工作交接完毕后，交接双方和监交人在移交清册上签名或盖章，并应在移交清册上注明：单位名称，交接日期，交接双方和监交人的职务、姓名，移交清册页数以及需要说明的问题和意见等。

(2) 接管人员应继续使用移交前的账簿，不得擅自另立账簿，以保证会计记录前后衔接，内容完整。

(3) 移交清册一般应填制一式三份，交接双方各执一份，存档一份。

(四) 会计工作交接后，移交人与接交人的会计责任

《会计基础工作规范》规定：移交人员对移交的会计凭证、会计账簿、会计报表和其他会计资料的合法性、真实性承担法律责任。如果移交人员所移交的会计资料是在其经办会计工作期间发生的，不管这些会计资料在交接时是否发现存在合法性、真实性方面的问题，他都应当对这些会计资料的合法性、真实性承担法律责任。如果所发现的会计资料真实性、合法性方面的问题是在原移交人员经办会计工作期间之后发生的，则应由接管人员承担法律责任。

第四节　会计电算化

会计电算化是"电子计算机在会计中的应用"的简称，是电子计算机为主的当代电子和信息技术在会计工作中的具体应用。它主要是应用电子计算机代替人工记账、算账、报账，并对会计信息进行处理和分析的过程，是计算机硬件、财务会计软件技术以及会计人员的有机结合，是会计工作的发展方向。

一、会计电算化的特点

(一) 以电子计算机作为会计处理工具

会计的处理工具由过去的算盘、纸笔转变成电子计算机。计算机对会计数据的处理速度更快，计算更准确。其对会计数据的处理一般只由人工进行一次输入，制成记账凭证，计算机就可以自动完成账务处理，处理迅速，计算准确。

(二) 以电子设备作为会计信息载体

传统会计核算产生的会计信息只能保存在纸张上，而纸张的特性决定了其对信

息的保存方式及保存信息量有一定局限性。会计电算化产生的会计信息保存在磁介质上，磁介质不仅能够存储大量信息，而且对存储信息的查询和检索也比纸介质优越得多。

（三）由计算机进行统一的数据处理

分散在各岗位上的会计数据由计算机统一进行处理，节省了数据传送时间，避免了数据分散、重复，有利于数据的完整和准确，提高了信息加工处理效率。

（四）人员结构多样化

会计电算化要求会计人员不但要掌握会计知识，还要具备计算机的技能，因此，会计部门除传统的会计人员外，还要配备计算机硬件维护和系统软件维护的专业技术人员。

（五）由计算机程序完成内部控制

实施会计电算化，将由计算机程序来完成很多会计内部控制程序，如可以进行严密的人员权限控制，当操作人员输入、阅读、修改、打印数据时，只能获得其中一部分权限；数据校验、对账等工作，可以通过事先设定的程序，由计算机自动完成。

二、会计电算化的意义

会计电算化是会计发展史上的一次重大变革，它在提高会计工作效率、增强信息准确性、提高会计人员素质、促进会计工作规范等方面起着重要作用。

（一）提高会计工作效率

由计算机处理会计数据，免去了会计人员手工记账、算账、报账的大量工作，而且更及时，更准确。对数据的查询也从过去从大量凭证、账簿中费时费力查找转变为从磁盘的数据库文件中快速检索，找到答案，这既减轻了会计人员的劳动强度，也大大提高了会计工作效率。

（二）促进会计职能的转变

计算机强大的存储能力确保能够随时向管理部门提供所需会计信息，使会计人员从传统的会计工作中解脱出来，有更多的精力和时间参与企业经营活动的预测、计划、控制、分析等管理活动。

（三）保证会计工作质量

计算机处理会计业务在很大程度上解决了手工操作中的不规范、不统一、重记、漏记、错记等问题，可以根据不同需要对会计信息进行分类、查询、统计、汇总和分析，建立单位网后，会计信息可随时传输到各管理部门，大大提高了会计的工作质量，增强了会计信息的及时性和有用性。

（四）拓宽会计信息应用领域，推动管理工作现代化

会计信息是企业管理信息的重要组成部分，会计电算化是企业管理工作现代化的基础，实施会计电算化不仅能及时获得当前经济活动的最新数据，而且还可以预测未来各种经济活动及其趋势，为整个管理系统的预测、决策提供可靠的依据。通过计算机网络，可以实现经济信息资源的共享，提高经济信息资源的使用价值，推动管理工作现代化。

三、会计电算化的软、硬件要求

（一）硬件要求

硬件设备是实现会计电算化的主要物质实体，是企业实行会计电算化的最基本条件。硬件设备具体包括输入、输出设备，存储设备、处理器、网络设备和电源设备等。输入设备包括键盘、扫描仪、条形码扫描仪、鼠标等；输出设备包括打印机、显示器等；存储设备包括磁盘、光盘等；网络设备包括网卡、集线器、中继器、网桥、网关、路由器等。

（二）软件要求

配套会计软件是会计电算化的基础工作，会计软件的好坏对会计电算化的成败起着关键性的作用。配备会计软件主要有三种方式，即选择通用会计软件；定点开发和通用与定点开发会计软件相结合。选择通用会计软件的投资少，见效快，在软件开发或服务单位的协助下易于应用成功，因此各单位在开展会计电算化初期应尽量选择通用会计软件。但在选择时应注意软件的合法性、安全性、正确性、可扩充性和满足审计要求等方面的问题，以及软件服务的便利，软件的功能应该满足本单位当前的实际需要，并考虑到今后工作发展的要求。定点开发会计软件包括本单位自行开发、委托其他单位开发和联合开发三种形式。大中型企业、事业单位会计业务一般都有其特殊需要，在取得一定会计电算化工作经验以后，也可根据实际工作

需要选择定点开发的形式开发会计软件，以满足本单位的特殊需要。各单位应根据实际需要和自身的技术力量选择配备会计软件的方式。

四、会计电算化内部管理制度

开展会计电算化的单位应根据工作需要，建立健全包括会计电算化岗位责任制、会计电算化操作管理制度、计算机硬软件和数据管理制度、电算化会计档案管理制度的会计电算化内部管理制度，保证会计电算化工作的顺利开展。

（一）建立会计电算化岗位责任制

建立会计电算化岗位责任制，要明确各个工作岗位的职责范围，会计电算化后的工作岗位可分为基本会计岗位和电算化会计岗位。基本会计岗位可以包括会计主管、出纳、会计核算各岗、稽核、会计档案管理等岗位；电算化会计岗位包括直接管理、操作、维护计算机及会计软件系统的工作岗位。

电算化会计岗位和工作职责一般可划分如下：

1. 电算主管。负责协调计算机及会计软件系统的运行工作，要求具备会计和计算机知识，以及相关的会计电算化组织管理的经验。电算化主管可由会计主管兼任，采用中小型计算机和计算机网络会计软件的单位，应设立此岗位。

2. 软件操作。负责输入记账凭证和原始凭证等会计数据，输出记账凭证、会计账簿、报表和进行部分会计数据处理工作。此岗位要求具备会计软件操作知识，达到会计电算化初级知识培训的水平。

3. 审核记账。负责对输入计算机的会计数据（记账凭证和原始凭证等）进行审核，操作会计软件登记机内账簿，对打印输出的账簿、报表进行确认。此岗位要求具备会计和计算机知识，达到会计电算化初级知识培训的水平，可由主管会计兼任。

4. 电算维护。负责保证计算机硬件、软件的正常运行，管理机内会计数据。此岗位要求具备计算机和会计知识，经过会计电算化中级知识培训。采用大型、小型计算机和计算机网络会计软件的单位，应设立此岗位，在大中型企业中电算维护应由专职人员负责。

5. 电算审查。负责监督计算机及会计软件系统的运行，防止利用计算机进行舞弊。此岗位要求具备会计和计算机知识，达到会计电算化中级知识培训的水平，可由会计稽核人员兼任。

6. 数据分析。负责对计算机内的会计数据进行分析，要求具备计算机和会计知识，达到会计电算化中级知识培训的水平。采用大型、小型计算机和计算机网络会计软件的单位，可设立此岗位，由主管会计兼任。

（二）建立会计电算化操作管理制度

1. 明确规定上机操作人员对会计软件的操作工作内容和权限，对操作密码要严格管理，指点专人定期更换密码，杜绝未经授权人员操作会计软件。

2. 预防已输入计算机的原始凭证和记账凭证等会计数据未经审核而登记机内账簿。

3. 操作人员离开机房前，应执行相应命令退出会计软件。

4. 根据本单位实际情况，由专人保存必要的上机操作记录，记录操作人、操作时间、操作内容、故障情况等内容。

（三）建立计算机硬件、软件和数据管理制度

1. 经常对有关设备进行保养，保持机房和设备的整洁，保证机房设备安全和计算机正常运行。

2. 确保会计数据和会计软件的安全保密，防止对数据和软件的非法修改和删除；对磁性介质存放的数据要保存双备份。

3. 对正在使用的会计核算软件进行修改、对通用会计软件进行升版和计算机硬件设备进行更换等工作，要有一定的审批手续；在软件修改、升版和硬件更换过程中，要保证实际会计数据的连续和安全，并由有关人员进行监督。

4. 健全计算机硬件和软件出现故障时进行排除的管理措施，保证会计数据的完整性。

5. 健全必要的防治计算机病毒的措施。

（四）建立电算化会计档案管理制度

1. 电算化会计档案，包括存储在计算机硬盘中的会计数据以其他磁性介质或光盘存储的会计数据和计算机打印出来的书面等形式的会计数据。

2. 电算化会计档案管理是重要的会计基础工作，要严格按照财政部有关规定的要求对会计档案进行管理，由专人负责。

3. 对电算化会计档案管理要做好防磁、防火、防潮和防尘工作，重要会计档案应准备双份，存放在两个不同的地点。

4. 采用磁性介质保存会计档案，要定期进行检查，定期进行复制，防止由于磁性介质损坏，而使会计档案丢失。

5. 通用会计软件、定点开发会计软件、通用与定点开发相结合会计软件的全套文档资料以及会计软件程序，视同会计档案保管，保管期截至该软件停止使用或

有重大更改之后的五年。

会计电算化是应用计算机代替人工进行账务处理与分析的过程，实施会计电算化可以在很大程度上提高会计工作效率与质量，促进会计职能转变。实施电算化必须在计算机的硬、软件上达到相应的要求。开展会计电算化工作需要单位建立健全电算化岗位责任制，制定操作管理制度，硬、软件管理制度及电算化会计档案管理制度，以保证会计化工作的顺利开展。

本章小结

会计工作组织是根据会计工作的特点，制定会计法规制度，设置会计机构，配备会计人员，以保证合理、有效地进行会计工作。为了顺利地开展会计工作，企业应当科学地组织会计工作。

会计工作组织的形式有集中核算和分散核算两种形式，企业是采取集中核算形式还是分散核算形式，取决于企业生产经营的特点、规模的大小和企业内部是否实行分级管理、分级核算。

会计机构是组织会计工作的职能机构。我国会计机构实行的是分级管理、分工负责的制度。国务院财政部门设置会计事务管理机构，管理全国的会计工作；地方各级人民政府的财政部门设置财会管理部门，管理本地区会计工作，各单位应当根据会计业务的需要设置会计机构。

会计人员指在单位或有关会计机构中从事会计工作及会计管理工作的专业技术人员及会计中介机构的有关人员。各单位应当在有关机构中配备会计人员并指定会计主管，或者委托经批准设立从事会计代理记账业务的中介机构代理记账。从事会计工作的人员必须取得财政部门颁发的会计从业资格证书。会计人员应具备相应的职业素质和职业道德。会计人员调动工作或者离职，必须按要求与接管人员办理交接手续。

会计档案是指会计凭证、会计账簿和财务报告等会计核算专业材料，是记录和反映单位经济业务的重要史料和证据。各单位必须加强对会计档案管理工作的领导，建立会计档案的立卷、归档、保管、查阅和销毁等管理制度。保管期满的会计档案，可以按照规定程序销毁。

思考题

1. 什么是会计工作组织？它包括哪些内容？它有什么意义？
2. 什么是会计机构？会计机构有哪些种类？

3. 什么是集中核算和非集中核算？各有何优缺点？

4. 会计人员的主要职责和主要权限是什么？

5. 会计人员职业道德有哪些？

6. 会计档案管理的具体要求有哪些内容？

7. 什么是会计档案？会计档案包括哪些具体内容？我国对会计档案的立卷、归档、保管、调阅和销毁有哪些规定？

8. 简述财务会计工作的法律责任。

9. 会计电算化内部管理制度包括哪些主要内容？

练习题

一、单项选择题

1. （　　）是指在单位或有关会计机构中从事会计工作的专业技术人员。

A. 审计人员　　B. 会计人员　　C. 工作人员　　D. 税务人员

2. （　　）是指会计凭证、会计账簿和财务报告等会计核算资料，它是记录和反映单位经济业务的重要史料和证据。

A. 会计工作　　B. 会计档案　　C. 会计资料　　D. 会计人员

3. 讲求实效是指组织会计工作时，不拘泥于形式，在（　　）下，应讲求实效，尽可能节约人力、财力和物力。

A. 保证会计工作质量的前提　　B. 完成会计任务

C. 监督会计工作质量　　D. 改善会计工作质量

4. 完整的（　　）是会计工作正常、有效进行的必要保证。

A. 会计工作组织机构　　B. 审计工作组织机构

C. 行政工作组织机构　　D. 必要的工作组织机构

5. 会计账簿主要由日记账、明细账、总账、（　　）、固定资产卡片账和其他会计账簿组成。

A. 备查账　　B. 活页账　　C. 卡片账　　D. 订本账

二、多项选择题

1. 中华人民共和国财政部、国家档案局在1998年联合发布了《会计档案管理办法》，明文规定了会计档案的（　　）和销毁等内容。

A. 立卷　　B. 归档　　C. 保管　　D. 调阅

2. 会计账簿主要由日记账、(　　）和其他会计账簿组成。

A. 明细账　　B. 总账　　C. 备查账　　D. 固定资产卡片

3. 会计档案是指（　　）等会计核算资料，它是记录和反映单位经济业务的重要史料和证据。

A. 会计凭证　　B. 会计账簿　　C. 财务报告　　D. 核算形式

4. 会计工作的组织形式主要包括（　　）。

A. 集中核算组织形式　　B. 非集中核算组织形式

C. 直接核算组织形式　　　　　　D. 间接核算组织形式

5. 为了顺利地开展会计工作、并确保会计信息质量，必须按照（　　）的要求科学地组织会计工作。

A. 统一性　　　B. 服务性　　　C. 适应性　　　D. 效益性

6. 实施电算化的单位可以设置（　　）等会计岗位。

A. 电算主管　　　B. 软件操作　　　C. 电算维护　　　D. 审核记账

三、判断题

1. 企业会计工作机构对经济业务的会计处理结果只对企业负责。（　　）

2. 会计人员是指那些记账、算账、报账的人员，企业出纳员不是会计人员。（　　）

3. 会计人员的权限是按照企业负责人的要求记好账，正确计算企业的经营成果。（　　）

4. 收、付、转记账凭证的档案保管时间为 10 年。（　　）

5. 所有的会计档案，无论是记账凭证还是账册都有规定的保管时间，到了保管时间会计人员就可以公开地销毁。（　　）

6. 配备会计软件主要有三种方式，即选择通用会计软件；定点开发和通用与定点开发会计软件相结合。（　　）

主要参考文献

1. 中国财政部：《企业会计准则——基本准则》，http：//www. casc. gov. cn。
2. 中国财政部：《企业会计准则——具体准则》，http：//www. casc. gov. cn。
3. 中国财政部：《企业会计准则——应用指南》，中国财政经济出版社2006年版。
4. 唐国平等：《会计学原理》，上海财经大学出版社2008年版。
5. 赵洪进等：《基础会计学》，上海财经大学出版社2008年版。
6. 中国财政部会计司：《企业会计准则讲解》，人民出版社2007年版。
7. 王来群等：《基础会计学》，清华大学出版社2007年版。
8. 李海波等：《新编会计学原理》，立信出版社2007年版。
9. 彭捷等：《会计学基础》，立信出版社2007年版。
10. 陈国辉等：《基础会计》，清华大学出版社2007年版。
11. 魏亚平等：《会计学基础》，经济科学出版社2006年版。
12. 杨惠贞：《基础会计》，吉林大学出版社2006年版。
13. 刘永利等：《基础会计》，立信出版社2004年版。
14. 葛家澍等：《现代西方会计理论》，厦门大学出版社2001年版。
15. 郭道杨等：《初级会计学》，经济科学出版社2000年版。
16. 郭道杨：《会计史教程》，中国财政经济出版社1999年版。

图书在版编目（CIP）数据

基础会计学／张慧敏，张秀梅主编．—北京：经济科学出版社，2009.1

高等院校财经学科规划教材

ISBN 978－7－5058－7667－5

Ⅰ．基…　Ⅱ．①张…②张…　Ⅲ．会计学－教材　Ⅳ．F230

中国版本图书馆 CIP 数据核字（2008）第 170877 号

责任编辑：纪晓津　王冬玲

责任校对：徐领柱

技术编辑：王世伟

基础会计学

主　编　张慧敏　张秀梅

经济科学出版社出版、发行　新华书店经销

社址：北京市海淀区阜成路甲 28 号　邮编：100142

总编室电话：88191217　发行部电话：88191540

网址：www.esp.com.cn

电子邮件：esp@esp.com.cn

北京欣舒印务有限公司印刷

河北三佳集团装订厂装订

787×1092　16 开　21 印张　420000 字

2009 年 1 月第 1 版　2009 年 1 月第 1 次印刷

印数：5001—7000 册

ISBN 978－7－5058－7667－5/F·6919　定价：30.00 元